Dans la même collection

Affirmez et vous obtiendrez, Georges Barbarin
À tout problème sa solution, Étienne de Jaer
Bébé, mon amour, Véronique Chavigny-Bouquet
Bonjour l'ambiance !, Patrick Estrade
Chaleureuse rencontre avec soi-même, Thierry Tournebise
Chassez la déprime..., Claude-Marc Aubry
Cherche âme soeur, Chantal Hurteau-Mignon & Christophe Jaouën
Choisir sa liberté - Tome 1, Christophe Jacob
Coachez votre stress, Laurent Bertrel
Comment abattre nos murs intérieurs, Will Parfitt
Comment acquérir la maîtrise de soi, Paul-Clément Jagot
Comment attirer l'argent, Dr Joseph Murphy
Comment développer les énergies de la chance ?, Catherine Dalançon
Comment développer votre magnétisme personnel, Paul-Clément Jagot
Comment faire face aux gens difficiles, Alain Houel
Comment développer votre intuition, Judee Gee
Comment développer votre mémoire, Paul-Clément Jagot
Comment vaincre peurs et angoisses, Georges Barbarin
Développer l'estime de soi en 8 leçons, Agnès Payen de La Garanderie
Développer votre humour !, Bernard Raquin
Dictionnaire des thérapies, des méthodes de développement personnel et autres courants du mieux-vivre, Laurent Bertrel
Dire non, ça s'apprend !, Dominique Fromm
Émotions : mode d'emploi, Gilbert Garibal
Énergie et bien-être par le mouvement, Moshe Feldenkrais
En finir avec le trac, Gilbert Garibal
Gérez votre stress avant qu'il ne vous gère..., Nelly van Bever
Guérir du passé, Thierry Bernardin
Guérir par la pensée, Dr Joseph Murphy
Guide de survie pour mère de famille monoparentale, Michèle Le Pellec
Hypnose et autohypnose, Philippe Kerforme
Image et amour de soi, Doreen Virtue
J'aime bien..., Éric D'Antimo
J'épouse un dieu, quel homme est-il ?, Martine Tardy
Je m'affirme, Robert Juveneton
L'Amour, énergie subtile de la guérison, Dr Leonard Laskow
La Dynamique du bonheur, Dr Joseph Murphy
La Joie retrouvée, Dr Alexander Lowen
La Maîtrise de votre subconscient, Marcel Rouet
La Maîtrise du lâcher-prise, Herbert Wagner
La Magie de la foi, Dr Joseph Murphy
La Morale retrouvée, Michel Anselme
La Paix est en vous !, Dr Joseph Murphy
La Puissance de l'autosuggestion, Paul-Clément Jagot
La Prière guérit, Dr Joseph Murphy
La Santé de notre mémoire, Éric Dekany
La Spiritualité du corps, Dr Alexander Lowen
La Symbolique des maladies, Roland Arnold
La Technique Alexander, Pedro de Alcantara
La Timidité vaincue, Paul-Clément Jagot
La Puissance du regard, Antony Luzy
La Veine d'or, Julia Cameron
La Vie commence à 50 ans !, Georges Barbarin
La Voie de l'énergie, Vlady Stevanovitch
La Voie Sacrée des couleurs et des sons - Tome 1, Hervé Bartos
La Voix énergie, Jacques Bonhomme
Le Couple retrouvé, Patrick Estrade
L'Éducation de la parole, Paul-Clément Jagot
L'Énergie cosmique, Dr Joseph Murphy
Le Jeu des jours, Isabelle Lamant
Le Pouvoir de la volonté, Paul-Clément Jagot
Les Cartes du conteur, Claude Lancien
Les Miracles de votre esprit, Dr Joseph Murphy
Les Morts sont toujours vivants, Dr Mary Sterling
Les Mots qui guérissent, Dr Jean-Maurice Gillard de Saint-Gilles
Le Pouvoir libérateur de la conscience, René Sidelsky
Le Toucher relationnel, Martine Montalesco
Le Visage, reflet de l'âme, Jean Spinetta
Libérez votre créativité, Julia Cameron
L'Intelligence du corps, Debbie Shapiro
L'Influence à distance, Paul-Clément Jagot
L'Impossible est possible, Dr Joseph Murphy
L'Optimisme créateur, Georges Barbarin
L'Ouverture au divin - Tome 2, Hervé Bartos
L'Union sacrée - Tome 2, Christophe Jacob
Maigrir et vaincre la cellulite par la détente nerveuse, Marcel Rouet
Messages d'amour de l'au-delà, Mitch Finley
Méthode de training mental, Kurt Tepperwein
Méthode pratique de magnétisme, hypnotisme, suggestion, Paul-Clément Jagot
Nos 5 sourires cardinaux, Béatrice Borg-Hoffmeister
30 outils pour (se) dire, (se) raconter et l'écrire, Isabelle Lecomte-Depoorter.
Parents-enfants, Patrick Estrade
Puissance de la méditation, Dr Joseph Murphy
Psychothérapie par les méthodes naturelles, André Passebecq Rebirth, Leonard Orr & Konrad Halbig
Réapprenez à vous alimenter, Sandra Moret
Relaxation psychosomatique, Marcel Rouet
Renaître aux bonheur, Dr Joseph Murphy
Rire pour vivre, Bernard Raquin
Soyez l'acteur de votre vie, Aurélie Claisse
Tao, Dominique Jacquemay
Transformez votre vie par la sophrologie, Thierry Loussouarn
Vers la confiance en vous, Gilbert Garibal
Vivre sa vie : comprendre, décider et agir, Patrick Estrade

Nouveautés :
À toute crise sa part d'autogestion, Étienne de Jaer
Comment se reconnecter à soi-même, Florence M. Louis
Oser Guérir - Tome 3, Christophe Jacob
Rebondir après un divorce, Laurent Bavière
Seniors, l'âge d'être, Diane Saunier

Le couple retrouvé

Psycho-soma

OUVRAGES DU MÊME AUTEUR

La Mésentente dans le couple et son remède (LE G.T.P.P. ; Nice).

Vivre sa vie : comprendre, décider et agir. Manuel pratique de psychologie au quotidien (Dangles ; 1988).

Le Couple retrouvé. Les mésententes conjugales et leurs remèdes (Dangles ; 1990).

L'Amour retrouvé. Itinéraires pour une nouvelle vie sentimentale (Dangles ; 1991).

Bonjour l'ambiance !... Comment améliorer les relations humaines en milieu professionnel (Dangles ; 1993).

Parents/enfants : pourquoi ça bloque ? Les mésententes filiales et leurs remèdes (Dangles ; 1996).

Un reflet d'infini (Dervy ; 2000).

Patrick Estrade
(Psychologue, psychothérapeute)

Le couple retrouvé

Les mésententes conjugales et leurs remèdes

Dessins de Huguette Estrade

20e mille

Dangles
ÉDITIONS

Diffusées et distribuées par DG DIFFUSION
Z.I. de Bogues
31750 Escalquens

L'AUTEUR :

Professeur de français en République fédérale d'Allemagne, traducteur et interprète auprès du Gouvernement militaire français de Berlin pendant près de 10 ans, Patrick G. Estrade (né en 1948) a étudié la psychologie à l'Institut de psychologie analytique de Berlin où il poursuivit son analyse didactique auprès du professeur Josef Rattner avec qui il a travaillé durant 3 années comme cothérapeute. Il a publié de nombreux articles de psychologie, tant en Allemagne qu'en France.

En 1983, il fonde à Nice le Groupe de travail pour la psychologie des profondeurs (G.T.P.P.), la dynamique de groupe et la thérapie de groupe. Cette association, ayant pour objet d'encourager la recherche dans les domaines de la psychologie analytique et de la culture, publie une revue, des articles et organise des conférences régulières.

Patrick Estrade exerce à Nice depuis 1979 en tant que psychothérapeute en cabinet libéral ; il anime également des groupes de réflexion et des stages.

En outre, son activité d'écrivain le conduit à participer à de nombreuses émissions de radio et de télévision, ainsi qu'à donner dans toute la France des conférences sur tous les grands thèmes de la relation à autrui et de la communication. Ces conférences, qui sont très appréciées du fait du langage simple et accessible à tous qui ont fait le succès de ses ouvrages, attirent un public sans cesse grandissant.

ISBN : 978-2-7033-0349-7

BP 17147 – 31671 Labège Cedex.

A tous les couples perdus,
A tous les couples retrouvés.

Mes remerciements vont :

— *A tous les couples connus et inconnus, lumineux et obscurs, qui m'ont conduit (souvent à leur insu !) aux observations pratiques ayant conduit à l'écriture de cet ouvrage.*

— *A tous les membres du G.T.P.P. (Groupe de travail pour la psychologie analytique, la dynamique de groupe et la thérapie de groupe) de Nice pour leur intelligente, sensible et efficace participation à l'élaboration de certaines idées clés de ce livre.*

— *A M. Albert Hervieu pour les avis philosophiques éclairés et compétents qu'il a pu me fournir en certains moments et qui ont encadré ma pensée.*

— *A Michel et Brigitte Dubost, à Michel Tolosano, pour leur amical soutien.*

— *A Huguette Estrade, mon épouse, pour les dessins réalisés pour le présent ouvrage et pour tout le trésor d'aide pratique, morale et affective qu'elle a su m'apporter en toutes circonstances.*

Avertissement

Élémentaire !

1. Une petite encyclopédie du bon sens psychologique

Le présent ouvrage est le quatrième volet entrant dans mon projet d'une « *petite encyclopédie du bon sens psychologique* ». En ce point, je suis redevable au lecteur de quelques explications.

Après presque vingt années d'étude de la psychologie et de la philosophie de l'existence et plus de douze années de pratique psychothérapique, je constate encore et toujours qu'il manque au grand public, c'est-à-dire à nous tous, certaines connaissances en matière de psychologie du quotidien. Ces connaissances sont si « *élémentaires* » que nous les négligeons notre vie durant sans même nous douter de leur caractère résolument fondamental. Cette « *carence de l'élémentaire* », cette **ignorance du minimum** conduisent la plupart d'entre nous à gâcher leurs perspectives d'avenir professionnel, relationnel et amoureux et, à terme, à gâcher leur vie.

Lorsque je regarde autour de moi, je ne vois pas une seule couche sociale ni une seule profession qui puisse se targuer de détenir un tel savoir. Avocats, médecins, notaires, politiciens, chefs d'entreprise, industriels, professeurs, enseignants, éducateurs, fonctionnaires grands et petits, musiciens, employés de banque, secrétaires, vendeurs et vendeuses, ouvriers, riches et pauvres, intellectuels et manuels... il n'en est pas un qui ne cafouille en un endroit ou en un autre de sa vie de la façon la plus funeste, pas un qui ne se heurte au plafond de ses préjugés, pas un qui ne conclut avec lui-même les compromissions les plus inadmissibles. Car le plus difficile, dans la vie, n'est pas de faire carrière ou de gagner un pouvoir toujours plus grand. La grande difficulté réside dans l'aptitude à **vivre avec les autres**, parmi eux. Or l'école nous a inculqué beaucoup de choses, mais elle ne nous a pas enseigné les rudiments d'un « *vivre ensemble* » digne de ce nom. J'ai personnellement beaucoup d'estime et d'admiration pour les instituteurs. J'ai toujours considéré que leur difficile métier relevait tout autant (sinon davantage) d'une sorte de « **médecine du mental** » que de la pédagogie (1). Mais comment un instituteur ou un professeur qui n'a pas fait lui-même « *le tour* » de sa personnalité pourrait-il intervenir efficacement sur celle de ses élèves ?

Les connaissances que je livre dans mes ouvrages sont « *élémentaires* ». Mais dans ce mot, je mets autant de poids que dans celui qu'affectionnait Sherlock Holmes devant le docteur Watson. Tant mieux pour qui les détient ! Que les autres, ceux qui les ignorent, sachent pourtant qu'elles sont primordiales pour quiconque veut entrer dans la vie adulte avec quelques chances de réussite.

Mon vœu serait que les ouvrages constituant ma « *petite encyclopédie du bon sens psychologique* » puissent servir sinon de référence, du moins de base de réflexion aux parents et aux éducateurs.

2. Précision pratique

Le lecteur pourra se sentir parfois importuné par les notes de bas de page renvoyant à mes autres ouvrages entrant dans le cadre de ma « *petite encyclopédie du bon sens psychologi-*

1. Platon ne définissait-il pas l'ignorance comme une folie ?

que ». Mais pour être efficace, cet ensemble d'ouvrages qui, à terme, devrait constituer une unité synthétique, doit éviter de se répéter. Cependant, tel thème abordé ne peut pas manquer de faire appel à d'autres réponses déjà fournies par ailleurs. S'il y a entité de la personnalité, il ne peut y avoir cloisonnement hermétique des problématiques qui s'y rattachent. Le lecteur avisé sait parfaitement qu'un seul et unique livre ne saurait prendre en compte toute la complexité de la psychologie de notre quotidien. En revanche, j'espère qu'au fil de mes ouvrages, il pourra progressivement acquérir un certain *pensum* qui lui fournira une vision synoptique de l'ensemble des problèmes posés par l'âme humaine en sa rencontre avec autrui.

3. Question de vocabulaire

Pour désigner l'autre, j'ai utilisé divers mots ou expressions tout en essayant d'avoir le plus souvent possible recours à celles liées à une notion amoureuse.

Je n'ai pas (ou rarement) utilisé les termes de « mari » et de « femme », ces termes ne recouvrant plus aujourd'hui la totalité des personnes vivant « sous un toit ». J'ai eu le moins souvent possible recours aux termes de « partenaire » (en français, cela fait un peu trop « contractuel » à mon goût) et de « conjoint » (cela fait trop juridique).

Ce livre s'adresse à tous ceux qui *vivent ensemble*, c'est-à-dire aussi bien à l'homme vivant en couple avec une femme, qu'à la femme vivant en couple avec un homme.

Pour des raisons pratiques (accords répétitifs et fastidieux), j'ai évité de départager à chaque mot les deux sexes, mais il va de soi que, sauf quand indiqué autrement, ce qui vaut pour l'homme vaut pour la femme et *vice versa*.

Patrick Estrade
(Nice, avril 1990)

Addendum

Écrit en 1988-1989, paru en 1990, *Le Couple retrouvé* connaît depuis cette époque un succès continu auprès du public. Ce succès m'est confirmé par l'intérêt que suscite mon ouvrage auprès des médias, par les rééditions successives dont il fait l'objet, par les libraires en contact avec le public aussi bien que par les nombreux témoignages et les lettres que je reçois.

Parmi les commentaires qui m'ont été donnés à entendre ou à lire, il est une question en particulier sur laquelle je voudrais prendre position ; à savoir : pourquoi n'ai-je pas mentionné que ce livre pouvait aussi s'adresser aux couples homosexuels ? Un lecteur ayant même soupçonné une censure de la part des Éditions Dangles, il me semble important d'apporter ici les précisions suivantes :

> À l'origine (c'est-à-dire dans mon manuscrit de 1989), j'avais écrit en début de texte, page 11 : « Ce livre s'adresse à tous ceux qui vivent ensemble, c'est-à-dire aussi bien à l'homme qui vit en couple avec une femme qu'à la femme qui vit en couple avec un homme, et n'en déplaise aux "bien-penseurs", aux femmes et aux hommes homosexuels vivant en couple. »
>
> À la relecture de ces lignes, peu avant la parution de l'ouvrage, j'avais craint, d'une part, que les femmes homosexuelles et les hommes homosexuels puissent se sentir blessé(e)s d'être ainsi assimilé(e)s au tout-venant et, d'autre part, que l'on puisse me soupçonner d'avoir voulu « balayer large » à des fins commerciales. Ces considérations, tout à fait honorables à mon sens, m'avaient conduit à supprimer dans la version finale les treize derniers mots.

Toutefois, au vu des divers commentaires reçus, je vois bien que mon intention première était la bonne. Le lecteur pourra dorénavant lire la phrase en question dans sa mouture d'origine. Je le remercie de sa compréhension.

Patrick Estrade.
(Nice, juin 1995.)

PREMIÈRE PARTIE

Le couple tel qu'il apparaît

CHAPITRE I

Les méprises de départ

Chacun sait que la plupart des problèmes que nous rencontrons dans notre vie de couple ne sont pas tant l'expression de la situation actuelle que l'héritage d'un passé personnel qui ne laisse pas de nous coller à la peau. Rendons donc à César ce qui appartient à César et commençons par faire le tri de ce qui relève de notre propre vie et de ce qui relève de celle de notre compagnon ou de notre compagne.

1. Le choix du partenaire

L'oiseau rare.

a) Le pseudo-choix du partenaire

La première rencontre : voilà bien une drôle de situation ! Comment rencontre-t-on celui ou celle qui deviendra l'homme ou la femme de nos rêves ?

Quiconque a vécu une relation amoureuse (aboutie ou non) s'est une fois au moins remémoré les conditions dans lesquelles il avait rencontré l'*élu(e) de son cœur*. Avouons-le, même si elle est *volontariste*, cette rencontre ne s'avère que très rarement volontaire ; elle est le plus souvent le fruit de ce que nous appelons communément le « hasard ». Par exemple : nous n'avions pas envie de sortir mais nos amis nous y ont gentiment contraint. Ou encore, nous n'allons jamais au grand jamais dans tel restaurant (que nous trouvons personnellement infecte), mais pour faire plaisir à Brigitte, nous l'avons accompagnée. Ou encore, nous ne prenons jamais l'ascenseur, mais justement ce jour-là nous faisons une exception.

Dans toutes ces situations, nous remarquons combien l'aléatoire joue un grand rôle. Dans un lieu inhabituel, à une heure peu courante, dans des circonstances exceptionnelles, nous rencontrons celui ou celle que nous n'aurions jamais dû trouver sur notre chemin. C'est parce que nous n'étions pas là où nous aurions dû être, ou plutôt parce que nous étions là où nous n'aurions pas dû être, que la rencontre a pu se produire.

b) On peut vivre avec n'importe qui !

« *On peut vivre avec n'importe qui !* » Cette petite phrase a toujours le don de hérisser et de faire bondir tous ceux qui l'entendent. Les thuriféraires de l'*amour fou* ont tôt fait de rétorquer qu'un tel point de vue ne peut que démontrer une absence totale d'amour, tandis que les autres, plus tièdes, refusant de s'identifier audit « n'importe qui », rejettent de façon tout aussi véhémente cette vérité assassine qu'ils ressentent comme trop caricaturale.

Et pourtant ! notre cher compagnon, notre tendre épouse, notre aimable fiancée, notre « superman » de petit ami n'étaient-ils pas tous des « n'importe qui » avant que nous ne les rencontrions ? Hélas ! il faut en convenir (1). De même faut-il convenir que nous étions nous aussi un « n'importe qui » pour lui ou elle avant qu'un « certain » regard ait été échangé, que deux odeurs se soient rencontrées, deux chaleurs se soient communiquées, deux affinités se soient élues.

1. « N'importe qui » signifie « un parmi tant d'autres ». Ainsi, tant que vous ne me connaissez pas ou que vous n'avez pas entendu parler de moi, ou que vous ne m'avez pas précisément rencontré, je reste pour vous un « n'importe qui ». Nous sommes donc tous des « n'importe qui » pour les autres.

Cela nous conduit à poser la question : « *Comment, au juste, choisissons-nous notre époux, notre compagne, notre partenaire ?* »

Au début de notre siècle, nos grands-parents n'avaient, la plupart du temps, pas le loisir de se poser cette question. De façon plus ou moins évidente, l'on choisissait pour eux. L'usage étant justement de ne pas « faire usage » avant que la bague ne fut passée au doigt, les maigres indices dont ils disposaient pour détecter si leur choix était bon ou non relevaient la plupart du temps de la plus pure imagination.

Nos parents, mi-engoncés dans les crinolines de la tradition familiale, mi-bloqués dans les restes d'une morale judéo-chrétienne qui n'en finit pas de faire long feu, n'ont eux-mêmes que très rarement trouvé « *en toute connaissance de cause* » la chaussure adéquate pour leur pied souvent meurtri par le froid et les privations endurés pendant la guerre et l'après-guerre.

Quant à nous, aujourd'hui, nous essayons généralement de composer des attitudes originales et des comportements inédits face à une liberté de mœurs dont personne ne nous a encore véritablement livré le mode d'emploi.

c) La névrose au gouvernail

Alors, quels sont donc les critères de sélection qui nous poussent vers tel choix plutôt que vers tel autre ? Deux réponses peuvent être données. La première, illusoire mais réconfortante, la seconde, beaucoup plus juste mais dérangeante. Envisageons-les tour à tour :

— Si nous optons pour la réponse réconfortante, nous dirons que le choix de l'élu de notre cœur se base sur notre inclination, notre fascination, notre amour, notre passion ; bref, sur toutes les sortes de *perceptions* qui nous sont propres, en d'autres termes sur notre *perception subjective*.

Qu'est-ce que la perception subjective ? C'est ce que nous percevons dans notre émotion, c'est l'impression personnelle que déclenche en nous la rencontre de telle ou telle personne, de tel ou tel événement, de telle ou telle situation. Nous l'appelons « subjective » car cette perception nous est, bien sûr, tout à fait personnelle et relève de notre propre vision des choses et non d'une donnée objectivement vérifiable.

— Si nous optons pour une réponse moins réconfortante, nous serons forcé d'admettre que ce que d'aucuns appellent *perception subjective* ne correspond ni plus ni moins qu'à nos névroses personnelles. Expliquons-nous :

Évoquant la *perception subjective*, nous venons de voir qu'elle était une impression personnelle basée sur notre propre vision des choses. Elle s'appuie donc sur tout ce qui a contribué à faire celui que nous sommes et donc sur notre personnalité, sur notre caractère, sur notre tempérament, sur notre *idiosyncrasie* (2).

Or, une situation affective telle que la rencontre amoureuse nous « désarme » et nous fait perdre nos moyens car elle nous expose à un milieu extérieur inconnu et incontrôlable. En d'autres termes, nous cessons d'être acteur et devenons *réacteur*. Dans cette réaction sont contenues toutes nos faiblesses, toutes nos carences, tous nos sentiments d'infériorité, d'incapacité, de culpabilité inconsciente, toutes nos timidités, toutes nos humilités, en même temps que tous nos désirs conscients ou inconscients de puissance, de domination, nos chimères, nos folies des grandeurs ; en un mot, toutes nos névroses.

— « Quelle horreur ! Ce ne serait donc pas nous qui aurions choisi notre compagnon ou notre compagne, mais le " névrotique en nous " ? » En effet, c'est le névrotique en nous qui sert de critère de sélection pour l'élu de notre cœur. C'est pourquoi il est loisible d'affirmer que nous pouvons vivre avec n'importe qui. Il suffit pour cela que sa structure névrotique de personnalité concorde, s'adapte, s'ajuste avec notre propre structure névrotique pour que le possible se fasse réalité.

— « Allons quoi ! ne serait-ce pas plutôt le hasard qui nous conduit à rencontrer notre chère et tendre *moitié* ? » Non ! Madame, non ! Monsieur. Nous ne sommes pas « choisi » par

2. Idiosyncrasie : ce mot vient du grec *idios* (particulier) et de *sugkrasis* (mélange). Il s'agit de la réaction individuelle propre à chaque individu.

le hasard pour rencontrer l'élu de notre cœur. Ce sont nos névroses d'abord, et les siennes ensuite (ou *vice versa*), qui choisissent à notre place.

— « Mais où se trouve alors le libre arbitre amoureux ? » En la matière, il n'y en a aucun. En d'autres termes, nous pourrions affirmer : « *Montre-moi tes névroses et je te dirai de qui tu peux, de qui tu vas tomber amoureux* » (ou amoureuse).

d) N'importe qui ne devient pas notre « n'importe qui »

Mais que le lecteur se rassure. Certes nous pouvons vivre avec n'importe qui, mais il convient d'ajouter que « *n'importe qui ne devient pas notre n'importe qui* ».

En effet, notre perception névrotique subjective va heureusement servir de filtre face à tous les « n'importe qui » du monde. Nos « n'importe qui personnels » vont principalement se limiter à nos « névrotiquement potentiel n'importe qui ». Ainsi, dans une grande assemblée, au cours d'une soirée mondaine, au sein d'une réunion ou d'un meeting, notre percep-

Ainsi, au cours d'une soirée,
notre perception subjective nous conduira à véritablement *im-percevoir* certains « n'importe qui » alors que d'autres plus insignifiants, plus invisibles, plus transparents, nous sauteront littéralement aux yeux.

tion subjective nous conduira à véritablement *im-percevoir*, à *mé-connaître*, en d'autres termes à *ignorer* certains « n'importe qui » tandis que d'autres « n'importe qui », pourtant plus insignifiants, plus invisibles, plus transparents — bref, plus « n'importe qui » que le roi des « n'importe qui » — nous sauteront littéralement aux yeux.

e) Rédhibitoire ?

Mais si nous poussons le raisonnement jusqu'au bout, si nous admettons pour vrai que nous choisissons notre compagnon ou notre compagne en fonction de nos névroses, nous sommes forcé d'aboutir à la conclusion qu'un « couple sain » constitue une impossibilité rédhibitoire.

— Soit nous choisissons de rester empêtré dans nos névroses et notre couple est forcément névrotique et pathologique, ce qui devrait nous conduire tôt ou tard à l'échec et à la séparation.

— Soit nous nous efforçons de remédier à nos névroses et le couple devient une impossibilité, puisque ce sont précisément nos névroses qui l'ont rendu possible.

Tout couple sain apparaît donc comme une impossibilité !

Pourtant, même si cela paraît rarement le cas, nous avons tous déjà vu, rencontré, observé des couples qui semblaient réellement harmonieux, heureux, équilibrés, en un mot : *lumineux*.

A quoi une telle « exception » tient-elle ? Comment s'y prennent-ils pour réaliser une telle « osmose » ? Les fées se sont-elles penchées sur leur destinée ? Le bienheureux hasard a-t-il mis sur leur chemin le « miracle » de leur vie ? Ou convient-il plutôt de penser que ces hommes et ces femmes ont acquis, possèdent, plus simplement, une *autre* manière d'envisager la vie, une *autre* façon de concevoir leur relation, une *autre* idée des priorités éthiques ?

L'homme d'aujourd'hui tend à consommer sa vie plutôt qu'à la vivre. De la même manière, il consomme ses occupations, ses affaires, ses loisirs, ses relations, ses amitiés et, bien entendu, ses amours (3). Tout ce qui se consomme s'use. L'homme lui-même s'use. S'il ne garde pas un œil vigilant sur lui-même, il se mue imperceptiblement en « *homo consumens* (4) ».

La vie doit se vivre, mais elle doit aussi se construire. Et c'est précisément cette possibilité de construction qui la fait apparaître *magique*. De même le couple doit-il se vivre mais aussi se construire. Cette construction ne peut se réaliser qu'autour de « valeurs » que nous aurons pris soin de vérifier et d'authentifier. Ce n'est qu'à ce prix qu'il apparaîtra magique et nous *lumineux*.

*
* *

Si nous souhaitons remédier aux mésententes qui entravent notre couple, nous devons nous montrer disposé à remettre en question un certain nombre d'idées reçues. Déposons les armes, éteignons les diverses machines à consommer, installons-nous quelques soirées dans un fauteuil et observons, au travers de ce livre, notre vie en général et notre couple en particulier.

2. Péril en la demeure

Ça n'est pas qu'on n'a pas fait ce qu'il fallait, mais on ne savait pas ce qu'il fallait faire.

a) Une certaine schizophrénie

Les « disputes » dans le couple sont monnaie courante. Mieux, elles en font partie intégrante. On peut même dire qu'elles ont leur importance car, sans elles, il serait impossible

3. Dans un tel contexte, il apparaît bien difficile de pratiquer l'amour courtois et ceux qui s'y risquent ont tôt fait d'être assimilés à des amoureux de Peynot.

4. *Homo consumens :* « homme consommateur ».

de nous expliquer sur nos différends ce qui nous conduirait à accumuler stress et rancœur.

Les « conflits » dans le couple sont tout aussi courants. Ils sont l'expression des divergences de points de vue, un « heurt » entre deux personnes, deux personnalités, deux identités, autant dire deux mondes. Le « conflit » revêt lui aussi une importance indiscutable, car il est représentatif du phénomène de la vie qu'on appelle la *polarité*. En d'autres termes, sans le heurt, point de rencontre possible.

Mais au-delà des « disputes » et des « conflits », foisonne une autre sorte de « virus du couple » autrement plus grave et plus tragique que les deux premiers : il s'agit des *mésententes*. Celles-ci, loin de posséder les vertus que nous avons conférées aux « disputes » et aux « conflits » ne sont, hélas ! synonymes ni d'évolution ni de heurt salvateur, mais bien plutôt d'incompréhensions, de méprises, de malentendus, de carences relationnelles, bref, de toutes les difficultés dont agonisent et auxquelles succombent la plupart des couples gangrenés par l'*absence de communication*.

Aujourd'hui, tout est communication, *médiatisation*. Il n'est pas un seul domaine de la vie quotidienne qui n'implique le *média* que nous sommes tous. Et pourtant, s'il reste un domaine dans lequel nous médiatisons comme des hommes préhistoriques, c'est bien dans celui du couple. C'est comme si la vie de couple représentait une parenthèse schizophrène dans laquelle les règles du jeu de la vie en société pourraient ne pas être respectées, voire être carrément détournées, ignorées ou bafouées.

L'homme chez lui n'est plus le même homme (5). Dès qu'il a investi ses quatre murs, le masque est ôté, la courtoisie mise au vestiaire, l'entregent étouffé, le respect évanoui. Son habit de lumière disparaît pour faire place à la lourdeur de son corps trop physiquement installé dans l'espace dont il se fait le maître hégémonique. L'homme du monde devient l'homme du paillasson.

5. Par homme, nous entendons ici « être humain ».

Dès qu'il quitte ses quatre murs et s'en va au-dehors, la chorégraphie de sa civilité reprend le dessus. La maîtrise de son corps et de ses gestes lui revient, il retrouve le diaphane de sa corporalité, la brillance de son propos, la discrétion de sa lucidité, l'efficacité de sa personne (6). L'homme paillasson redevient l'homme du monde.

Comment l'homme ou la femme que nous sommes tous peut-il adopter des comportements si radicalement différents et opposés ? A quoi cela tient-il ? Comment en arrive-t-il à se déprécier, à se dégrader de la sorte ? Où l' « homme vrai » se situe-t-il : du côté de l'homme pulsionnel ou du côté de l'homme civilisé, courtois et « éduqué » (7) ?

b) Un modèle parental

La schizophrénie de notre attitude en société face à notre vie de couple provient bien sûr pour l'essentiel du modèle parental et familial vécu dans l'enfance. En effet, nos parents, reprenant eux-mêmes les modèles de comportement vécus dans leur propre enfance, nous ont montré les attitudes pouvant « possiblement » avoir cours dans notre vie. Ainsi, si nos père et mère ont vécu sur un mode d'agressivité et de reproches constants, ils nous auront transmis la « faisabilité » d'une telle attitude de vie dans la famille. Ou encore, si notre mère a vécu dans la plus parfaite négligence des affaires de son mari, elle nous aura, qu'elle s'en rende compte ou non, éduqué à la possibilité de faire de même.

Lorsque nous sommes enfant, singeant plus ou moins fidèlement les « possibilités » et les « faisabilités » du modèle d'identification parental, nous revivons au travers de nos pou-

---

6. Bien sûr, cela ne vaut pas pour tout le monde. Mais comme c'est le cas pour l'écrasante majorité d'entre nous, nous préférons « généraliser », quitte à léser le tout petit nombre de ceux qui pratiquent effectivement l'entregent et la courtoisie au sein de leur foyer.

7. Il nous semble, quant à nous, qu'il faille retenir la seconde hypothèse. A notre avis, l'homme n'est vrai que lorsqu'il est éduqué et lorsqu'il se comporte comme tel, c'est-à-dire lorsqu'il possède la « maîtrise » de lui-même.

pées, poupons, dînettes et jeux de « papa-maman » de toutes sortes, les situations relationnelles familiales. Nous ordonnons, commandons, rabaissons, agressons, corrigeons le jouet ou le compagnon de jeu de la plus verte manière, persuadé de correspondre ainsi à une vérité ambiante donnée.

L'ennui est qu'une fois adulte, nous tendons à poursuivre et même à étendre le « jeu » et nous continuons à ordonner, commander, rabaisser, agresser ou corriger notre compagnon ou notre compagne comme s'il s'agissait d'une originalité propre à notre personnalité, d'une évidence naturelle et fondée.

Les « faisabilités » parentales sont, hélas ! le plus souvent de piètres modèles de comportements. Nous agissons avec notre femme (ou notre mari) comme s'il s'agissait de « joujoux » que l'on pourrait plier, démonter, remonter à volonté. Et lorsque nous mettons des enfants au monde, nous avons tôt fait de les traiter de même.

Un écrivain célèbre disait que « *le monde se meurt d'imperceptibles impolitesses* ». Si nous pouvions une heure durant nous observer dans nos comportements familiaux, nous constaterions que, loin de mourir d'imperceptibles impolitesses, nos couples agonisent la plupart du temps de « *perceptibles et brutales grossièretés* ». Langage invisible, expression gestuée de nos intériorités désordonnées, nos comportements physiques dans le couple s'expriment donc davantage par l'injure que par le compliment.

Si nous voulons saisir les mécanismes psychologiques qui sous-tendent les « incommunications » menant aux *mésententes* dans le couple, nous devons avant tout prendre conscience de nos attitudes physiques et corporelles. En effet, celles-ci constituent le premier langage et les premières impressions fausses sur lesquelles vont venir se greffer nos silences hébétés.

c) Les architectes du couple

La vie de couple est telle une architecture : toutes les constructions sont possibles, toutes les édifications envisageables.

Mais on ne construit pas une maison comme on construit une usine, de même qu'on ne construit pas une usine comme on construit un musée. Le volume physique mis en œuvre est lié à l'espace environnant.

Un couple est une entité dynamique. Ce n'est ni un état, ni une « donnée », encore moins un statut. Si un couple ne progresse pas, il est irrémédiablement voué à régresser. L'évolution du couple est fonction de la progression individuelle du compagnon et de la compagne. Or, que constate-t-on aujourd'hui ?

Depuis une vingtaine d'années les femmes s'émancipent. Que constate-t-on du côté des hommes ? Depuis les deux mêmes décennies ils assistent passivement à l'émancipation des femmes sans remettre (ou presque) en question un iota de leur propre manière de penser, d'agir, de ressentir et d'aimer. Force est de constater que les hommes vivent sur leurs réserves patriarcales. Cependant, ces réserves vont en s'amenuisant au fur et à mesure que la société progresse et, dans certains domaines, ils commencent même à prendre un sérieux retard sur les femmes.

La progression dynamique d'un couple prend pour nom « synergie », mais cette synergie ne peut être assurée que si l'*un* et l'*autre* membres du couple participent activement à son émergence et à son maintien. S'il apparaît plus aisé à la femme d'aujourd'hui de jouer le rôle d'architecte en développant les efforts nécessaires pour préserver la clef de voûte du couple, l'homme, quant à lui, ne peut rester spectateur.

Les enjeux sont sérieux. Les valeurs de vie en cette fin de XXe siècle n'ont rien pour rassurer les hommes quant à la préservation de leurs privilèges d'essence patriarcale. La liberté de l'homme a de tout temps été liée à sa liberté sexuelle. Or, le Sida fait aujourd'hui tomber cette liberté masculine plus sûrement que ne pourrait le faire aucun interdit ni aucun diktat moraux. Il ne s'agit plus de se creuser la tête pour savoir comment cacher la chose, mais de s'entourer de précautions si drastiques qu'elles en rendent l'*aventure* même totalement sujette à caution.

Les hommes sont donc pris entre deux feux. D'un côté l'émancipation des femmes *menace* de les entraîner à réaliser leur propre émancipation, d'un autre côté la permissivité masculine et la conservation des privilèges traditionnellement impartis au « sexe fort » (infidélité, polygamie de fait, donjuanisme...) les *menace* dans leur propre chair, dans leur propre vie comme jamais auparavant la petite vérole et les autres maladies vénériennes ne l'avaient fait.

*

* *

Il va donc falloir à l'homme et à la femme « rediscuter ». Rediscuter le couple, rediscuter la répartition des rôles, rediscuter les acquis : bref, rediscuter l'indiscutable.

3. La lassitude face à l'autre

« Mon point de vue n'est plus le même. »

a) Du jardin à la garnison

On peut se poser des questions sans qu'elles prennent forcément des allures de problèmes. Dans notre vie de couple cependant, il en va la plupart du temps différemment. Dès qu'une question est posée, des sensibilités se trouvent exacerbées, des fragilités secouées, des émotions atteintes, qui font que toute question devient immédiatement « problème ». Notre vie de couple fait alors plus penser à une garnison qu'à un jardin.

Pourtant, ce jardin, au départ, n'existait-il pas véritablement ? Si, bien sûr, mais les « *imperceptibles impolitesses* » ont fait œuvre d'usure et ont transformé notre éden d'amour en un champ de bataille sur lequel nos engagements respectifs sont venus s'émousser au rythme de nos luttes factices et de nos enjeux inexistants.

Lassitude : telle une guillotine, ce mot tranchant suffit à mettre au rebut notre attente, nos espoirs, notre croyance en l'autre.

Lassitude. Telle une guillotine, ce mot tranchant suffit à mettre au pilon notre attente, nos espoirs, notre croyance en l'autre. Mais qu'est-ce donc que cette lassitude ? S'agit-il d'une lassitude de la relation, d'une lassitude de l'autre ou d'une lassitude de nous-même ? Là encore, tout dépend du type de réponse que nous souhaitons entendre :

— Si nous optons pour une réponse **déculpabilisante**, nous chercherons la « faute » dans le couple et mettrons en cause « la vie ». Toutes les idées reçues, tous les clichés, tous les passe-partout sociaux feront merveille : *« C'est la vie », « Un couple s'use », « C'est dans la règle des choses », « Nous n'y pouvons rien »,* etc. Dans ce cas, il ne sera recherché ni faute, ni culpabilité personnelle, ni ne sera adressé aucun reproche. De sabotages en sabordages, pour éviter le heurt de la rencontre, le couple sera désinvesti. Et lorsque viendra le moment de pratiquer l'« état des lieux », on s'apercevra que le couple n'est déjà plus habité par personne depuis longtemps.

— Si nous optons pour une réponse **réconfortante**, il sera aisé de mettre en évidence toutes les carences de l'autre, tous ses défauts, ses faiblesses, ses imperfections, ses manques : *« Tout est de sa faute », « Il a laissé les choses empirer », « Il n'a fait aucun effort », « Il s'est désinvesti », « Il a jeté l'éponge », « Il a manqué de patience », « Il a menti »*... Et en effet, au jeu du « tort » et du « bon droit », chacun peut tirer la « raison » à soi et rejeter la faute et les torts sur l'autre (8). Autant dire que cette réponse est la plus couramment utilisée. En effet, elle ne nous engage en rien et nous permet de nous « blanchir » à bon compte.

b) Le miroir de la lassitude

Mais il existe un troisième type de réponse qui ne concerne ni la vie ni l'autre, mais qui s'applique à notre propre personne (9). Là il ne s'agit plus d'aller chercher à l'extérieur des justifications à nos propres maux, mais d'en chercher *en nous-même* la cause éventuelle. En d'autres termes, cela revient à stipuler : « **La lassitude au sein du couple est davantage une lassitude de soi-même qu'une lassitude de l'autre.** » Expliquons-nous.

La plupart d'entre nous passent de l'âge de l'adolescence à l'âge adulte sans avoir vraiment pris soin d'apprendre l'« autonomie ». Pour ne pas vivre la « solitude », ils quittent sans transition aucune la vie familiale avec leurs parents pour se réfugier presque aussitôt dans une autre vie communautaire en créant leur propre « foyer ». Mais ce passage se réalise en

8. Rien de plus aisé : il suffit de comptabiliser ses erreurs et de savoir manier la réthorique pour avoir raison de lui.

9. Il est, hélas ! bien rare que nous choisissions d'avoir recours à celle-ci. En effet, elle nous engage si personnellement et nous confronte si directement à notre propre monde de valeurs et à nos « incapacités », que nous préférons généralement adopter la politique de l'autruche.

général si rapidement qu'ils n'ont pas le temps de s'interroger sur eux-mêmes ni sur leur possibilité de diriger leur « destinée ». Ils sont davantage *objet* de leur vie que *sujet*. Cette position d'objet s'avère, comme on peut s'en douter, porteuse de nombreuses frustrations qui viennent évidemment peser sur le couple.

Ce manque d'autonomie personnelle intérieure n'étant pas consciemment perçu, il est interprété, rationnalisé et vécu (à tort) comme une multitude d'astreintes produites par l'autre (entrave de mouvement, privation de liberté, absence de dynamique...) alors qu'il s'agit en fait de l'expression de nos propres manques, de nos propres carences, de notre propre incapacité à dynamiser notre propre vie. De façon presque caricaturale, nous finissons donc par transférer sur lui toutes nos incapacités sans même nous rendre compte qu'elles ressortent de notre incompétence personnelle à « gérer » notre vie.

De l'état d'*objet* face à la vie, nous passons imperceptiblement à l'état de **victime**. Et plutôt que de nous placer nous-même devant le miroir de la lassitude, nous préférons y placer l'autre, vécu si pesant, si astreignant, si entravant.

c) On n'est jamais si bien servi que par soi-même

Ne craignons pas de le répéter : la lassitude éprouvée face à l'autre est, la plupart du temps, une lassitude de nous-même que nous transférons, par commodité, sur lui. Si nous voulons retrouver la passion de l'autre, il va nous falloir faire l'effort d'apprendre ce que nous n'avons pas appris auparavant, c'est-à-dire la *passion de nous-même* et donc notre autonomie. Autonomie vis-à-vis de l'autre et de la vie bien sûr, mais surtout vis-à-vis de nous-même.

Car l'obstacle essentiel à notre passion pour l'autre réside certainement dans notre incapacité à synthétiser en nous les différents courants vitaux novateurs (dynamique, créativité...) qui font qu'une vie à deux n'est pas un *chacun pour soi* mais un *chacun en soi* permettant la préservation de notre identité intrinsèque bien sûr, mais stimulant aussi notre identité sociale.

4. Dynamique et contre-dynamique de la crise du couple

Le « gros comme une montagne », chez soi, on ne le voit pas.

a) A qui la faute ?

Nous venons de voir dans le chapitre précédent que, tel le miroir du conte de Blanche-Neige, le miroir de la lassitude tendait à nous renvoyer notre propre image d'insuffisance, d'incapacité, de manque d'autonomie, etc. Cela nous conduit à un premier postulat revêtant une importance capitale si nous souhaitons comprendre la dynamique des crises qui secouent notre couple, à savoir : **tout ce que nous pouvons reprocher de négatif à l'autre, nous pouvons fort bien l'appliquer à nous-même.** Que convient-il d'entendre par là ?

Observons notre couple en situation de crise. Que constatons-nous ? Notre monde de valeurs représenté par nos propres arguments se trouve confronté à celui de l'autre sans que nous puissions tomber d'accord.

Maintenant, essayons pour un instant de quitter la position que nous campons et, par le *phénomène de l'identification*, allons explorer le « monde de valeurs » de l'autre et interrogeons-nous en quoi il pourrait être inférieur au nôtre.

Chacun d'entre nous est un continent en lui-même. Ce continent que nous sommes est aussi étranger à l'autre que celui qu'il représente l'est pour nous-même. Devant tant d'*étrangéité*, nous nous efforçons de le rapprocher de ce que nous connaissons habituellement d'autrui et tendons évidemment à l'assimiler au monde relationnel connu que constituent pour nous nos relations de référence habituelles (parents, fratrie, proches parents, famille...). Cependant, si nous y regardions à deux fois, il nous serait aisé de constater que cet « autre continent » fonctionne selon des systèmes, des sensibilités, des fragilités qui lui sont propres et qui concernent son propre univers et ses propres échelles de valeur.

De même que les différents continents et pays du monde possèdent leurs propres langues, leurs propres coutumes, de même notre compagnon ou notre compagne possède sa propre philosophie de la vie, sa propre psychologie, sa propre morale...

De même que les différents continents et les divers pays qui constituent le monde possèdent leur propre langue, leurs propres coutumes, leurs propres références philosophiques, ethnographiques, anthropologiques et sociales, de même l'autre possède-t-il sa propre philosophie de la vie, sa propre psychologie, sa propre morale, sa propre éthique, sa propre **manière d'être là**, qu'elles lui viennent de sa famille et de ses ancêtres ou qu'il les ait érigées lui-même.

Lorsque nous visitons un pays, nous pouvons bien sûr nous moquer des « curieuses » habitudes, des mœurs « inhabituelles », des coutumes « étranges » des *indigènes* (10) qui le peuplent et l'habitent. Revenant chez nous, nous aurons beau jeu de relater à nos proches, avec un esprit supérieur ou condescendant, les *« étranges pratiques barbares »* de ces populations.

Mais il existe une alternative à ce genre de comportement sectaire. En effet, au lieu de dénigrer ces populations, nous pou-

10. Indigène : né dans le pays qu'il habite.

vons nous efforcer de les comprendre comme originales, spécifiques, singulières, **authentiques** au premier sens du terme (11).

b) Un autre univers

Il en va tout pareillement de notre compagnon ou de notre compagne. Il vient la plupart du temps d'un univers que nous ignorons, d'un monde qui nous est étranger, d'un continent qui nous est inconnu ; en d'autres termes, d'une descendance familiale et sociale qui n'a pratiquement rien à voir avec la nôtre. Faut-il pour autant le décrier, le discréditer ? Et lui-même : ne serait-il pas en mesure d'agir tout pareillement à notre encontre ?

Nous nous sentons fort de ce qui nous est habituel, de ce que nous connaissons. Mais ce qui nous est connu, en l'occurrence notre propre vision de la vie, ne correspond pas forcément à *la* vérité. En d'autres termes, notre monde n'est pas plus vrai que celui de l'autre du seul fait qu'il nous est familier et intime. Lorsque nous allons visiter un pays étranger, c'est que nous souhaitons nous enrichir de son originalité intrinsèque. Il nous appartient donc de nous adapter à sa langue, à ses mœurs et à ses coutumes. Il en va de même pour le couple : lorsque nous allons vers l'autre, ce ne doit pas être *a priori* pour lui « inculquer » de force notre propre langue et nos propres coutumes, mais pour tenter de comprendre les siennes.

Partant du premier postulat selon lequel nous pouvons, la plupart du temps, appliquer à nous-même ce que nous reprochons à l'autre, nous sommes conduit à admettre le second postulat suivant : **il n'y a aucune raison que l'autre change de comportement si nous ne changeons pas le nôtre** (12). Pourquoi ?

11. Authentique vient du grec *authentikos* qui signifie, d'après le *Dictionnaire Larousse* : qui agit de sa propre autorité.

12. Le lecteur fidèle saura que la psychologie que je défends s'axe autour de la constatation fondamentale suivante : *notre comportement induit toujours le comportement de l'autre.* Cela vaut dans toutes les relations, et tout particulièrement dans notre relation de couple. Ajoutons que ce phénomène a été expliqué en détail dans mon ouvrage *Réussissez votre personnalité* (épuisé).

Car toutes les incompréhensions, les façons de faire, les manières d'être de l'autre peuvent être considérées comme des réponses aux nôtres. Ainsi, son inintelligence peut être aussi considérée comme émanant de notre manque d'intuition, son incompréhension de notre impatience, son agressivité de notre provocation, sa jalousie de notre manque de transparence, etc.

Une telle méprise nous conduit à souvent renouveler les mêmes erreurs avec toujours le même leitmotiv à la clé : « *Pourquoi ne comprend-il pas ?* »

Mais qu'entendons-nous précisément par « comprendre » ? Entendons-nous : saisir la réalité objective du couple ? Non ! Convenons-en, quand nous disons « comprendre », nous signifions généralement que ce que nous attendrions de lui, c'est qu'il change et qu'il s'adapte à notre propre compréhension des choses.

L'autre entretenant la plupart du temps le même état d'esprit, toute perspective d'évolution apparaît bouchée. **Tant qu'aucun des deux ne bouge, rien ne bouge.**

Si nous voulons échapper à cette situation absurde, si nous voulons rejoindre l'autre et nous faire comprendre de lui, il nous faut apprendre à sortir de notre propre système, à le modifier, à le structurer différemment.

Comprenons que l'autre ne commencera à changer que dans la mesure où nous nous comporterons et agirons différemment avec lui.

*
* *

Retenons que :

— Tout ce que nous reprochons de négatif à l'autre, nous pouvons fort bien l'appliquer à nous-même.

— Il n'y a aucune raison que l'autre change de comportement si nous ne changeons pas le nôtre.

— C'est en rectifiant nos propres éléments qu'on peut peser sur ceux de l'autre, voire les modifier.

5. Faits et méfaits dans le couple

Qu'importe qu'on ait de la valeur si on ne sait pas la mettre en valeur !

a) Actif ou inactif ?

Toute situation problématique peut être vécue de deux façons : dans l'action ou dans l'inaction.

S'il est vrai que l'inaction (surtout lorsqu'elle est provisoire) s'avère parfois être un bien, on peut cependant affirmer que c'est finalement assez rarement le cas. Car l'action est l'une des lois fondamentales de notre monde. En effet, **sans action, point de construction possible.** Or, une vie, ça se prévoit, ça se construit et ça se gère.

Le philosophe français Jean-Paul Sartre affirmait que « *l'homme n'est rien de plus que la somme de ses actes* ». Nous pourrions mésuser du propos de ce célèbre penseur et affirmer tout aussi bien : « *L'homme est la somme de ses faits* et rajouter : *et de ses méfaits* (13). »

Cela s'applique tout aussi bien au domaine du travail qu'à celui des relations sociales ou à celui de l'amour. S'il est vrai qu'il apparaît relativement aisé de construire dans le premier (puisque notre ardeur professionnelle ne tient qu'à nous), cela s'avère plus délicat dans le second et plus encore dans le troisième. En effet, les relations interpersonnelles présupposent un terrain d'entente entre nous et autrui.

Quant à la relation amoureuse, elle nous concerne au si profond de nous-même, qu'il apparaît impossible (à long terme du moins) de tricher. C'est pourquoi des trois domaines vitaux celui de l'amour est celui qui s'avère le plus délicat à édifier et à réussir.

13. Il est intéressant de noter que l'article 1382 du Code civil français stipule : « *L'on est responsable de ce que l'on fait, mais aussi de ce qu'on ne fait pas (par négligence) ou de ce qu'on fait mal (par malveillance).* »

b) Nos méfaits ordinaires

Comment envisager raisonnablement de faire coexister *amour* et *construction* ?

La plupart du temps, nous partons du principe erroné que l'amour se vit mais ne se construit pas. Cette erreur provient pour l'essentiel de notre enfance dans laquelle nous avons généralement été habitué à concevoir l'amour reçu comme une chose allant de soi. Le « robinet d'amour » toujours grand ouvert que nos parents ont laissé couler nous a habitué à une attitude exigeante face à l'amour de l'autre.

Une telle politique amoureuse nous conduit bien sûr à réitérer les schémas d'amour (ou d'absence d'amour) vécus dans notre enfance, plutôt qu'à développer une originalité amoureuse personnelle.

Car, hélas ! en matière amoureuse comme dans tous les autres domaines, nous tendons la plupart du temps, à briller dans ce que nous ne sommes pas plutôt que dans ce que nous sommes. Au sein de notre couple, cela nous conduit à commettre « méfaits sur méfaits » avec la meilleure bonne conscience du monde.

Quels sont ces « méfaits » ? Ils relèvent pour l'essentiel de trois types d'attitudes :

— D'une manière générale, notre inintelligence du couple, nos attentes démesurées et erronées, notre satisfaction du peu, nos positions hégémoniaques vis-à-vis de l'autre...

— De façon plus particulière, nos silences, nos opacités, nos fourvoiements, nos reproches muets...

— De façon plus particulière encore, nos attitudes de gâterie, notre absence de transparence, notre manque de générosité, nos tricheries, nos agressivités, notre sadisme (14)...

*
* *

14. Nous pourrions prolonger la liste indéfiniment. Toutes les attitudes humaines négatives étant susceptibles de passer dans les méfaits perpétrés au sein du couple, il nous est impossible de les énumérer ici.

— Apprenons à reconnaître les trois types d'attitudes clefs qui participent à nos « méfaits de couple ».

— Apprenons à les déceler et à les réorienter vers des valeurs de vie plus correctes.

*

* *

Maintenant que nous avons évoqué les méprises les plus criantes se trouvant souvent à la base de nos vies de couple, nous allons tenter de défricher les principaux terrains participant de nos mésententes.

CHAPITRE II

Les terrains participant de nos mésententes

1. La différence d'évolution

Il la pousse à être grande, mais il veut la protéger !

a) La stabilité la plus stable

Il fut des époques où, dans certains milieux sociaux, on pouvait envisager de passer sa vie dans la stabilité la plus pure. On naissait dans une famille bourgeoise, on vivait dans une famille bourgeoise, on épousait une autre famille bourgeoise (et ses intérêts) et on mourrait dans une famille bourgeoise pour faire de la place aux nouveaux petits-bourgeois qui naissaient derrière. Monsieur subvenait aux besoins matériels, madame aux soins de la famille et du ménage. De telles époques sont révolues. Aujourd'hui, quel que soit le milieu dans lequel nous vivons, nous sommes contraint de concevoir notre vie non plus seulement en termes de présent, mais d'avenir.

L'évolution appartient à notre époque, elle fait partie de notre environnement quotidien. Que ce soit dans le domaine professionnel, dans celui des relations sociales ou dans celui du couple, l'individu qui ne se perçoit pas dans une perspective évo-

Que ce soit dans le domaine professionnel, dans celui des relations sociales ou dans celui du couple, celui qui ne se perçoit pas dans une perspective évolutive de lui-même se trouve condamné à régresser et à être mis « hors-jeu ».

lutive de lui-même se trouve condamné à régresser et à être mis « hors-jeu ».

Mais l'évolution implique le changement. Or, le changement fait peur. Pourquoi ? Parce qu'on connaît le passé et le présent, mais on ne connaît pas l'avenir ; on ne sait pas de quoi il « risque » d'être fait.

En matière de couple, il en va de même. La plupart d'entre nous sont passés directement de la vie familiale parentale à la vie de couple par peur de se « retrouver seul » et n'ont pas pris le temps d'acquérir une personnalité autonome. Ils ont rencontré l' « âme sœur » et ont tôt fait de partager sa couche afin d'échapper à la solitude angoissante que constitue leur propre personne.

Ils ont donc *pris* un compagnon ou une compagne, *pris* un travail, *pris* des amis et, évidemment, *pris* les habitudes allant avec. Mais, ont-ils *pris* ou se sont-ils *fait prendre* ? Qu'ont-ils choisi ? Quel fut leur libre arbitre ?

De semblables conditions d'existence, loin de faciliter l'épanouissement des personnalités respectives tendent à les user. On devient timoré, couard, faible et on finit par rejeter toute idée d'évolution, de crainte que quelque chose ne change qui nous oblige nous-même à changer.

b) A parts égales

Mais dans un couple on est cinquante pour cent, jamais cinquante et un (1). Cela signifie que nous ne sommes pas un *essentiellement* et un autre *accessoirement*, mais deux *à parts égales*, avec deux identités et deux personnalités différentes et donc avec deux soucis de vivre notre vie comme nous l'entendons.

Tant que les deux membres du couple l'entendent de la même oreille, cela passe. Mais qu'advient-il lorsque l'un des deux s'efforce d'évoluer et que l'autre « renacle » : « *Je suis bien comme je suis* », « *Tu m'as pris(e) comme ça, tu dois me garder comme ça* », « *Je ne vois pas ce que tu me reproches* »... Et surtout, que faire alors pour que la relation ne s'écroule pas ?

*
* *

Face à ces problèmes d'évolution, on distingue deux façons d'aborder les choses : l'une plutôt ascétique et orthodoxe, que nous appellerons la *branche dure* ; l'autre plutôt velléitaire (2), pusillanime (3) et complaisante, que nous appellerons la *branche lâche*.

Essayons donc de mettre un peu d'ordre dans les divers arguments qui peuvent être soulevés et tentons d'en analyser et d'en évaluer les conséquences.

---

1. Lorsque c'est le cas, c'est que nous avons placé l'autre trop haut (auquel cas, nous serons inhibé) ou trop bas (auquel cas nous serons agressif).
2. Velléitaire : qui manque d'une volonté déterminée.
3. Pusillanime : qui manque de courage et craint la responsabilité.

2. La branche dure

Très dur, car très vulnérable.

a) La désolidarisation larvée

En matière d'évolution, l'argumentation la plus généralement développée est celle qui considère que la vie ne nous a pas « fait » pareils, que les uns sont plus lents que les autres et que si l'autre souhaite laisser les choses inchangées, c'est qu'il n'a pas compris l'importance d'évoluer dans la vie. En d'autres termes, cela signifie que ce n'est pas encore l'heure pour lui. Si on analyse cette façon de penser, on s'aperçoit qu'elle sous-entend :

— d'une part, que dans la vie on est obligé de toujours évoluer, grandir, pousser, se développer et que,

— d'autre part, on ne peut rien pour celui qui reste à la traîne *(« Je ne peux pas entraver mon évolution pour rester à ton niveau »)*.

Cette argumentation ne cherche pas à culpabiliser l'autre dans son désir de ne rien vouloir changer à sa vie ; elle se contente de « statuer » sur les faits, comme s'ils étaient objectivement mesurables et démontrables. C'est ce que nous pourrions appeler la *désolidarisation larvée.*

b) La désolidarisation éclatée

Une autre argumentation plus directe, plus déterminée et plus offensive considère que les différences d'évolutions ne doivent tout simplement pas être acceptées. Elle part du principe que dès qu'il y a différence d'évolution, il y a forcément écart, fossé, scission, cassure. La séparation ne vient donc que confirmer géographiquement une rupture inconsciemment « consommée » de la relation.

Le leitmotiv qui revient sans cesse est : « *Il n'est écrit nulle part qu'il faille rester sa vie entière avec la même personne.* »

Toi aussi, tu rencontreras sur ta route une autre personne qui correspondra à ton degré d'évolution.

En d'autres termes : « *Puisque j'ai évolué, je suis plus apte à rencontrer, à fréquenter une autre personne, plus mûre, ayant déjà fait, elle, ce chemin. Quant à toi, tu vas aussi rencontrer sur ta route une autre personne qui correspondra à ton degré d'évolution.* »

Si nous analysons cette argumentation, on s'aperçoit qu'elle comporte :

— D'une part, un certain déterminisme fataliste dans la mesure où le couple est considéré comme un champ sur lequel l'un et l'autre sont obligés de coexister puisque incapables de vivre autrement. En d'autres termes, dès que l'un n'a plus besoin de s'abriter derrière l'autre, c'est-à-dire dès qu'il n'a plus besoin de se solidariser à lui du fait de ses carences et ses insuffisances, l'autre est jeté au rebut.

— D'autre part, un certain cynisme élitiste. Ici, ce n'est pas tant la situation de couple que la personne même qui se trouve remise en cause, rendue coupable et jugée *(« Puisque tu manques de volonté, puisque tu ne souhaites pas évoluer, je continue sans toi »).*

En un mot, ce que voudrait laisser entendre cette argumentation est que *le couple serait le choix de ceux qui ne peuvent pas vivre autrement* (4). Rares sont, heureusement ! ceux capables d'une telle orthodoxie et d'un tel cynisme fataliste.

En fait, ce que les défenseurs d'une telle façon de penser ne voient pas, c'est qu'ils sont incapables de prendre en compte la multiplicité et la diversité des relations interhumaines au sein du couple. Leur vision comporte certes quelque chose de logique, mais elle reste caricaturale et réductive.

c) La branche lâche

A l'opposé de la *branche dure* qui tend à analyser les choses de manière froide, logique et indifférenciée, nous trouvons la *branche lâche*, constituée des partisans de la tolérance, de la gâterie, des concessions, des attitudes autosacrificielles et de la relation de couple symbiotique. Nous allons passer en revue ces différentes dispositions de caractère dans les paragraphes suivants.

3. La tolérance

La peur de changer.

a) Tolérance ou incompétence de nous-même ?

De toutes les qualités humaines, la tolérance est certainement l'une des plus belles, des plus appréciables et des plus remarquables.

Le dictionnaire nous dit qu'elle est un respect de la liberté d'autrui, de ses pensées, de ses opinions et de ses actes. Mais, comme en toutes choses, il y a tolérance et tolérance. Celle que

4. Autant dire que les partisans de la *branche dure* font une « consommation » effrénée de compagnons ou de compagnes !

l'on retrouve au sein du couple relève d'une psychologie particulière ; nous allons voir laquelle.

S'il est vrai que dans la vie en société, notre tolérance se trouve pour l'essentiel « indexée » sur l'estime que nous portons à autrui, dans la vie de couple, elle est généralement fonction :

— Soit de l'amour que nous portons à notre compagnon ou à notre compagne.

— Soit de notre incapacité à donner à notre vie personnelle les contours et les projets précis qu'elle réclame (5). Un tel état de chose nous oblige alors à tolérer chez l'autre ce qu'on admet chez soi-même.

S'il est vrai que la première fonction dirige notre vie de couple en ses débuts, il n'est pas rare que ce soit la seconde qui la gouverne ensuite.

Dans un couple, ce qu'on appelle *tolérance* n'est donc pas toujours une disposition altruiste de l'esprit, mais une manière de justifier ou de combler nos propres insuffisances en laissant libre cours à celles de l'autre.

b) La tolérance dans les relations de type « haut-bas »

Nous avons vu dans le paragraphe *Le choix du partenaire* que ce n'était pas tant nous-même que le « névrotique en nous » qui nous poussait à choisir tel compagnon ou telle compagne. Ce « névrotique en nous » nous conduit la plupart du temps à vivre notre couple sur le mode « haut-bas ». Dans la pratique, ce mode se traduit par des comportements directifs de la part de l'un (organisation, gestion, décision...) et par des attitudes réactives (passivité, soumission, inféodation...) de la part de l'autre (6).

5. Soit encore des deux. En fait, les deux tendant la plupart du temps à s'amalgamer, il est bien difficile, à l'analyse, de faire la part de l'une et de l'autre.

6. On assiste parfois à l'inverse, mais la tendance générale reste, à peu d'écarts près, toujours la même.

Dans les couples réputés « normaux », cette dynamique « directif-réactif » conduit à une vie de couple à deux vitesses, le directif se sentant trop fortement dans la position de *donner* et le réactif trop fortement dans celle de *prendre*. Cela, comme on s'en doute, ne va pas sans créer pour le « directif » certaines *situations limites* qu'il ne peut désamorcer qu'en ayant recours à une certaine « tolérance » vis-à-vis de l'autre (7).

Dans la mesure où la structure de personnalité de l'un et de l'autre *tolère* cette situation « haut-bas », la vie s'écoule sans grande vague, le tolérant gagnant toujours plus en autorité, le toléré toujours plus en soumission.

Qu'on le reconnaisse ou non, la plupart des couples sont basés sur le modèle « haut-bas », et notre propre couple probablement tout pareil. Tant qu'un tel modèle reste dans les limites du raisonnable, cela passe, mais lorsqu'il se trouve systématisé, il finit par produire de telles frustrations qu'il advient fréquemment que le seuil de tolérance soit dépassé et que le compagnon ou la compagne, prenant conscience de l'*invivabilité* d'un tel mode de vie, souhaite y mettre un terme.

*

* *

En fait, le véritable problème ne réside pas tant dans la tolérance que dans son prolongement, c'est-à-dire, lorsque, au lieu de vivre cette situation comme provisoire et passagère, nous nous y installons de façon permanente. Un tel prolongement pervertit la nature même de notre tolérance et la fait progressivement régresser du stade de la *tolérance* à celui de la *négligence*, puis à celui du *laxisme* et enfin à celui de l'*indifférence*.

La tolérance n'est pas une fin, elle n'est qu'un moyen, un outil que le tolérant met « provisoirement » à la disposition du

---

7. Il est vrai que le réactif doit, de son côté, « supporter » le directif, mais les avantages qu'il retire de cette situation « haut-bas » sont supérieurs aux inconvénients *(« Je le supporte puisqu'il tolère mes carences et me laisse vivre dans son ombre »).*

toléré pour faciliter la prise de conscience qui le mènera au changement effectif.

Il est difficile d'établir ce qui doit être toléré et non toléré au sein d'un couple car, nous l'avons dit, notre tolérance se trouve, pour l'essentiel, basée sur l'estime ou l'amour que nous éprouvons pour l'autre.

Le meilleur baromètre de notre tolérance réside probablement dans l'état dans lequel elle nous plonge. Si nous vivons trop mal la situation, si nous la ressassons et la remâchons, si elle n'est que colère rentrée, en un mot si elle nous rend *malade*, alors, il convient de ne plus la *tolérer*.

La tolérance est un outil que le « tolérant » met « provisoirement » à la disposition du « toléré » pour faciliter la prise de conscience qui le mènera au changement effectif.

4. La gâterie

Gâter l'autre, c'est le réduire.

a) Un surplus du quotidien

Tandis que la violence — manifeste ou larvée — règne dans nombre de couples, certains autres semblent sortir tout droit du « roman rose ». On se « chouchoute », on se « cajole », on s'accorde mutuellement douceurs, plaisirs, marques de tendresse en tout genre ; bref, au lieu de s'entredéchirer, on ne pense qu'à se faire plaisir l'un l'autre. Ce plaisir constitue une sorte de *sur-*

plus du quotidien destiné à rendre la vie tout simplement plus agréable. Qui s'en plaindrait ? Qui trouverait à y redire ?

Pourtant, au-delà du geste d'amour que constitue l'attention courtoise et galante portée à l'autre, existe un autre type de comportement qui est loin de produire les mêmes effets. Il s'agit de la *gâterie.* La gâterie une fois encore, la gâterie toujours, la gâterie qui brille des mille feux de l'illusoire, la gâterie avec son grime, son strass et ses paillettes, la gâterie qui nous éblouit mais aussi nous aveugle ; bref, la gâterie, sujet inépuisable, réapparaît à chacun des carrefours des échecs humains (8).

Dans la pratique, il est bien difficile de faire la part de ce qui relève de l'attention amoureuse et de celle qui relève de la

Avec son strass, son grime et ses paillettes, la gâterie brillant des mille feux de l'illusoire nous éblouit et nous aveugle.

8. Le lecteur connaissant mes trois précédents ouvrages pourrait se demander si je ne fais pas une « idée fixe » sur ce problème de la gâterie. Loin de moi une telle idée ! Cependant, que nous en ayons conscience ou non, le « fléau » de la gâterie se retrouve dans tous les domaines vitaux et nécessite, de ce fait, à chaque fois une nouvelle approche.

gâterie. Cela tient au fait que lorsque nous aimons, nous souhaitons prodiguer à l'autre des « marques d'affection » et « faire » des choses pour lui être agréable.

Néanmoins, il advient parfois qu'à force de « faire » pour lui, nous quittions imperceptiblement le domaine de l'amour, de la prévenance et de la courtoisie et que les attentions privilégiées que nous lui prodiguons prennent l'allure de véritables stigmates qui, aliénant progressivement sa propre autonomie, le conduisent à régresser dans sa personnalité.

Pour s'attaquer à la question de la gâterie, il faut avant tout prendre conscience que ce problème nous concerne. En effet, nous sommes tous touchés car nous pratiquons tous, que nous nous en rendions compte ou non, à un degré ou à un autre, la politique néfaste de la gâterie au sein de notre couple. Nous devons donc apprendre à la reconnaître, à la dépister et à la désamorcer.

Mais sachons que parmi toutes les prises de conscience, celle concernant la gâterie est l'une des plus délicates à réaliser et ce pour deux raisons :

— D'une part, car elle se manifeste de façon si évidemment agréable dans son expression positive que son aspect négatif tend à être sous-estimé et donc à passer inaperçu.

— D'autre part, car elle peut révéler une attitude de compensation peu flatteuse pour notre image de nous-même. C'est ce que nous appelons les « attentions vénales ».

b) Les attentions vénales

Par « attentions vénales », nous entendons tous les comportements et toutes les attitudes dont nous usons lorsque nous nous sentons (à tort ou à raison) fautif ou coupable vis-à-vis de l'autre. Les « attentions vénales » sont des solutions de facilité. Nous y recourons généralement pour les raisons suivantes :

— Pour nous déculpabiliser. Nous gâtons l'autre car nous lui cachons quelque chose (tel homme gâte sa femme car il la trompe en secret avec une autre ; telle femme gâte son amant car elle sait qu'elle le rend malheureux en continuant de partager sa vie avec un mari qu'elle n'aime plus...).

— Pour « acheter » l'autre : « *Comme je crains que tu ne m'abandonnes, je te gâte en déployant une attention extrême à ton égard.* »

— Pour l'amadouer car on en a peur : « *Je te gâte, donc tu dois être gentil avec moi et ne pas me faire souffrir.* »

— Pour faire pression sur lui : « *Comme je te gâte, tu m'es redevable de quelque chose et tu dois faire ce que je te demande.* »

Ou encore :

— Pour pallier nos propres carences : « *Je ne fais rien de constructif dans la vie, mais je suis gentil (gentille) avec toi en te gâtant.* »

— Pour créer un lien de dépendance : « *En te gâtant, je te fais une vie en or que tu ne trouveras nulle part ailleurs.* »

— Pour compenser un sentiment d'infériorité : « *C'est un miracle que quelqu'un comme toi s'intéresse à moi ; je te gâte donc pour compenser mon insignifiance.* »

Comme nous pouvons le constater, ces situations de gâterie sont *intéressées* ; elles ne visent qu'à **donner le change** en établissant au travers d'un « marché » une entente harmonieuse factice.

En effet, une fois la situation de gâterie acceptée, le gâté se trouve lié au gâtant par une sorte de contrat moral.

Il va sans dire que ces « attentions vénales » ne donnent à long terme rien de bon, car elles reposent non sur une relation saine mais sur une relation artificielle et tronquée.

c) Un modèle parent/enfant

En dehors des « attentions vénales », il existe une autre forme de gâterie basée principalement sur le schéma relationnel « parent/enfant ». Cette forme de gâterie est généralement utilisée :

— Soit par ceux qui ont eux-mêmes été gâtés dans leur enfance.

— Soit par ceux vivant ou frayant quotidiennement avec des enfants.

Dans ce dernier cas, la répétition des situations quotidiennes et l'habitude y contribuent pour beaucoup. En effet, les soins à prodiguer aux enfants en bas âge nécessitent une telle constance et une telle systématisation ; gérer, organiser, diriger, prévoir, anticiper deviennent une telle habitude qu'on tend à généraliser ce type de relation à toute la maisonnée et à inclure inconsciemment l'autre dans le même système (9).

Sur un plan psychologique, les effets de la gâterie s'expliquent de la manière suivante : prenant modèle sur la relation parent/enfant, la gâterie produit un rapprochement par trop important entre le compagnon et la compagne et tend à les faire fusionner dans une relation exclusive et symbiotique. Une vision claire du champ vital de l'autre n'est plus donnée.

La gâterie de couple traduit donc un manque d'émancipation du modèle parental. L'autre n'est pas considéré comme une personne à part entière, mais comme un enfant (supplémentaire ?) auquel il convient de prodiguer les soins qui s'imposent.

Autant dire que les effets et les conséquences de la gâterie sont néfastes pour le couple. Les relations s'en trouvent faussées car tous deux projettent réciproquement sur l'autre l'image de quelqu'un qu'il n'est pas.

La gâterie est un phénomène non *relationnel* mais *alimentaire*. Si le compagnon et la compagne pouvaient dépasser ce style de relation, ils s'apercevraient qu'ils pourraient obtenir bien autre chose l'un de l'autre **sur le plan de l' « être »** (davantage de présence, de personnalité, de communication...).

Au total, la gâterie doit être considérée comme une difficulté de communiquer autrement, c'est-à-dire d'adulte à adulte.

---

9. C'est ce qui conduit par exemple certains couples à ne plus s'appeler par leurs prénoms respectifs, mais à s'appeler « papa » ou « maman » entre eux.

Comment dépister une relation de gâterie dans notre couple ? On pourra dire qu'il y a gâterie :

— D'une part lorsque le « gâtant » tend à donner non en abondance mais en excès et lorsqu'il tend à prendre vis-à-vis de l'autre des attitudes de parent (10).

— D'autre part lorsque le « gâté » se repose trop systématiquement sur l'autre pour les multiples tâches de la vie quotidienne et lorsqu'il cherche en lui un « pivot » à sa propre vie.

*
* *

Si notre couple entre dans le cadre des couples gâtés, prenons d'abord conscience que ce genre de relation ne constitue en aucun cas une panacée du couple.

— Que nous soyons « gâtant » ou « gâté », apprenons à dépister toutes les situations de gâterie et désamorçons-les.

— Comprenons que la gâterie est un phénomène négatif : elle entrave l'autonomie et la liberté de chacun, freine leur aptitude à l'échange, au partage et à la coopération.

— Comprenons encore qu'elle est un moteur de découragement. Elle affaiblit notre esprit d'initiative, entrave notre évolution et nous empêche de devenir véritablement « adulte ».

— Comprenons enfin qu'elle est un mirage de relation et de communication en ce qu'elle ne tient aucun compte de la réalité de chacun. Elle ne repose sur rien ; elle n'est qu'une simple projection.

— Ne mésestimons ni notre valeur ni nos capacités. L'amour entre adultes suppose l'admiration. Or, comment pourrait-on admirer longtemps une personne infantilement soumise ou parentalement inféodante ?

---

10. Par exemple, on pourra dire qu'il y a gâterie si une femme renonce à partir une semaine à la montagne avec les enfants, sous prétexte que son mari diabétique serait incapable de se préparer lui-même une cuisine appropriée.

5. Les concessions

Une fausse générosité.

a) Un cimetière du Moi

Dans le cadre des situations relevant de la « branche dure », il nous faut maintenant aborder la question des *concessions.*

Chacun d'entre nous a certainement, une fois au moins dans sa vie, dit ou entendu dire avec un ton oraculaire et tragique dans la voix : « *Un couple ne peut tenir que si l'un et l'autre sont prêts à faire des concessions.* » La question shakespearienne qui se pose est : « *Faut-il en faire ou n'en pas faire ?* »

Bien sûr, il est impossible de répondre de façon aussi formelle et tranchée à cette question mais, ainsi que nous allons le voir, nous avons pour le moins intérêt à vérifier ce que nous appelons chez nous *concessions.*

Si le dicton populaire souligne qu'il faut « *mettre de l'eau dans son vin* », le couper est une chose, le noyer en est une autre. Malheureusement, la plupart d'entre nous optent pour le second cas d'espèce, ce qui les conduit à noyer leur couple dans l'incohérence et l'inconséquence d'attitudes par trop concessives.

En ce domaine comme en nombre d'autres, tout est, une fois encore, **question de « mesure »,** car il ne s'agit pas de prôner une obscure inflexibilité ; il s'agit simplement de ne pas verser dans des attitudes de sacrifice, de renoncement ou d'abandon de personnalité.

Lorsque nous disons *concessions,* nous pensons généralement : tolérance, souplesse, flexibilité. Parmi ces qualités si primordiales pour notre couple, la dernière s'avère certainement la plus fondamentale.

La flexibilité idéale pourrait être comparée à celle de notre peau : dure et caleuse aux régions particulièrement exposées ; douce, fine, laiteuse aux régions les plus protégées. Dans l'ensemble tout à la fois ferme, solide et résistante, en même temps qu'élastique et souple, notre peau — lorsqu'elle est bien nourrie — s'adapte toujours de façon optimum aux situations et aux circonstances rencontrées.

Mais il existe, hélas ! une différence entre ce que nous *pensons* et ce que nous *réalisons.* Et en effet, lorsqu'il s'agit de « réaliser » nos concessions, nous tendons à prendre le mot au pied de la lettre (11) et à céder, abandonner, **démissionner de l'essentiel.**

b) Ne démissionnons pas de l'essentiel

Dans la vie de couple plus que dans tout autre domaine, il est troublant de constater que nous excellons dans l'art de concéder là où il faudrait tenir bon (valeurs de vie fondamentales, tenue de vie, évolution, éthique...) et de ne concéder en rien là où cela s'imposerait naturellement (sempiternelle et inutile question de savoir qui a raison et qui a tort, entêtement indifférencié...).

Mais que touchent au juste nos *concessions* dans le couple ? Ne touchent-elles pas principalement notre personnalité, notre autonomie, notre souveraineté du Moi ?

Hélas ! il faut bien admettre que si. Nos concessions de couple, loin de correspondre à une lucidité de la relation, équivalent le plus souvent à un « *cimetière du Moi* » dans lequel chacun creuse sa tombe pour ne pas avoir voulu céder une seule parcelle de ses champs de batailles secondaires respectifs (12).

Sur un plan psychologique, les concessions traduisent une carence de notre processus d'individuation et un manque de maturité adulte. La personnalité concédante discernant mal les « **valeurs vitales** » des pseudo-valeurs et des non-valeurs, elle tend à concéder de façon indifférenciée dans les trois domaines.

---

11. L'étymologie du mot concession, du latin *concedere,* signifie : s'en aller, céder, abandonner une place.

12. Nous faisons bien sûr ici allusion aux « concessions » des tombes funéraires pratiquées par les administrations s'occupant des cimetières.

Nos concessions de couple équivalent le plus souvent à un « cimetière du Moi » dans lequel chacun creuse sa tombe pour ne pas avoir voulu céder une seule parcelle de ses champs de bataille secondaires.

Tout comme chacune des spécificités de la « branche lâche » que nous avons étudiées jusqu'à présent, les concessions dans le couple sont des *ersatz de communication.* Elles sont destinées à désamorcer les conflits au profit d'une harmonie maintenue artificiellement. Les problèmes qui se présentent n'étant pas abordés de façon franche et ouverte, les concessions font figure de « statu quo tacite ».

L'adulte vivant en couple n'a nul besoin de concéder quoi que ce soit de sa personnalité ni de son autonomie. Il vit lui-même et l'autre comme deux personnes à part entière, comme deux personnes en évolution, comme deux personnes en devenir.

*
* *

— Comprenons que la plupart de nos concessions entament notre personnalité, aliènent notre évolution personnelle et « verrouillent » notre devenir de personne adulte vivant dans le couple.

— Apprenons à distinguer ce qui ressort de notre personnalité profonde et authentique et ce qui ressort de nos champs de bataille secondaires. Ne concédons rien de la première, concédons dans la plus large mesure tout ce qui ressort des seconds.

— Comprenons que nos concessions doivent se limiter à nos champs de bataille secondaires et ne doivent en aucun cas entamer les options fondamentales dans lesquelles notre Moi vient se forger.

— Retenons enfin que notre couple a davantage besoin de notre personnalité que de nos concessions.

6. Les attitudes autosacrificielles

Se priver d'une chose, n'est-ce pas d'une certaine manière l'avoir davantage ?

a) La portion congrue

Les attitudes autosacrificielles occupent une place centrale dans le tableau de la « branche lâche ».

Comme les personnalités gâtantes et concédantes, cette personnalité se caractérise par un renoncement à conquérir sa vie pour sa propre gouverne. Mais contrairement à ces dernières — qui présupposent un engagement à peu près égal des deux membres du couple (concédants réciproques, gâtant-gâté) — la personnalité autosacrificielle n'agit pas au départ avec l'autre de façon véritablement consciente et directe. En effet, pour elle il ne s'agit pas tant de gâter que de faire *don de soi* (13). Cette relation n'en contient pas moins une bonne dose de sadomasochisme ; nous allons voir pourquoi.

L'attitude autosacrificielle trouve son terrain de prédilection dans une conception « nourricière » de la vie (14). En temps normal, ce syndrome de l'autosacrifice est généralement observé dans la relation abnégative entre la mère et son bébé pour lequel elle souhaite tout naturellement donner le meilleur d'elle-même et même davantage. Mais s'il est vrai que cette attitude apparaît totalement naturelle dans le cas de la mère et de son bébé, elle ne se justifie en aucun cas face à l'adulte que représente l'autre.

Les attitudes d'autosacrifice ne se limitent pas uniquement aux questions nourricières. Elles se manifestent aussi dans la vie quotidienne dans nombre d'attitudes de renoncements « physiques ».

Ainsi, la personne autosacrificielle tendra-t-elle à se retrancher physiquement de la vie pour œuvrer, « travailler » au bien-être de l'autre. Par exemple, elle renoncera presque systématiquement aux sorties entre amis pour « ranger » la maison, pour s'avancer dans le repassage ou pour préparer le prochain repas.

L'attitude vitale de la personne autosacrificielle s'explique par une conception tout à la fois religieuse (dans le fond) et patriarcale (dans la forme) de la vie :

— **Religieuse** dans le fond, car le sacrifice de soi se trouve lié à la notion de négation et de renoncement de soi-même au

---

13. Notons cependant que la personnalité autosacrificielle favorise l'émergence de réactions et de comportements d' « enfant gâté » chez son compagnon ou sa compagne.

14. Elle se rapprocherait en cela assez bien de la « *mama* » italienne.

profit d'une instance supérieure : Dieu, cela dans un but inavoué mais latent, sinon de rivaliser avec le divin, du moins d'approcher une vie sanctifiée, toute tournée vers l'accomplissement d'autrui au détriment de soi-même (15).

— **Patriarcale** dans la forme, car la personnalité autosacrificielle se place de plein gré dans une position de soumission et d'abnégation face à l'autre qui, du même coup, se voit attribué une position prépondérante dans le couple et dans la famille (16).

b) Servante et maîtresse

Mais nous savons que toutes les attitudes vitales, même les plus névrotiques, comportent toujours un bénéfice. Alors, quel peut bien être celui de la personne autosacrificielle ?

A première vue, il paraît difficile de déceler un quelconque « bénéfice » quand tout laisse à penser qu'au contraire, son attitude abnégative la conduit à ne garder pour elle que la portion congrue.

Pourtant, bénéfices il y a ! Et à plusieurs niveaux, mais pas là où nous les attendrions. Et comme nous allons le voir, il s'agit principalement de « bénéfices névrotiques ».

Grande pourvoyeuse d'autrui, grande assistante, grande déesse nourricière, la personnalité autosacrificielle trouve son compte dans l'image admirable qu'elle tire de son attitude. A l'analyse, pourtant, on constate en elle la double image de la *servante soumise* et de la *maîtresse asservante.* En effet, estimant que son attitude irréprochable la rend inattaquable, elle pense pouvoir se donner le droit de tout régler, tout régir, tout organiser, comme si ses privations lui donnaient un droit de regard sur la vie de l'autre.

---

15. Ce don extrême de soi peut aussi correspondre à un vœu d'expiation pour des fautes (véritables ou illusoires ?) dont on se sent secrètement coupable.

16. Il est à noter que même si la tendance se modifie avec l'évolution de nos sociétés occidentales, l'attitude autosacrificielle reste beaucoup plus fréquente chez la femme et chez la mère que chez l'homme.

A force de se montrer inattaquable, elle en devient inabordable, *intouchable*. En d'autres termes, elle joue si bien que personne ne se risque à vouloir jouer avec elle.

Cela s'avère particulièrement vrai côté « cœur » : comme elle ne demande rien, comme elle donne toujours sans jamais prendre, elle finit par ne plus être ni prise en compte ni prise au sérieux.

Si elle ne demande rien, elle ne se prive pas, en revanche, du droit de revendiquer, ce qu'elle fait sur le ton du soupir, du gémissement, de la plainte et de la jérémiade. Mais ces revendications ne sont généralement pas prises en considération par l'autre car elles reposent non sur la volonté réelle d'échanger, mais sur celle de *régir*.

D'un point de vue psychologique, la personnalité autosacrificielle se développe sur l' « Autrui » au détriment du « Nous ».

Elle ne s'inclut pas dans la dialectique « moi/nous », mais reste fixée sur l'autre, non en tant que sujet autonome interférant, mais en tant qu'objet asservi. En fait, son attitude est destinée à compenser son manque de « courage vital » : elle s'abrite derrière l'autre pour ne pas avoir à se confronter au grand monde.

Si la personnalité autosacrificielle ne demande rien, si elle donne toujours sans jamais prendre, elle ne se prive en revanche pas du droit de revendiquer sur le ton du soupir et du gémissement.

La portion congrue de vie qu'elle est consciente de mener par rapport à ceux de son entourage qui « osent » ce qu'elle n'ose pas, ajoutée au vide affectif ressenti vis-à-vis de l'autre, ne va pas sans une forte frustration qu'elle extériorise nécessairement par une certaine amertume et une certaine agressivité.

Voyons maintenant comment les attitudes autosacrificielles sont vécues du côté du « bénéficiaire ».

c) Un lourd tribut

Pour ce qui est du « bénéficiaire », ce qui au départ fausse légèrement les cartes c'est que la personnalité autosacrificielle recèle un côté positif et attirant. En effet, il est toujours agréable de se voir choyé et chéri. Pour lui, c'est comme si un hypnotisme ou une *sorte de charme* était exercé, qui lui permettrait, d'un coup de baguette magique, de voir aplanies toutes les difficultés d'intendance de la vie quotidienne. Cependant, lorsque la lucidité reprend le dessus, lorsqu'au bout d'un certain temps il s'aperçoit qu'il s'agit d'un terrain impossible à égaliser, il abandonne toute velléité d'équilibre de la relation.

Utilisée à son paroxysme, l'attitude autosacrificielle, loin d'être reçue comme un cadeau, est perçue comme une **véritable agression.** Cela tient au fait qu'elle ne va jamais sans déclencher la culpabilité de la partie prenante. Et en effet, comment pourrait-il « rendre » la pareille à tant d'abnégation ?

Plus la personnalité autosacrificielle renforce son attitude, plus le « bénéficiaire » tend à réagir à l'opposé. En d'autres termes, plus la première accentuera l'autosacrifice, plus le second se fera exigeant et égoïste. L'on devine ici combien une telle relation peut engendrer de sadomasochisme.

Il est très rare que ce soit le « bénéficiaire » qui décide de mettre un terme à ce type de relation. En effet, il n'est pas aisé de renoncer en toute connaissance de cause à tant de privilèges et de se résigner à être, ici ou ailleurs, moins bien traité.

Le tribut que paie le « bénéficiaire » des attitudes autosacrificielles de l'autre est cependant bien lourd à porter. Le prix en est :

1. Une relation de type sadomasochiste.
2. Une attitude infantile face à la vie.
3. Une vie axée sur une conception nourricière au détriment d'un vécu d'*être* authentique.

*
* *

Que la personne autosacrificielle comprenne :

— Que ce qu'elle considère comme une qualité humaine admirable apparaît comme un lourd défaut dès qu'elle tend à « inféoder » l'autre par sa bonté.

— Que l'autosacrifice est une tentative d'asservir l'autre à un « pouvoir affectif » de type parental.

— Que son attitude autosacrificielle la marginalise physiquement, psychologiquement et affectivement.

7. La relation de couple symbiotique

Sur la pointe des pieds.

a) Un univers restreint

Dans notre société moderne le couple correspond, comme nous l'avons vu, à un choix de vie qui suppose l'acceptation d'une certaine exclusivité de la relation entre les deux partenaires. Plus ceux-ci se portent d'affection et d'amour, plus ils tendent à s'isoler. Parfois, cet isolement les conduit à vivre comme s'ils se trouvaient sur une île dont ils seraient les seuls habitants. S'il est vrai qu'une telle exclusivité s'avère plutôt normale en début de relation, lorsque le compagnon et la compagne sont *« tout feu, tout flamme »*, cette attitude exceptionnelle doit cependant laisser place, après quelque temps, à une autre normalité de relation qui permettra au couple de reprendre pied dans la réalité du monde qui l'entoure, de s'ouvrir et de s'intégrer à la communauté ambiante.

Mais certains couples ne sont pas capables ou ne veulent pas vivre un tel « *retour à la normalité* » et choisissent de rester dans la relation duelle exclusive qu'ils ont progressivement mise en place. Imperceptiblement, un petit univers personnel va se créer qui les conduira à ne plus vouloir frayer avec le grand monde ou en tout cas à ne s'y mouvoir que sur la pointe des pieds et le plus rarement possible. La relation régnant au sein de tels couples est communément appelée *relation symbiotique.*

b) Qu'est-ce qu'une relation symbiotique ?

Au départ, la relation symbiotique est le type de relation entretenue entre une mère et son bébé lorsque celui-ci est encore si petit que sa survie dépend entièrement d'elle. Il advient parfois que la relation symbiotique perdure durant toute l'enfance et même plus tard. Lorsque c'est le cas, la relation mère/enfant relève alors non plus d'une normalité, mais d'un rapport de domination et de dépendance :

De **domination** car, dans la relation à l'enfant, il est clair que la mère (ou le père) prend une position dominante face à lui : « *Je sais ce qui est bon pour toi* », « *Écoute ce que je te dis, n'écoute pas les autres* »...

De **dépendance,** tant chez la mère que chez l'enfant :

— Chez la mère, car elle investit dans l'enfant tout son besoin d'amour et trouve ainsi dans cette relation un palliatif de toutes ses angoisses existentielles et une compensation à toutes les frustrations (sociales, sentimentales, sexuelles et autres) qu'elle peut endurer par ailleurs.

— Chez l'enfant, car il se sent culpabilisé d'une part d'être attiré par le monde extérieur et, d'autre part, de ne pas être à la hauteur de tout ce que sa mère (ou son père) fait pour lui : « *Je me sacrifie pour toi.* »

Cette relation de dépendance se trouve donc constamment alimentée par la mère (qui compense son sentiment de vide et de solitude dans l'existence), et par l'enfant (qui culpabilise dès qu'il veut se détourner ou s'affranchir de la mère).

A l'âge adulte, par extension, on appelle *relation symbiotique* une relation par trop exclusive entre deux personnes (mère/enfant, frère/sœur, jumeaux, compagnon/compagne...). Dans un couple, la relation peut être considérée comme telle lorsqu'un état de dépendance de type infantile intervient entre le compagnon et la compagne. La relation symbiotique est nocive pour le couple, car le rapprochement excessif produit entre les deux êtres les empêche d'une part de s'apercevoir clairement dans leur spécificité et dans leur différence et, d'autre part, de vivre véritablement dans la « société des hommes ».

Faut-il en conclure que tous les couples amoureux sont des couples symbiotiques ? Certes, non ! Tout est une question de moment et de degré. Le couple amoureux sait faire la part de l'intimité et celle de la socialité ; il est tout à la fois capable de se transporter au « *septième ciel* » et de s'ancrer dans une réalité tout à fait terrestre. Le couple symbiotique, lui, n'est pas à même de vivre cette double nécessité. Il n'habite que dans l'exclusive, l'isolement et la solitude à deux.

Pourquoi les couples symbiotiques recourent-ils alors à un tel isolement si celui-ci s'avère aussi néfaste ? Les raisons de ce choix doivent être trouvées pour l'essentiel dans deux sortes de peur : la peur de ne pas être suffisamment aimé et la peur du « grand monde », la seconde participant souvent à la première. Examinons-les succinctement.

c) La peur de ne pas être aimé

Cette peur est directement liée à l'enfance. En effet, durant leurs tendres années, les enfants se voient consentir par leurs parents certains privilèges. Leurs manquements, leurs fautes, leurs erreurs, leurs incompétences (fainéantises, mensonges et autres « délits mineurs »), aussitôt que commis sont pardonnés.

Or, une fois adulte, les choses vont bien différemment. Chaque adulte sait qu'il ne peut pas agir n'importe comment, qu'il ne peut pas interférer arbitrairement dans la vie d'autrui, qu'il ne peut pas négliger certaines règles sociales sans que son attitude soit assortie de certaines conséquences. Chacun de nous a donc conscience que les autres risquent fort de ne pas se montrer aussi conciliants, aussi tolérants et aussi cléments que l'étaient avec nous nos propres parents. Et c'est précisément ce que craint la personnalité symbiotique. Elle se sent divisée entre la nécessité de ne pas transférer sur les autres un matériel affectif qui n'appartient qu'à elle et celle de préserver les **privilèges d' « amour acquis »** propres à son enfance.

Redoutant de devoir non plus vivre sur un « capital d'amour » préexistant, mais investir sa propre personne pour créer et entretenir un tel capital, redoutant le travail de vigilance que sous-tend nécessairement une telle attitude, bref, redoutant l'effort à fournir pour être reconnu et aimé des autres, la personnalité symbiotique tente de résoudre son dilemme en échappant au « grand monde ».

d) La peur du « grand monde »

La relation de dépendance génère chez l'adulte « symbiote » (comme chez l'enfant) une triple et fausse vision, du monde, de la vie et d'autrui :

— **Du monde** car, pour lui, le monde est vécu comme inquiétant, menaçant, hostile, dominant ; un monde dans lequel il ne faut surtout pas s'aventurer, bref, un monde duquel il faut se protéger.

— **De la vie** car tout orienté qu'il est sur les points de référence restrictifs et étroits dictés par la symbiose, il ne dispose plus de points de repères personnels établis par sa propre expérience.

— **D'autrui** enfin car, ne frayant pas, ne se « limant » pas suffisamment avec les autres, il ne peut pas faire l'expérience de la « *rencontre avec autrui* » et de la dynamique qui l'accompagne. Pour lui, rencontre égale désordre, affrontement, conflit, chaos, danger. En d'autres termes, les valeurs vitales se trouvent inversées. Il ne s'agit plus de *« conquérir » la vie,* mais de l'éviter dans la plus large mesure du possible.

Il est certain qu'avec cette triple et fausse vision des choses, la personnalité symbiotique se trouve totalement désarmée face aux multiples situations relationnelles rencontrées. Pour échapper à ce « danger d'autrui », elle renforce toujours plus sa relation exclusive avec l'autre de façon à recréer un monde *à part,* similaire à celui qu'elle a connu dans son passé. Cette relation symbiotique comportera bien sûr, pour l'essentiel, les mêmes rapports de domination et de dépendance que ceux vécus dans son enfance.

Plus elle s'enfonce dans la routine d'une relation de couple symbiotique, plus elle se sent mal à l'aise vis-à-vis des autres car elle perd l'habitude de les côtoyer et de vivre avec eux. Cela s'explique par le fait que sa symbiose tend à neutraliser, à effriter et à éliminer la dynamique qui résulte de ses contacts avec les autres. Petit à petit la motivation disparaît et se trouve remplacée par la peur des autres. Ceux-ci sont alors vus non plus comme des êtres sociaux au même titre qu'elle, mais comme des méchants, des ennemis, des « réducteurs de têtes ». Des qualités (ou des défauts) leur sont même prêtées qui ne leur appartiennent pas réellement mais qui, au contraire, relèvent de sa propre problématique (17).

A partir de là, ses relations avec les autres se font plus rigides et de plus en plus rares car elle développe une véritable méfiance face à eux. Mais cette méfiance, rappelons-le une fois encore, est totalement arbitraire ; elle s'appuie non sur la réalité des faits, mais sur des préjugés instaurés à partir de situations de rivalité et de concurrence que le symbiote établit pour l'essentiel lui-même.

Sur un plan comportemental, la personnalité symbiotique oscille entre deux types de comportements, la revendication et la séduction :

---

17. L'un des médiateurs de cet ensemble de représentations effrayantes d'autrui a pour nom « surmoi ». Rappelons, pour mémoire, que le « surmoi » est un ensemble de règles de conduite qui nous sont transmises par les parents et la société et qui, une fois adulte, tendent à gouverner nos actes de façon automatique.

— A l'intérieur de sa relation de couple, ses attitudes d'enfant gâté la conduisent à rechercher des positions de domination face à l'autre tout en s'efforçant de le maintenir dans le rôle de « *papa* » ou de « *maman gâteau* ». Son comportement est pour l'essentiel « **revendicatif** » ; elle revendique ce qu'elle estime être un « dû d'amour ».

Si l'autre accepte ce rôle — car il tend lui-même à la symbiose et y trouve son compte — un équilibre (névrotique, certes, mais un équilibre tout de même) peut être trouvé. Mais si l'autre rejette ce rôle qui lui est conféré, il aura tendance à réagir à l'inverse de ce que la personnalité symbiotique attend de lui. Il fuira la proximité, éludera la rencontre et tentera de

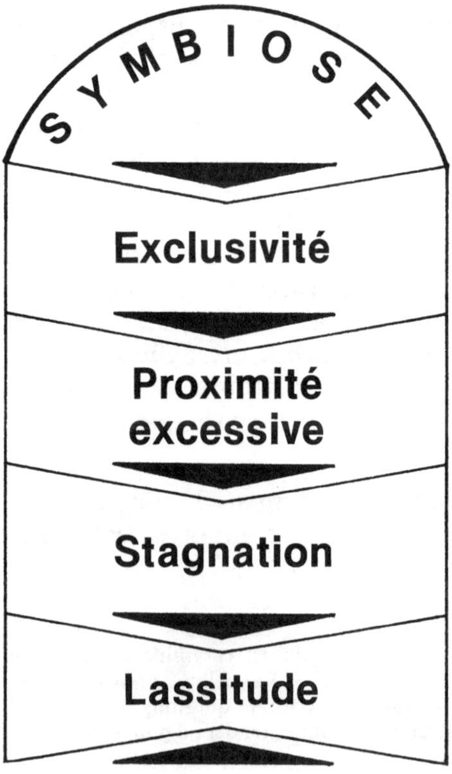

trouver refuge dans des hobbies personnels ou dans sa vie professionnelle pour échapper à la situation symbiotique. Plus la personnalité symbiotique se montrera revendiquante, moins l'autre y prêtera attention et plus elle se sentira frustrée.

— A l'extérieur, ne pouvant manifestement pas agir avec le grand monde comme elle le fait dans son couple symbiotique, en d'autres termes ne pouvant décemment pas *imposer* ouvertement au monde extérieur ce qu'elle souhaite, elle aura tendance à recourir à la « **séduction** » pour parvenir à ses fins. Mais cette « séduction » aura pour but non pas d'aller vers les autres, d'apprendre à les connaître, de découvrir leur propre monde, mais de les attirer à elle, de les « privatiser », de les conduire à épouser l'univers qu'elle domine (18).

e) En sortir

La personnalité symbiotique est, tout au moins dans une certaine mesure, consciente de la relation exclusive qu'elle mène dans son couple. Mais cette conscience, qui se situe davantage à un niveau intellectuel qu'émotionnel, est loin d'être suffisante pour l'amener à prendre le taureau par les cornes et à entamer une politique de changement. Ainsi que nous l'avons dit, cela tient au fait que la relation symbiotique qu'elle mène dans son couple n'est, la plupart du temps, que la perpétuation d'un style de relation acquis dans son enfance avec sa mère ou son père.

Faut-il donc considérer qu'une personnalité symbiotique est condamnée à mener éternellement ce genre de relation ? Non, heureusement ! La symbiose n'est pas un phénomène inné ou héréditaire, mais un style de vie acquis. Il existe contre la symbiose un excellent antidote. Il s'agit du « *sentiment social* (19) ».

18. Ce comportement pourrait être comparé à celui de l'enfant qui, rentrant de l'école, raconte à sa mère (ou à son père) tout ce qu'il a vécu, rencontré, découvert sans penser un instant qu'elle-même a pu aussi vivre des choses pendant ce temps.

19. Nous devons cette expression « *sentiment social* » au grand psychanalyste viennois Alfred Adler.

f) Le « sentiment social » : un antidote à la symbiose

Qu'est-ce que le sentiment social ? Si nous devions en donner une définition, nous dirions qu'il réside dans le sentiment empathique que nous éprouvons ordinairement et naturellement pour les autres et qui nous conduit à rechercher leur compagnie plutôt que de l'éviter. C'est lui qui nous permet de nous ouvrir vers l'extérieur, d'aller vers les autres, de sympathiser avec eux, de nous intégrer à des groupes que ce soit dans le domaine du travail (collègues, visiteurs...) ou dans le domaine social (clubs, associations...).

Hélas ! il faut bien reconnaître que notre société et notre type d'éducation tendent à nous inculquer un **manque** de « sentiment social » plutôt qu'à développer en nous cette merveilleuse disposition.

Cela commence dès l'enfance, dans la constellation familiale d'abord, à l'école ensuite lorsqu'on éduque les enfants à ne pas se laisser aller à ce qu'ils auraient envie de vivre spontanément dans leurs relations avec les autres (*« Ne donne pas tes jouets », « Ne parle pas avec cet enfant », « Ne laisse pas ton voisin copier sur ton devoir »,* etc.). Nombre de manifestations spontanées de sentiment social de l'enfant sont ainsi écrasées dans l'œuf et se trouvent remplacées par des sentiments tels que ceux de compétition, de concurrence, de rivalité, de course à la récompense, au pouvoir, à la domination, etc.

Normalement, l'adolescent entrant dans la vie adulte devrait « purger » tous ces sentiments et apprendre à vivre socialement *avec* les autres, mais il a tôt fait de s'apercevoir que cela lui est impossible, faute de « valeurs de remplacement » correspondantes et adéquates. Le pli est pris, il lui faut le conserver.

Une fois adulte, la vie en société et les contingences professionnelles auxquelles nous sommes soumis nous empêchent — voire nous dissuadent — d'apprendre le sentiment social.

*

* *

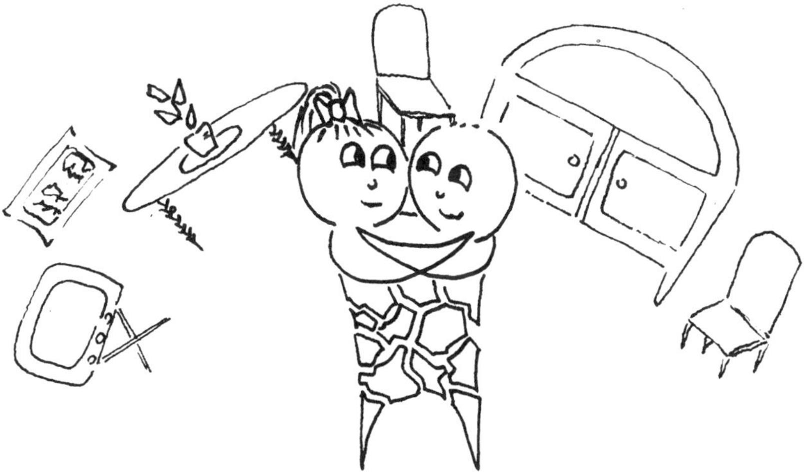

Comprenons que la symbiose ne peut que scléroser le couple et le rendre plus fragile.

— Comprenons avant tout que la symbiose ne peut que scléroser le couple et le rendre plus fragile. Que nous vivions une relation de couple symbiotique ou non, comprenons aussi que l'apprentissage du « *sentiment social* » est fondamental pour l'homme vivant en société. Apprenons à opposer à la symbiose notre « *sentiment social* ». C'est lui qui nous fera tendre vers une vie autonome tout en ayant le sentiment de faire *un* avec notre compagnon ou notre compagne.

— Parallèlement à cet apprentissage capital, apprenons à considérer l'autre non seulement en tant que notre compagnon ou en tant que notre compagne, mais aussi en tant que *personne* autonome et respectable.

— Ne cantonnons pas arbitrairement et systématiquement les autres dans le rôle de « méchants ». Comprenons que le fait d'aller vers eux, loin de constituer un danger, constitue une possibilité de mieux les connaître, et donc d'en avoir moins peur.

— Comprenons encore que la symbiose, en nous obligeant à recourir à l'alternative « revendication » ou « séduction », réduit considérablement les possibilités que notre couple pourrait nous offrir, car ni l'une ni l'autre ne sont des comportements *authentiques.*

— Retenons enfin que le sentiment social est le meilleur antidote à la relation de couple symbiotique.

8. Une prise de conscience

« Si je pense laid et vulgaire dans ma tête, j'agirai laid et vulgaire dans ma vie. »

a) Une « erreur d'attente » au départ

Nous avons passé en revue les attitudes de la « branche dure » et celles de la « branche lâche », et avons pu constater que ni les unes ni les autres ne pouvaient véritablement donner satisfaction, dans le premier cas une désolidarisation indifférenciée, dans le second des attitudes laxistes, inconsistantes ou inadaptées nous laissant par trop sur notre faim.

Disons-le sans détour : le couple n'est ni *« ce qui reste quand nous ne pouvons pas faire autrement »*, ni un *« sanctuaire du Moi »*. Ces conceptions erronées prennent leurs racines dans une « erreur d'attente » au départ : nous assimilons notre compagnon ou notre compagne à l'image parentale que nous avons connue dans notre enfance et qui nous portait à considérer nos père et mère comme omniprésents, omniscients et **omnipotents** puisqu'ils étaient là, naturellement, à notre disposition, toujours prêts à répondre à toutes nos questions et à résoudre toutes nos difficultés.

Mais s'il est « naturel » que l'âme trop facilement influençable de l'enfant le porte à croire en une telle affabulation, il n'en va par contre pas de même pour les adultes que nous sommes. Et pourtant, n'est-ce pas ce que nous tendons à perpétuer ? N'attendons-nous pas de notre compagne qu'elle se conduise comme notre mère, de notre compagnon qu'il se comporte comme notre père, voire qu'il ou elle allie tous les avantages et tous les privilèges que nos père et mère présentaient jadis ? Il faut bien reconnaître que si.

C'est pour l'essentiel cette « *erreur d'attente au départ* », cette lourde méprise qui se trouve à l'origine de nos revendications infondées, de nos désillusions et, au-delà, de nos mésententes dans le couple.

Alors, faut-il en déduire que le couple ne constitue pas une réponse à nos problèmes ontologiques ? Ici encore, il convient d'apporter un point de vue différencié : le couple tel que nous le « pratiquons » généralement est loin de constituer cette réponse. En revanche, le couple tel que nous pourrions et devrions le pratiquer peut jouer ce rôle. Pour cela, il faudrait nous convaincre de deux choses :

— La première serait que nous avons en la personne de notre compagnon ou de notre compagne une « *personne à part entière* », c'est-à-dire unique, irreproductible, *originale,* n'ayant aucun lien ni aucune ressemblance avec les personnes qui ont entouré notre enfance.

— La seconde serait de comprendre et d'accepter une fois pour toutes que l'autre ne peut être ni omniprésent, ni omniscient, ni omnipotent. En d'autres termes, qu'il ne peut pas être « compétent » en toutes les matières, qu'**il ne peut « égaler » Dieu.**

b) Ressourcer le couple au monde extérieur

Chacun d'entre nous ressent le désir d'évoluer. Or, l'évolution suppose que nous ne nous cantonnions pas dans une relation symbiotique, mais que nous allions chercher dans le monde extérieur les éléments qui vont donner à notre couple sa respiration, son rythme, sa dynamique. En cela, la vic d'un couplc pourrait être comparée à celle d'un pays : celui-ci ne peut évoluer s'il se cantonne dans l'autarcie (20) ; il doit s'ouvrir sur l'extérieur, aller chercher hors de ses frontières les différences

20. Autarcie : système économique d'un pays qui se suffit à lui-même.

qui viendront renforcer son originalité. Il en va de même pour notre couple.

Ce que le couple doit trouver à l'extérieur relève pour l'essentiel de *trois contingences :*

— D'abord, il nous faut **puiser à l'extérieur des éléments nouveaux** (points de vue différents, idées originales, conceptions novatrices, vision particulière de la vie...) qui pourront circuler dans le couple et le dynamiser. Ce pourra être la découverte d'une nouvelle activité, la mise en place d'un autre style de vie, l'aménagement d'une occupation autre, une structuration différente de notre temps (la fréquentation d'un club de loisirs, la pratique d'une activité sportive, l'apprentissage d'une langue étrangère, la participation à une chorale, etc.).

— Ensuite, tout comme un gouvernement va parfois demander assistance diplomatique à un autre gouvernement pour régler un problème épineux avec un pays donné, nous devons apprendre à nous tourner beaucoup plus largement vers l'extérieur **lorsque nous rencontrons des problèmes** dans notre vie privée ou au sein de notre couple. En effet, à trop vouloir *« laver notre linge sale »* en privé ou en famille, nous éludons les problèmes, refoulons nos blessures, gardons « non verbalisés » nos affects et finissons par ne plus rien laver du tout, restant souvent des mois, voire des années, à ruminer un *non-dit.*

C'est un cadeau que nous faisons à notre compagnon ou à notre compagne et, par-delà, à notre couple (et donc à nous-même) que de ne pas systématiquement l'assaillir de tous nos maux personnels et de tous nos tracas psychiques sous prétexte qu'il partage notre vie quotidienne. Notre couple a besoin que nous préservions l'image que nous portons de l'autre en nous. Si nous l'utilisons systématiquement comme vide-ordures pour nos détritus psychiques, cette image ne peut manquer de se dégrader et d'entraîner par là même la dégradation de notre couple.

— Enfin, il nous faut aller chercher en dehors du couple **ce que l'autre ne peut pas** ou n'est pas en état de **nous donner**

Si nous utilisons systématiquement notre couple comme un vide-ordures pour nos détritus psychiques, l'image de l'autre ne peut manquer de se dégrader, entraînant de ce fait la dégradation de notre couple.

---

et qui nous tient à cœur. En effet, une seule et unique personne ne peut pas s'orienter vers tous les champs d'investigation, s'intéresser à toutes les matières, posséder en elle toutes les qualités, toutes les sensibilités humaines qui lui permettraient de répondre à toutes les attentes de son compagnon ou de sa compagne. Ainsi, si l'un des deux membres du couple seulement s'intéresse à une activité particulière — que ce soit à un art déterminé, à un domaine scientifique précis ou à un sport spécifique — et que l'autre ne s'y intéresse pas, il doit pouvoir aller puiser à l'extérieur du couple, chez d'autres coreligionnaires ce que son compagnon ou sa compagne n'est pas en mesure de lui donner.

Cela ne signifie pas pour autant qu'il nous faille exclure l'autre d'une telle activité. Au contraire, la porte doit lui être laissée grande ouverte. Il faut pouvoir lui proposer cette dimension qui lui manque, mais ne pas y renoncer nous-même pour autant afin de préserver notre désir d'évoluer.

*
* *

— En ce qui concerne la première contingence, nous ne rencontrons généralement pas trop de difficultés pour y faire face. Tant bien que mal, lorsque nous éprouvons le sentiment que notre couple s'essouffle, nous tentons de le réoxygéner en nous ouvrant sur l'extérieur.

— Pour ce qui est de la deuxième, rares sont ceux qui, finalement, en saisissent la portée. Cela provient d'une part de notre éducation qui nous a appris à ne pas aller *déranger les autres* pour n'importe quoi et surtout pas pour nos problèmes personnels (21) et, d'autre part, de notre orgueil qui nous fait endurer le silence plutôt que de nous avouer et d'*avouer* à autrui nos problèmes et nos difficultés de vie.

c) Le risque de l'extériorité

S'il est vrai que ces deux contingences s'avèrent difficiles à suivre, la troisième et dernière représente probablement le point le plus délicat sur lequel la plupart de nos couples achoppent. Car, en effet, qui accepterait de bon cœur d'admettre que son compagnon ou sa compagne ne peut trouver en lui *tout* ce dont

21. Nous avons traité de ce sujet dans un chapitre de *Vivre sa vie* (Dangles) intitulé : « Apprendre à déranger les autres. » Nous invitons le lecteur à s'y reporter.

il a besoin ? Qui consentirait de plein gré à prendre le risque de voir l'autre se tourner ostensiblement vers l'extérieur et, éventuellement, se « désintéresser » de lui ? Qui poserait en toute connaissance de cause entre les mains de l'autre l'éventualité qu'il puisse **trouver mieux ailleurs ?** Car ce que nous redoutons, c'est précisément qu'en *allant voir ailleurs* il puisse *trouver mieux.* Ici réside précisément notre erreur d'appréciation. Nous nous méprenons sur le sens qu'il convient d'accorder au terme *« se tourner vers l'extérieur ».*

Partant du principe qu'ils doivent aller chercher dehors ce que ni le couple ni l'autre ne peuvent leur offrir *entièrement,* la plupart d'entre nous en déduisent qu'ils doivent chercher dans une « relation amoureuse supplémentaire » (c'est-à-dire auprès d'un « amant » ou d'une « maîtresse ») ce qui leur manque dans leur couple. Or, que constatent-ils au bout d'un certain temps ? Qu'ils se trouvent aussi enfermés dans cette « relation supplémentaire » qu'ils l'étaient dans leur relation de couple. En d'autres termes, leur pseudo-ouverture n'a été qu'une **reproduction édulcorée** de ce qu'ils étaient en train de vivre auparavant. Un chapitre entier étant consacré à la *« psychanalyse de l'amant et de la maîtresse »,* nous n'en dirons pas ici davantage sur cette question.

d) Un épanouissement ontologique

Le couple est précieux ; notre *« épanouissement ontologique* (22) » passe par lui. Tous ceux qui ont vécu leur « traversée du désert » ont pu le mesurer.

Mais trop peu encore perçoivent, saisissent et comprennent que le « couple » est bien davantage qu'une simple « réunion sexualo-économique » de deux personnes. En effet, nulle part ailleurs la synergie résultant de la force de deux êtres n'est aussi forte que dans la vie de couple. C'est à partir d'elle, pour l'essentiel, que nous pouvons développer en toute sérénité toutes les

22. Ontologique : qui relève de l'être.

autres synergies humaines : professionnelle, relationnelle, existentielle.

Mais le couple ne requiert ni nos faiblesses, ni nos démissions, ni nos intransigeances, ni nos entêtements. Il ne saurait longtemps être considéré comme un refuge pour nos incapacités, ni comme un exhutoire pour nos résistances et nos agressivités. Il peut certes jouer ce rôle tant que nous n'avons pas compris que nous pouvons « faire autrement ». Mais à partir du moment où l'on a commencé à regarder les choses d'une autre façon, à partir de l'instant où l'on s'est mis à *voir clair,* il devient impossible d'accepter plus longtemps le sacrifice d'une vie dont on a compris que le « pivot du changement » résidait en nous-même, en notre propre compréhension, en notre propre capacité, en notre propre évolution et, par conséquent, en notre propre remise en question.

Notre couple n'a que faire de nos attitudes d'autosacrifice, de nos gâteries, de nos pseudo-tolérances, de nos concessions (23). Elles sont juste bonnes à alimenter les champs de bataille secondaires de nos **complexes sadomasochistes respectifs.** Comprenons que lorsque nous y avons recours, c'est que nous avons montré nous-même tant de faiblesses que nous nous sentons redevable vis-à-vis de l'autre des siennes propres.

Souhaitons-nous vivre une vie de couple bâtie par un homme et une femme responsables, recherchant non seulement à vivre au jour le jour, mais aussi à construire leur vie à deux en fonction d'une certaine démarche, d'une certaine éthique ? Ou désirons-nous borner notre vie sentimentale à un accouplement sexuel et économique ?

Le choix nous revient !

*

* *

23. Nous ne voulons pas signifier qu'il faille systématiquement les rayer de notre couple ; nous voulons simplement dire qu'elles ne sont pas forcément des outils adéquats, efficaces et indispensables.

Que nous appartenions à la « branche dure » ou à la « branche lâche », ne nous leurrons ni sur notre superpuissance, ni sur nos incapacités réputées rédhibitoires.

— Apprenons à ne pas apparaître plus grand que nous ne le sommes de façon à ce que l'autre ne disparaisse pas derrière nos épaules.

— Apprenons à ne pas apparaître non plus trop petit afin que notre compagnon ou notre compagne ne soit pas contraint de cultiver une certaine « médiocrité » de l'être qui ne servirait ni à l'un ni à l'autre.

En outre :

— Comprenons que nous ne pouvons pas évoluer si nous concentrons toute notre vie sur la seule personne de notre compagnon ou de notre compagne.

— Apprenons à aller vers les autres ; ils sont un souffle de vie. C'est par eux qu'on se grandit, qu'on se connaît, qu'on se rejoint soi-même.

— Essayons de régler nos menus problèmes en ayant recours à notre bon sens et à notre conscience. Si cela ne suffit pas, chaque fois que possible essayons de les verbaliser et de les solutionner avec nos amis.

— Ne détériorons pas l'image que nous portons de l'autre en nous-même. Préservons-la en ne projetant pas systématiquement sur lui nos détritus psychiques.

— Ouvrons-nous plus largement sur notre environnement social et émotionnel, mais n'omettons pas d'inclure l'autre chaque fois que possible.

CHAPITRE III

Le couple au quotidien

Parmi les terrains participant de nos mésententes, il en est deux qui interviennent fréquemment dans notre vie de couple : il s'agit de la **maniaquerie** et du **désordre.**

Bien qu'une telle disposition remonte généralement à notre enfance, il n'est pas rare que ces comportements — potentiellement présents en chacun de nous — ressurgissent et se paroxysent au sein du couple lorsque la communication au sein de celui-ci ne fonctionne plus correctement. Si l'on tend habituellement à conjuguer la maniaquerie au « féminin » et le désordre au « masculin », cela est loin d'être une règle générale et l'on trouve, sans conteste, aussi bien des *maniaques appliqués* chez les hommes que des *désordonnées convaincues* chez les femmes.

Les enjeux soulevés par la maniaquerie et par le désordre sont lourds de conséquences pour l'équilibre relationnel de notre couple. Observons donc de plus près ces deux types de comportements et voyons ce que nous pourrons en apprendre.

1. La maniaquerie

Des contraintes inutiles pour des enjeux factices.

a) Des « rites » personnels

Concédons-le, il n'est personne qui ne succombe à quelque petite manie. Pour l'un ce sera une certaine façon d'éplucher sa correspondance, pour un autre une méthode particulière de faire la vaisselle, pour un autre encore la manière d'arpenter la rue en s'efforçant d'éviter de marcher sur les lignes du trottoir. Tant que ces manies ressortent de notre propre sphère cela passe, mais lorsqu'elles deviennent véritablement centrales et qu'elles se répercutent de façon majeure sur la vie de l'autre, il convient d'y mettre sinon un terme, du moins un frein. Nous n'aborderons pas ici toutes les obsessionnalités névrotiques (superstition, fétichisme, phobie...), mais cantonnerons par nécessité nos observations au strict domaine relationnel au sein du couple.

S'il nous fallait donner une définition sommaire de ce qu'on appelle communément les « manies », nous dirions qu'il s'agit de l'établissement de *rites personnels* de nature répétitive et excessive, n'ayant généralement aucune utilité fondamentale ni pour nous ni pour notre entourage. L'on souhaite arbitrairement que telle chose soit faite de telle façon et non d'une autre. Être « maniaque » c'est donc s'attacher à des détails qui n'ont pas d'importance pour le commun des mortels, mais qui en revêtent néanmoins de « mystérieuses » pour nous-même.

Pour éclairer notre propos, prenons un exemple : lorsque nous voulons étendre du linge, nous pouvons éprouver une préférence pour les épingles à linge en matière plastique sur celles en bois (car nous sommes d'avis que le plastique ne marque pas). Personne ne trouvera à redire à ce choix, même si certains n'y voient aucune différence et trouvent que nous nous compliquons la vie. En revanche, si nous érigeons en système le fait de n'utiliser que les épingles rouges pour le petit linge, les vertes pour

La maniaquerie.

les pantalons, les bleues pour les chemises, etc., nul doute que l'on pourra nous taxer, à juste titre, de manie excessive.

b) Par rapport à nous-même et par rapport à l'autre

D'un point de vue psychologique, les « manies » s'expliquent pour l'essentiel de deux façons : par rapport à nous-même et par rapport à l'autre.

— **Par rapport à nous-même,** elles sont un besoin compulsionnel de nous donner des points de repère (factices mais nécessaires) pour nous sécuriser par rapport à un environnement extérieur face auquel nous ne nous retrouvons plus. Dès que l'autre tente de déranger ces points de repère, nous nous sentons perdu. Les « manies » sont donc une façon de nous défendre, ou plutôt de défendre un « territoire » que nous nous approprions afin de nous rassurer face à la vie.

— **Par rapport à l'autre :** cette défense du « territoire » se trouve avalisée au moyen de comportements *perfectionnistes* contre lesquels l'autre ne peut que s'avérer impuissant. En effet, le compagnon ou la compagne subissant les manies de l'autre ne peut que difficilement lui reprocher son excès d'ordre, de rangement ou de propreté car ces valeurs sont traditionnellement reconnues par la société comme étant des valeurs positives qu'il est bon de cultiver. Les manies apparaissent aussi souvent comme une manière plus ou moins consciente de régler des comptes, de « coincer » l'autre ou de le mettre en défaut. Elles peuvent également être une façon de compenser un sentiment d'infériorité en trouvant prétexte pour se montrer autoritaire avec lui. En effet, la personne maniaque tend à vouloir régenter le monde qu'elle connaît puisqu'elle ne peut pas gouverner le « grand monde ». Elle diligente donc l'autre, montre ce qui est à faire et ce qui ne l'est pas en fonction de critères fixés uniquement par elle. Dans son domaine, elle détient la vérité et elle l'affiche.

La maniaquerie est donc une manière « raccourcie » de se sentir puissant. Cependant, cette puissance n'émane pas de l'*être* de la personne, mais du « diktat » de perfection qu'elle impose d'une part aux objets (qui *doivent* avoir leur place bien déterminée et non une autre) et, d'autre part, à l'autre (qui est prié de s'en tenir au règlement de la maison institué par ses soins).

Le vocabulaire de la personne maniaque est celui d'une personnalité autoritaire. Il comporte tous les *« Je ne peux pas supporter que... »*, les *« Je ne veux pas voir... »*, les *« Je n'admets pas que... »*, habituellement rencontrés dans le langage parental. Il convient enfin de noter que la maniaquerie n'est généralement pas perçue comme telle par nous-même. Plutôt que de manie, nous préférons parler d'ordre méticuleux, de souci du rangement, d'organisation efficace (1).

1. Ainsi, de ce point de vue, le fait d'utiliser les pinces à linge vertes pour les pantalons nous paraîtra tomber sous le sens.

Il est bien difficile d'établir une graduation des comportements et de déterminer où se trouve la limite entre *organisation ordonnée* et *maniaquerie.* Il appartient donc à chacun de nous de tenter d'évaluer où il se trouve personnellement par rapport à ce problème.

Dans tous les cas, comprenons que la maniaquerie est un phénomène « rituellique » émotif et indifférencié nous conduisant à l'auto-isolation. Elle est une cellule que nous construisons barreaux après barreaux jusqu'à nous emprisonner nous-même.

Retenons que :

— La maniaquerie constitue un besoin obsessionnel de s'entourer de points de repère précis, en même temps que de régenter autoritairement notre entourage.

— Au lieu de persister dans ces attitudes rigides, apprenons à davantage coopérer avec notre environnement, abandonnons notre souci de la perfection au profit d'un certain *« courage de l'imperfection ».* En apprenant à nous accepter nous-même dans l'imperfection, nous accepterons mieux l'autre.

— Comprenons enfin que les comportements maniaques de l'un tendent paradoxalement à déclencher les attitudes de résistance de l'autre.

2. Le désordre

J'ai fait mon geste, je ne l'ai pas fini, je le continuerai plus tard.

Nous avons dit que la maniaquerie était une façon de délimiter son « territoire » ; nous pourrions dire de même du désordre. Mais ne brûlons pas les étapes et, avant que d'aller plus loin dans l'analyse des similarités, observons ce phénomène en lui-même, car il y a « désordre » et « désordre ».

a) Qu'est-ce que le désordre ?

Il convient d'emblée de distinguer quatre types de désordre : le *désordre de gâterie,* le *désordre de l'agir*, le *désordre de compagnie* et le *désordre galopant*. Quelle distinction faut-il établir entre tous ?

— Le **désordre de gâterie** est le plus courant. Il est lié à des attitudes de privilèges remontant à l'enfance, lorsque nos parents ou nos éducateurs, désireux de répondre à tous nos caprices, ne nous ont pas appris à coopérer mais à nous faire servir. Il ne s'agit donc pas là d'une relation inadéquate à l'objet négligé (porte laissée ouverte, pull-over jeté par terre, tournevis « oublié » dans le jardin...), mais de la continuation mentale de la relation privilégiée menée avec le ou les parents nous ayant gâté dans notre enfance.

— Le **désordre de l'agir** est, comme on s'en doute, celui lié à notre action. Il n'est pas tant un *désordre* qu'une *expression de vie*. Si, par exemple, nous avons invité des amis à dîner à la maison et que nous sommes en train de préparer le repas, il est naturel qu'il en résulte un certain désordre dans la cuisine. Ou encore, si un instituteur prépare ses cours de la semaine, de nombreux livres seront sortis, des fiches, des polycopiés traîneront nécessairement sur et autour du bureau. Mais ces désordres ne sont évidemment que provisoires et une fois les invités partis, une fois les fiches de travail mises au point, l'hôte s'occupe sous peu de remédier au chantier qu'il a laissé dans la cuisine, de même que l'instituteur remet de l'ordre dans ses affaires.

— Le **désordre de compagnie** est, lui, d'une tout autre nature. Il n'est pas un déplacement d'objets ponctuant des actions ou une dynamique précises mais correspondrait plutôt à une « négligence de notre agir ».

En d'autres termes, il ne signifie pas : « *J'ai entrepris une action, il en est résulté un dérangement provisoire d'objets* », mais « *j'ai commencé un geste, je ne l'ai pas fini, je le continuerai éventuellement plus tard* ».

Le désordre « ontologique » serait une « brouille » entre notre espace figuré par les objets et nous-même.

Pour bien comprendre ce type de désordre, prenons un exemple. Lundi dernier, nous avons trié du courrier et avons jeté une lettre publicitaire par terre dans l'intention de la mettre à la poubelle. Mais au même moment le téléphone a sonné et notre intention en est restée là. Entre-temps une semaine est passée et, bien que nous ayons remarqué à plusieurs reprises cette lettre gisant par terre, nous ne nous sommes pas occupé d'y remédier. Mieux, petit à petit, cette enveloppe blanche sur la moquette beige est imperceptiblement passée dans notre environnement naturel jusqu'à en constituer une sorte de « mobilier supplémentaire ». De toute évidence, cette lettre publicitaire qui, au départ, devait finir à la poubelle est devenue une présence muette destinée à nous tenir compagnie.

— Le **désordre « galopant »** : un objet déplacé ou dérangé n'a bien sûr aucune importance en soi ; il contribuerait même, au contraire, à donner une atmosphère de vie à notre environnement. Cependant, nos désordres ne s'en tiennent généralement pas au dérangement d'un ou deux objets, mais tendent à se multiplier par dix, par cent ou par mille jusqu'à nous échapper complètement. C'est ainsi que nous nous retrouvons parfois en possession de dizaines de clés de toutes les tailles et de toutes les couleurs sans pouvoir en expliquer la provenance (quelle porte, quel cadenas, quelle valise, quelle voiture, quelle maison ?...), tandis que nous manque précisément celle du hangar ou de la remise dont notre compagnon ou notre compagne aurait besoin de toute urgence. Ou encore, nous « croulons » sous les journaux, les magazines, les coupures de presse, les notes, les lettres, les factures, les cartes postales... bref les mille papiers fondamentalement importants aujourd'hui et dérisoires d'insignifiance demain, mais nous ne parvenons pas à mettre la main sur la notice explicative du fer à repasser acheté le mois dernier.

Lorsque notre désordre se fait « galopant » et nous envahit trop, nous nous rebellons parfois et l'envoyons « en exil » à la cave ou au grenier rejoindre les cartons et les caisses remplis d'objets de toutes sortes ayant déjà subi le même sort. C'est ainsi que s'accumulent mois après mois, années après années tous les objets exilés qui iront un jour ou l'autre rejoindre la décharge publique, n'ayant plus aucune raison d'être puisque n'ayant plus aucune *relation*, plus aucune *amitié* avec nous, leur possesseur d'autrefois (2).

A partir du moment où il nous échappe, le désordre n'apparaît donc plus comme une « compagnie agréable » destinée à meubler notre espace, mais comme une confrontation obligée et pénible. Il n'y a plus *complicité* entre l'objet et nous-même, mais *présence contraignante*.

b) Comment réagir ?

Il est aisé de comprendre que la vie consistant à résoudre un ensemble de tâches vitales et d'événements, nous ne pouvons pas ne pas produire un certain désordre dans notre espace vital. Mais avant que de mettre en avant notre « *droit au désordre* » et de monter aux créneaux armé jusqu'aux dents, vérifions quel est le type de désordre que nous produisons :

2. Je m'appuie ici sur une réflexion de Jean-Paul Sartre qui disait à propos de la possession : « *La possession est une amitié entre l'homme et les choses.* »

— S'il s'agit d'un *désordre de gâterie*, mettons-y un terme immédiatement. Il n'appartient pas à notre compagnon ou à notre compagne de passer systématiquement derrière nous.

— S'il s'agit d'un *désordre de compagnie*, comprenons que d'autres alternatives existent pour se sentir « en phase » avec autrui et avec le monde.

— S'il s'agit d'un *désordre galopant*, vérifions si nous ne « coquettons » pas avec ce que nous croyons être un particularisme personnel qu'il serait bon de cultiver. Sachons en tout cas que nos désordres extérieurs correspondent généralement à des « désordres intérieurs » plus ou moins conscients dont nous sommes la victime consentante.

— S'il s'agit enfin d'un *désordre relevant de notre agir*, veillons néanmoins à ne pas grever de façon excessive l'espace des lieux que nous partageons avec notre compagnon et nos enfants.

*
* *

Que nous soyons « maniaque » ou « désordonné », comprenons qu'il y a *ordre* et *ordre* de même qu'il y a *désordre* et *désordre*.

Lorsque nous vivons en communauté, *ordre* et *désordre* sont pareillement nécessaires pour que notre foyer reste un lieu d'agrément pour chacun. Notre espace vital est un lieu de communauté et de rencontre, certes, mais n'oublions pas que c'est aussi et surtout un « lieu de vie ». Si les questions de l'ordre ou du désordre occupent une place par trop prépondérante dans nos querelles de couple, posons-nous la question de savoir ce que nos attitudes intransigeantes sont destinées à compenser.

*
* *

— Que le maniaque comprenne qu'il vaut mieux un lieu de vie non parfaitement rangé mais vivant qu'un « musée de l'ordre » dans lequel personne ne se sentira à l'aise.

— Que le désordonné, lui, se rappelle qu'un désordre extérieur excessif est souvent la traduction d'un désordre intérieur.

— Que tous deux retiennent en tout cas que l'exagération de l'ordre comme celle du désordre sont destinées à « *marquer un territoire* » servant de palliatif d'une angoisse de solitude. Ce n'est donc pas en faisant pression sur l'autre qu'ils régleront leur problème respectif, mais en apprenant à verbaliser leurs angoisses et leurs incertitudes de la vie dans le cadre d'une communication plus authentique.

3. Le problème de l'autre est-il notre problème ?

« Prendre du recul » ne signifie pas « tourner les talons ».

a) Mon problème ou le sien ?

Parmi les erreurs d'aiguillage que nous pouvons vivre dans notre vie de couple, il en est une particulièrement cruciale qui est la confusion que nous tendons à commettre entre :
— ce qui relève de notre propre problème ;
— ce qui en relève *en partie* ou *par contrecoup* ;
— ce qui n'en relève pas du tout.

Il est généralement fort délicat de faire la part des choses entre les trois, car les problèmes spécifiques à chacun apparaissent fort imbriqués. Pour illustrer notre propos, prenons trois exemples :

— **Premier exemple :** Mme Dupont se sent si délaissée par son mari, monstre d'indifférence et d'égoïsme qui ne pense qu'à fuir la maison pour aller « *jouer au tennis avec les copains* » (dimanches compris), qu'un jour, l'occasion se présentant, elle prend un amant.

Nous pouvons d'emblée affirmer que le problème de M. Dupont (être trompé) concerne au tout premier chef son épouse puisqu'elle est l'auteur et l'actrice de son problème.

— **Deuxième exemple :** M. Durant a négligé, par fainéantise, par insouciance ou par négligence, certaines questions d'ordre professionnel cruciales, et il se trouve aujourd'hui fort embarrassé pécuniairement.

Ce problème concerne non directement, mais indirectement, Mme Durant. Elle n'a rien eu à voir dans les négligences de son époux, mais elle risque malgré tout d'en subir les conséquences (dans le meilleur des cas, réduction forcée du train de vie, dans le pire — en cas de faillite — perte d'une partie ou de la totalité du patrimoine commun).

— **Troisième exemple :** Mme Martin a investi toutes ses forces dans certains domaines vitaux, a choisi des options de vie en lesquelles elle croyait, a opté pour certains choix fondamentaux et elle s'aperçoit, après dix ou vingt années d'engagement dans cette voie pourtant féconde, qu'elle ne répond soudain plus à ses attentes. Cela la conduit à remettre en question toute sa vie et, par là même, sa vie de couple (3).

La contribution de M. Martin à ce « problème ontologique » apparaît inexistante. L'ensemble de la problématique repose en fait sur les épaules de Mme Martin. Son mari, lui, ne peut en l'occurrence qu'adopter une position d'attente solidaire, rien de plus.

Avouons-le, ce troisième cas de figure se rencontre assez rarement. Pour l'essentiel, c'est sur les deux premiers que nos couples achoppent.

Il apparaît toujours délicat de déterminer ce que nous avons pu induire nous-même (consciemment ou inconsciemment) dans le problème rencontré par l'autre, car ce n'est pas le problème ponctuel mais la situation dans son ensemble qu'il faudrait analyser pour établir de qui il relève. En l'occurrence, il serait intéressant :

— Dans le *premier exemple*, de savoir pourquoi M. Dupont délaissait sa femme : ne s'était-elle pas elle-même rendue prisonnière du train-train quotidien ? N'avait-elle pas négligé sa

3. Une telle situation correspondrait à ce que les Américains ont pu appeler à une époque « *Midlife Crisis* » (crise du milieu de vie).

propre évolution qui lui aurait permis de continuer d'être admirée par son époux ?

— Dans le *deuxième exemple,* de vérifier si Mme Durant ne s'était pas dangereusement désolidarisée de son mari, le laissant seul face à tous ses problèmes professionnels.

— Dans le *troisième exemple,* de se demander s'il y avait suffisamment de concertation et de dialogue entre Mme Martin et son époux, et si tous les deux s'étaient effectivement préoccupés de réorienter progressivement certaines de leurs valeurs plus propres à la matinée qu'à l'après-midi de la vie (4).

b) Tirer son épingle du jeu

Certains d'entre nous, versés dans l'art du téléguidage et de la manipulation (5), excellent à tirer leur épingle du jeu de toutes les situations de couple un peu délicates et n'hésitent pas à nous laisser dans l'embarras pour peu que leur orgueil et leur fierté soient en jeu. La tactique consiste à induire chez nous des comportements et à nous laisser ensuite seul face à ceux-ci. Pour illustrer notre propos, prenons de nouveau un exemple (6) :

Mme Sévigné est ce qu'il convient d'appeler une « éternelle insatisfaite ». Tous les efforts fournis par son mari pour lui être agréable sont à son goût insuffisants. Tous deux habitent un magnifique appartement admirablement situé mais elle n'y trouve aucune satisfaction. Ainsi ne manque-t-elle pas une occasion de dénigrer ce logement dont elle voudrait à tout prix déménager. Dans l'impossibilité financière d'une telle entreprise, M. Sévigné décide de refaire « au moins » les peintures de la chambre, travaux qui s'étendent finalement, par commodité, à l'ensemble de l'appartement.

Mais contre toute attente, au lieu de se montrer satisfaite, Mme Sévigné se met à critiquer on ne peut plus vertement les

---

4. Je dois cette expression de *matinée* et d'*après-midi de la vie* au célèbre psychanalyste Carl Gustav Jung.

5. Au sujet de la manipulation et du téléguidage, je conseille au lecteur de se reporter à mon ouvrage *Vivre sa vie* (chapitre VI : « Le chantage »).

6. Cet exemple est véridique.

dépenses « inconsidérées » de son mari, le dénigre devant les autres *(« Mon mari est vraiment irresponsable d'engager de telles dépenses en ce moment ! »)* et se désolidarise totalement de son entreprise, refusant toute restriction provisoire dans son budget.

Il faut en convenir, de telles désolidarisations sont monnaie courante dans nos couples. Elles sont la traduction de champs de bataille secondaires mis en place pour éviter d'affronter les vrais problèmes.

c) La race des présumés « seigneurs »

Il est un cas particulier, mais qui semble au demeurant devenir un véritable phénomène de société ; nous allons voir lequel.

S'il est vrai qu'à l'époque de Sigmund Freud la psychologie se cantonnait dans une forme essentiellement « scolaire », les choses ont bien changé depuis et il n'est aujourd'hui personne qui n'ait effectué ou au moins entendu parler de « stages » ou de « séminaires » psychologiques, psychothérapiques ou psychanalytiques en tout genre dans lesquels chacun apprend à travailler sur son « Moi ». L'ennui est que parfois, lorsque ces psychologies ou ces psychothérapies sont mal comprises et mal digérées, il advient que ce travail sur le « Moi » prenne plutôt l'allure d'un *« travail sur le nombril »* et que la personne vive toute rencontre avec autrui comme un danger pour la souveraineté nouvelle et bien-aimée de son *ipséité* (7) reconquise.

Ce genre de comportement n'est pas sans conséquences pour sa vie de couple car, forte de sa capacité d'affirmation d'elle-même (qui se traduit le plus souvent par une disposition illimitée à dire « non »), la personne tend à rejeter complètement son compagnon ou sa compagne chaque fois que la relation de couple demanderait un minimum de solidarité.

De toute évidence, ces personnes n'ont pas saisi la finalité d'un tel travail psychologique, psychothérapique ou psychanaly-

---

7. Ipséité : en philosophie, se dit de ce qui fait qu'une personne est elle-même et non une autre.

Là où régnait le « Moi », faisons régner le « Nous ».

tique. Elles ont peut-être appris à « *faire régner le " Moi " là où régnait le " Ça "* (8) », mais elles ont oublié le « nous » en route. En d'autres termes, elles ont appris à dire « Moi je », à dire « Non ! », mais elles n'ont pas appris à coopérer avec autrui.

*
* *

Si nous faisons partie de ces présumés « seigneurs », sachons qu'une telle attitude est extrêmement préjudiciable pour notre vie sociale et pour notre vie de couple. Il est certes louable d'avoir réalisé l'effort de faire émerger notre Moi du marécage de nos ignorances et de nos préjugés concernant tant nous-

8. J'ai emprunté cette formule à S. Freud : « *Là où régnait le Ça devra régner le Moi.* »

même qu'autrui, mais comprenons qu'un Moi qui ne baigne pas dans une dialectique solidaire « Moi/autrui », en d'autres termes un Moi qui n'est pas réintentionné vers les autres n'est qu'une caricature de ce qu'il devrait représenter.

Comprenons que **la force portante d'un couple réside dans sa capacité de solidarité.**

d) Un envahissement

A l'inverse des situations que nous avons évoquées jusqu'à présent, il advient parfois que notre compagnon ou notre compagne tende à la fâcheuse habitude de nous submerger littéralement avec ses problèmes en espérant que nous pourrons en résoudre tout ou partie à sa place. Plus nous lui venons en aide et plus ses demandes se font nombreuses. C'est comme si nous avions affaire à un enfant qui se tournerait constamment vers son père ou sa mère afin qu'on lui mâche son « *travail de vie* (9) ».

Face à ce type de comportement qui correspond, comme on peut s'en douter, à une demande de gâterie, il nous faut tenter d'évaluer jusqu'où nous pouvons aller dans cette demande d' « assistanat » et à partir de quel moment nous devons limiter notre champ d'intervention afin de préserver notre propre autonomie et notre propre identité. Mais en même temps, il convient de contrôler dans quelle mesure nous n'induisons pas nous-même, du fait de notre attitude intervenante, ce type de comportement chez notre compagnon ou notre compagne.

Vérifions donc s'il n'existe pas chez nous une propension au dirigisme et à l'interventionnisme susceptible de déclencher chez l'autre des attitudes d'enfant gâté et assisté. Si c'est le cas, corrigeons notre attitude. Soyons *prévenant* avec lui, mais ne soyons pas *intervenant*.

---

9. Au demeurant, ce genre de situation se rencontre tout particulièrement chez les mères de famille. Cela tient au fait qu'elles sont déjà tellement sollicitées par leurs enfants qu'elles reproduisent presque instinctivement ce type d'assistanat et de gâterie avec leur conjoint.

Nous avons pu constater, à l'étude des quelques situations évoquées ici, combien il est difficile de faire la part des choses entre ce qui ressort du problème de l'autre et ce qui ressort de notre propre sphère. En fait, tout repose sur notre perception subjective des situations et des événements et sur le genre de regard que nous voulons bien y poser. La balle est donc dans le camp de chacun.

Si nous souhaitons néanmoins déterminer où nous en sommes, posons-nous les deux questions suivantes :

1. « *Est-ce que l'autre reste un point de repère dans mon champ vital (et moi pour lui) ?* »

2. « *Au total, suis-je (l'autre est-il) une personnalité affirmée cultivant le souci d'elle-même et recherchant l'autonomie et la liberté d'action propre à une personnalité d'adulte ou suis-je (l'autre est-il) une personnalité égoïste et individualiste qui ne pense qu'à elle-même ?* »

4. Évolution professionnelle et couple

Devant celui qui est derrière.

a) Le choix de la profession

L'un des enjeux les plus capitaux de notre vie réside dans notre évolution personnelle. Dans notre société occidentale, celle-ci est pour l'essentiel liée à notre évolution professionnelle que d'aucuns appellent « carrière ».

Dans les couples qui communiquent correctement, un *modus vivendi* entre l'évolution de l'un et de l'autre est la plupart du temps possible. Mais dans les couples fragilisés ou problématisés, cette question peut devenir l'enjeu d'un véritable champ de bataille où pleuvent les reproches et les accusations les plus amers. En matière d'évolution comme en toute autre, tout dépend donc du préambule qui y préside. C'est ce que nous allons voir maintenant.

S'il est vrai que nos velléités d'évolution professionnelle partent la plupart du temps d'un bon sentiment, il faut bien convenir que leurs motifs, eux, n'apparaissent pas toujours très « clairs ». Ainsi, nombre d'entre nous — qu'ils s'en rendent compte ou non — tendent à confondre « nécessité d'évolution professionnelle », « engagement » et « désertion du foyer conjugal et familial ». Tant qu'il s'agit des deux premiers, le problème relève pour l'essentiel de leur *acteur*, mais lorsqu'il s'agit du troisième, le compagnon ou la compagne concerné se trouve directement impliqué. Attardons-nous donc un instant sur chacune de ces trois notions.

b) La nécessité d'une évolution professionnelle

Vivre étant synonyme d'agir et de grandir, l'évolution naturelle de notre vie nous conduit à souhaiter *évoluer* dans notre vie professionnelle. Cela ne va évidemment pas sans certains sacrifices dans tous les autres domaines, y compris dans celui du couple. Ainsi, si par le passé nous n'avons pas pu mener à bien nos études — soit que nous n'en ayons pas eu la possibilité (maladie, difficultés d'argent...), soit que nous n'ayons pas été assez *mûr* à cette époque (indiscipline, négligence du travail scolaire...) — il nous faudra, à l'âge adulte, rattraper ce retard et nous remettre « à l'école » ; ou encore, si notre compétence professionnelle nous a conduit à exercer un supplément de responsabilités dans notre métier, nous devrons nous soumettre à certains apprentissages, participer à certains cours, suivre certains stages qui risqueront de nous éloigner du foyer conjugal et familial.

L'évolution professionnelle est une exigence à laquelle nous ne pouvons pas nous soustraire. Vivant en société, il est « normal » que nous soyons conduit à prendre une place de responsabilité dans le domaine de compétence qui nous est propre. Ne pas vouloir évoluer professionnellement reviendrait à ne vouloir évoluer dans aucun des domaines vitaux et nous cantonnerait dans une vie par trop « consommatrice » et vaine.

c) L'engagement professionnel

Tous les goûts étant dans la nature, nous pourrions tout aussi bien affirmer que tous les métiers peuvent entrer dans la nature de l'homme. S'il est vrai que nos choix professionnels relèvent souvent de concours de circonstances hasardeux et fortuits, il n'en est pas moins vrai que nous pesons aussi de toute notre personne sur la continuité (ou la non-continuité) de nos choix professionnels.

Lorsque notre métier nous passionne, nous vivons un véritable *engagement ontologique* à travers lui et retirons d'inestimables sources de satisfaction. Mais cet « engagement » est bien sûr très prenant et sollicite d'autant plus de temps et d'énergie que notre passion est grande. Cela ne va pas sans entamer une bonne partie de notre journée et il faut bien convenir que le temps consacré à notre métier est un temps que nous ne pouvons pas consacrer « ailleurs », dans notre vie de famille, par exemple.

Face à nos désirs d'évolution et à notre engagement professionnel, notre compagnon ou notre compagne nous suit généralement très bien, voire même, nous encourage dans cette voie car cela constitue une ouverture pour sa propre évolution et pour son propre engagement professionnel et lui confère une certaine « notoriété sociale » face à autrui *(« Mon mari ne se contente pas du peu ! », « Mon épouse veut être une femme de son temps ! »...).*

Mais lorsque notre couple ne comporte pas d'emblée ce genre de dispositions, lorsqu'il se base non sur des conceptions évolutives et constructives de la vie mais sur les prémisses d'angoisses existentielles réciproques (peur de la solitude, de la mort, etc.), il advient que la nécessité d'évolution et d'engagement professionnel soit mal vécue par notre compagnon ou notre compagne car il craint que celle-ci nous conduise à nous détacher de lui ou d'elle. Dans ce cas, toutes nos tentatives visant à prendre une place de responsabilité (aussi minime soit-elle) dans la société sera vécue comme une menace d'abandon et combattue avec la dernière force.

Acculé à une telle situation, nous nous trouvons confronté à l'alternative soit de ne rien faire et de végéter, soit de réagir en imposant notre volonté. Cette dernière perspective ne va cependant pas sans poser de problèmes car, en effet, dès lors que nous cherchons à imposer notre volonté, ne commettons-nous pas un acte d'agression envers l'autre ? D'un autre côté, le fait que l'autre veuille entraver nos perspectives d'évolution ne constitue-t-il pas également un acte d'agression à notre encontre ? Pour bien situer le problème, prenons de nouveau un exemple.

d) Le cas « Dubreuil »

La famille Dubreuil compte deux enfants et deux parents. M. Dubreuil est aide-comptable, sa femme agent de la S.N.C.F. ; tous deux gagnent assez bien leur vie.

M. Dubreuil, âgé d'une trentaine d'années, a dû jadis, pour des raisons familiales, interrompre des études d'expert-comptable. Optant pour la « petite porte », il est devenu aide-comptable. Au fil des années, il a cependant acquis des qualités professionnelles lui permettant de penser qu'il pourrait réussir la promotion tant souhaitée à condition de passer le diplôme idoine. Il en parle à son épouse en insistant sur l'évolution professionnelle (pour lui) et financière (pour toute la famille) qu'une telle promotion représenterait.

Mme Dubreuil s'oppose cependant à ce projet car elle est d'avis que son mari n'a plus l'âge de se livrer à des études et qu'il doit assumer pleinement ses responsabilités de chef de famille. Dans les diverses discussions qui suivent, Mme Dubreuil revient pourtant sur ses positions et finit par convenir que son refus s'étaie surtout sur sa crainte de voir son mari accéder à une promotion qui le rehausserait socialement et qui le conduirait, pense-t-elle, à la délaisser ainsi que les enfants.

*
* *

Nous nous trouvons ici devant une situation type de mésentente au sein du couple du fait de l'incapacité à se définir dans une perspective d'évolution commune.

— **La position de Mme Dubreuil :** si l'on analyse la position de Mme Dubreuil, on constate d'emblée qu'elle a transféré sur son mari sa propre peur d'évolution. Pour compenser son angoisse de l'inconnu, elle adopte une attitude d'opposante systématique. Dans la vie conjugale, tout doit passer par son filtre. Chaque tentative d'évolution est un véritable *parcours initiatique* pour son mari qui doit remporter toutes ses épreuves à l'arrachée. En revanche, une fois les choses entreprises, son épouse est la première satisfaite de la nouvelle situation.

— **La position de M. Dubreuil :** M. Dubreuil manque de toute évidence d'esprit de conséquence. Incertain de son « droit d'évoluer », il ne parvient pas à formuler avec suffisamment de transparence les mots qui pourraient rassurer sa femme. Sa volonté tend à fondre face à l'opposition. Il est quelqu'un que l'on doit pouvoir « avoir » à l'usure.

Mme Dubreuil doit quitter sa position d'enfant gâtée et hyperentourée dont elle a dû jouir dans son enfance. Elle doit aussi apprendre à davantage coopérer avec son mari et à envisager la vie de façon plus volontaire et audacieuse. M. Dubreuil, lui, doit apprendre à s'affirmer davantage et à faire suivre son discours des actes correspondants. Il lui faut également apprendre à se débarrasser de la culpabilité latente qui accompagne chacune de ses actions.

Tous deux appartiennent de toute évidence à ce genre de couples qui se sont *mis* ensemble non pour associer leurs « désirs » d'évolution au sein d'un couple porté par l'amour et le respect, mais pour compenser leur fragilité et leurs incapacités respectives et se rassurer mutuellement.

e) La « désertion » du foyer

Les raisons de nos velléités professionnelles, ainsi que nous l'avons dit précédemment, ne sont pas toujours aussi évidentes ou aussi louables que dans le cas de M. Dubreuil. Il advient en effet parfois que nous modulions notre vie professionnelle en fonction, non d'une politique de vie évolutive et audacieuse, mais d'angoisses plus ou moins conscientes face aux problèmes que pose la proximité au sein du couple. Ainsi, telle personne redoutant ce genre de proximité pourra résoudre son problème en optant pour une profession la tenant éloignée de la maison cinq ou six jours sur sept (représentants, transporteurs...) ou la contraignant à des horaires de nuit (mareyeurs, grossistes en viandes, contrôleurs des chemins de fer...) (10).

Souvent, aussi, plus trivialement, hélas ! nos désirs d'évolution et d'engagement professionnel ne constituent que de commodes alibis pour fuir une vie de famille ou une vie de couple que nous ne parvenons pas à maîtriser. Par exemple, nous faisons des heures supplémentaires alors que personne ne nous le demande, nous allons au bureau le samedi alors que nous n'avons rien de spécial à y faire, etc. Face à de telles situations, l'autre, dans l'impossibilité d'organiser son propre temps, se trouve à la merci de notre bon vouloir.

Le lecteur pourra faire le rapprochement entre ce type de situation et l' « *infantilisme de déresponsabilisation* » que nous aborderons plus loin.

Dans la pratique, il est bien délicat de faire la part des choses entre « *nécessité d'évolution professionnelle* », « *engagement* » et « *désertion du foyer conjugal et familial* », car l'argument des bonnes intentions est en fait invérifiable. Les seuls critères de différenciations résident dans le fait que, dans les deux premiers cas c'est l'évolution naturelle de notre vie en société qui nous guide vers ces éloignements (ceux-ci restant malgré tout « contrôlables »), tandis que dans le troisième c'est la fuite qui en est à la base. Comment alors y voir clair ? Comment évaluer jusqu'où doit aller notre compréhension et notre solida-

---

10. Attention ! nous disons bien *pourra*. Il ne faudrait pas en conclure que *tous* les représentants, *tous* les transporteurs, *tous* les mareyeurs, *tous* les contrôleurs S.N.C.F. et *tous* les grossistes correspondent forcément à ce cas d'espèce !

rité et à partir de quel moment nous faut-il défendre notre droit à l'évolution ?

Avant tout, il convient de considérer le préambule qui a présidé à notre rencontre :

— Si nous avons d'emblée pris pour compagnon ou pour compagne une hôtesse de l'air, une ouvreuse de cinéma, un conducteur de train ou un chirurgien, nul doute que son activité professionnelle le ou la conduira, par la force des choses, à faire passer l'essentiel de son travail avant sa vie intime.

— Si c'est le cours naturel de notre évolution de vie qui nous a conduit à désinvestir partiellement notre foyer, posons-nous la question sur les motivations profondes qui nous y ont conduit.

Sachons que si notre compagnon ou notre compagne nous freine des quatre fers dans notre volonté naturelle d'évolution, nous sommes en droit de nous « *opposer à son opposition* ». En d'autres termes, lorsque l'autorité de l'autre va à l'encontre de notre évolution, nous devons combattre son autorité. Mais ce combat ne doit pas être livré n'importe comment. Il doit s'accompagner de la plus grande transparence de nos intentions de façon que l'autre sache toujours où nous en sommes par rapport à lui. Mais sachons également que :

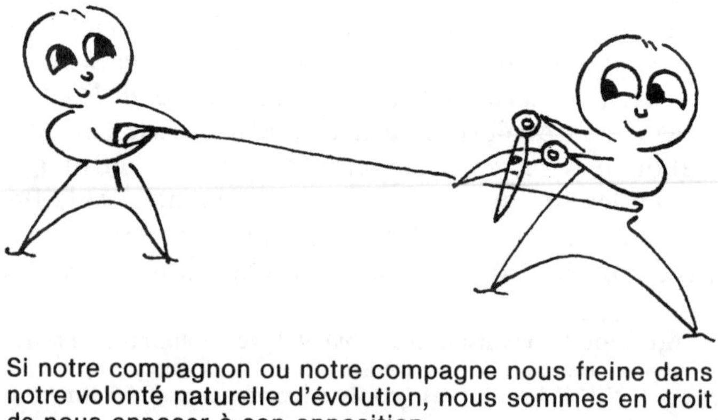

Si notre compagnon ou notre compagne nous freine dans notre volonté naturelle d'évolution, nous sommes en droit de nous opposer à son opposition.

— Plus notre présence avec l'autre se fait rare, plus nous devons vivre intensément les cours moments passés en commun.

— De même, plus notre vie sociale et professionnelle s'avère prenante, plus nous devons rassurer l'autre dans sa relation avec nous.

Si notre compagnon ou notre compagne dynamise sa vie, ne nous sentons pas mis en danger. Profitons-en au contraire pour dynamiser la nôtre. Comprenons que c'est notre léthargie et notre passivité qui produisent notre sentiment d'infériorité face à l'autre et qui creuse l'écart au sein de notre couple. Plus nous fixerons d'exigences sur nous-même, moins nous aurons à en fixer sur l'autre et plus notre relation de couple sera porteuse de liberté. Liberté au sein de limites que nous aurons nous-même fixé pour nous-même (11).

Dans tous les cas, comprenons que l'art de vivre passe par une répartition correcte de nos temps de vie entre le travail, l'amour et les relations interpersonnelles.

11. Je dois cette réflexion à J. Joyce : « *Liberté au sein de limites librement consenties.* »

DEUXIÈME PARTIE

Le couple tel qu'il s'aime

CHAPITRE IV

L'amour dans le couple

1. Comment le définir ?

Parler d'amour, c'est comme parler d'une couleur qui n'existerait pas.

a) L'amour et la vie de couple

L'amour ! Voici une question sur laquelle il s'avère bien difficile de s'entendre. Il faut dire que la langue française ne nous rend pas la tâche aisée : que nous aimions nos parents, notre époux, notre enfant, la *5e Symphonie* de Beethoven, les nœuds papillon, la choucroute ou les vaches rousses du pays auvergnat, nous sommes contraint de recourir au même vocable. Paradoxalement, lorsque nous voulons signifier que nous aimons *moins*, nous devons ajouter l'adverbe *bien*. Pour aimer, il convient donc de recourir aux finesses de la philologie : quand on veut aimer, il faut adorer, croquer, aimer « à la folie », aimer à en mourir...

Demandez à votre entourage quelques définitions de l'amour et vous serez surpris de la multitude de points de vue, tous plus opposés, plus paradoxaux, plus incroyables les uns

Que nous aimions notre époux, nos parents, notre enfant, la 5e *Symphonie* de Beethoven, les nœuds papillon, la choucroute... nous sommes obligés de recourir au même vocable.

---

que les autres. Mais demandez ce que cela produit et, étrangement, les avis se fondent à l'unisson. Car en effet, l'amour tout à la fois rassure, stimule, décuple les forces, donne un sentiment d'existence, mieux, de perpétuité et d'éternité. Ça fait bon, ça fait chaud au physique et au moral ; bref, on en redemande.

Si nous devions « tenter » une définition de l'amour, nous dirions qu'il est un désinvestissement de soi-même au profit de l'autre comportant un bénéfice résidant, pour l'essentiel, dans l'attente que la même chose se produise de notre côté.

On constate ici combien paradoxal apparaît le phénomène amoureux. Et en effet, investissez l'être cher de vos tumultes amoureux et vous le lasserez. Calmez, canalisez ces mêmes tumultes et vous le verrez se rapprocher de vous. Rien comme l'amour ne supporte aussi mal la proximité, et rien comme l'amour ne supporte aussi mal la distance.

*

* *

En matière de couple, rien n'est plus subjectif que la dimension amoureuse. Accusez votre compagnon ou votre compagne de ne pas vous aimer ou de ne pas vous aimer « suffisamment » : il se trouvera totalement désarmé. Et en effet, en fonction de quels critères pouvons-nous estimer qu'il y a (ou qu'il n'y a pas) amour ? Où le seuil décisif se situe-t-il ? Faut-il véritablement « châtier » pour « aimer » ? Celui qui verse dans une passion amoureuse brûlante et exclusive montre-t-il plus d'amour que celui qui témoigne jour après jour respect, estime, tendresse et chaleur à son conjoint ?

Bien avisé qui pourrait affirmer détenir la vérité en la matière. Quant à nous, malgré l'ampleur et la complexité de la tâche (1), tentons de faire le point sinon sur l'amour, du moins sur quelques-uns de ses aspects et efforçons-nous d'en remonter quelques-uns des méandres.

b) La porte de service

L'un des plus grands terrains de mésentente dans le couple provient du hiatus existant entre le champ de l'amour et celui du couple. En effet, nous « entrons » généralement dans la vie de couple sans nous être véritablement interrogé sur ce que l'amour devait signifier pour notre vie à deux. Souvent, pour peu que la personne rencontrée corresponde aux quelques critères de normalité en vigueur dans notre société en général et dans notre milieu social en particulier, la famille et l'environnement immédiat (collègues, amis...) tend à faire pression sur nous pour nous renforcer dans l'idée que la personne rencontrée est tout à fait celle qu'il nous faut. Car il est un fait indéniable : les personnes de notre environnement affectif meurent d'cnvie de nous « caser ». Comme de notre côté, nous ne savons pas non plus précisément ce que l'avenir nous réserve, nous sommes trop heureux de trouver un compagnon ou une compagne

1. Gageons que nombre de lecteurs et de lectrices n'y trouveront pas leur compte.

qui veuille bien de nous et qui nous accepte tel que nous sommes (2).

La plupart d'entre nous entrent donc dans la vie amoureuse par la porte de service. En d'autres termes, ils aiment sans trop connaître le pourquoi ni le comment de leur « amour ». A l'analyse cependant, on s'aperçoit que ce qu'ils appellent « amour » n'a que peu de choses à voir avec l'amour lui-même. Leur « *Je t'aime* » signifie à la fois tout et rien. Il peut vouloir dire : *« Je me sens seul », « Aime-moi », « Allo maman, bobo ! », « Je veux rester avec toi », « Je désire te dominer », « J'ai besoin d'assouvir ma sexualité »*, etc.

L'amour, comme toutes les formes d'initiation à la vie humaine, est sujet à développement. On n'appelle pas amour dans la « *matinée* » ce qu'on appellera amour dans l' « *après-midi* » de la vie. En effet, le sentiment amoureux du petit enfant n'a rien à voir avec celui de l'adolescent, du jeune homme ou de la jeune fille, de l'adulte, de la personne d'âge mûr, etc.

L'amour est lié à un développement que chacun peut à sa guise suivre ou ne pas suivre. Ce développement comporte plusieurs paliers ; nous allons voir lesquels.

c) La capacité amoureuse

La base de l'amour réside dans notre capacité amoureuse. Tout être humain possède en lui cette capacité. Les images d'Épinal la figurent sous la forme d'un cœur qui apparaît parfois gros comme la basilique Saint-Pierre de Rome, d'autres fois aussi sec que le désert de Gobi. Mais d'où notre capacité amoureuse provient-elle ? Elle se base sur notre aptitude à échanger, c'est-à-dire à coopérer avec les autres, à vivre au milieu d'eux, *parmi* eux.

---

2. Bien que les apparences puissent nous faire croire que cela est plus vrai pour la femme que pour l'homme, il ne faut pas en déduire qu'il s'agit là d'une règle générale. A l'analyse, on a tôt fait de s'apercevoir que l'homme est tout aussi inquiet de son avenir de couple que la femme.

Chacun sait que le premier modèle relationnel amoureux remonte à notre prime enfance dans la relation mère/enfant. C'est de cette relation intime, de cette communication intuitive à deux, de cette première mise en phase amoureuse qu'émerge notre capacité à coopérer et qu'*éclôt* notre aptitude à aimer (3). Mais si, pour une raison ou pour une autre (mère souvent absente, malade, névrosée...), nous n'avons pas pu expérimenter, vivre, sentir cette relation première, notre aptitude à aimer ne peut pas éclore et elle reste dans un état latent endémique.

Le milieu émotionnel et sentimental dans lequel l'enfant évolue durant toute son enfance et son adolescence reste capital pour sa capacité amoureuse :

— S'il a vécu dans une ambiance familiale où le respect de l'autre et l'amour étaient quotidiennement présents, il sera capable, ultérieurement, dans sa vie d'adulte de témoigner et prodiguer de l'amour à son entourage.

— Si cela n'a pas été le cas, s'il a vécu dans un milieu où l'on ne se témoignait aucune marque d'affection, où l'on ne se respectait pas, où l'on s'ignorait, il ne sera pas en mesure de développer une aptitude amoureuse riche et correcte. La seule issue qui lui restera sera celle de l'immigration intérieure. Trop tourné vers lui-même, l'enfant développera petit à petit un véritable « refus » des autres en général et de l'autre en particulier.

A l'âge adulte, ce refus se fixera sur trois plans et l'empêchera de vivre une relation amoureuse normale :

— Sur le plan **psychique** : refus de la spécificité de l'autre, de son originalité, de ses traits de caractère...

— Sur le plan **spirituel** et **éthique** : refus des idées de l'autre, de ses conceptions, de ses convictions, de ses idéaux, de ses engagements...

— Sur le plan **physique** : refus de la présence de l'autre, de son corps, de son sexe, de sa sexualité...

---

3. En effet, l'amour pourrait être comparé à un œuf qui, pour « éclore », demanderait à être couvé (avec de l'attention, de la gentillesse, de la tendresse, de l'affection...).

d) Les affinités électives

Directement liées à notre capacité amoureuse, nos affinités électives (4) sont les affinités qui vont nous pousser vers telle personne plutôt que vers telle autre. Évidemment, ces affinités iront dans le sens du genre d'amour que nous pensons pouvoir rencontrer chez la personne envisagée et dont nous avons secrètement ou inconsciemment besoin pour nous rassurer dans notre propre existence. Ainsi, si nous tendons à vivre une vie symbiotique, nos affinités électives n'iront pas vers une personne exceptionnellement expansive, mais vers une personne cultivant une certaine forme d'intériorité (5).

Pour ce qui est du reste, ayant déjà largement développé cette question dans le chapitre « *Le choix du partenaire* », nous n'en dirons pas davantage ici.

e) Le sentiment amoureux

Proche de notre capacité amoureuse et de nos affinités électives, le sentiment amoureux est certes une étape sur la voie de l'amour, mais il n'est pas l'*amour*. Et en effet, être amoureux, qui ne l'a pas été dix fois ? Surtout en période d'adolescence ! Cet état pourrait être rapproché des *premiers amours* qu'on appelle aussi *amourettes*. On tombe amoureux, on s'enflamme pour quelqu'un, puis ce sentiment fugitif disparaît comme il était venu.

Davantage qu'une situation réciproque, le sentiment amoureux est un investissement personnel, un doux déséquilibre affec-

---

4. Nous avons emprunté cette expression d' « *affinités électives* » à l'écrivain et poète allemand Goethe.

5. Cela n'est pas une règle générale mais une tendance. En effet, il peut se faire qu'une personne développe (par sadomasochisme par exemple) une tendance totalement opposée.

Bien que dans un contexte plus général, nous avons déjà eu l'occasion de développer cette psychologie dans notre ouvrage *Réussissez votre personnalité* (Dangles), chapitre « Relations interindividuelles et interpersonnelles » ; le lecteur intéressé pourra s'y référer.

tif qui vient de l'intérieur de nous-même et qui, finalement, ne concerne réellement que nous-même. En d'autres termes, il se nourrit de notre intérieur en notre intérieur et ne tient pas compte de l'autre en tant que partie prenante. Ainsi, une personne pourra-t-elle être amoureuse d'une autre personne pendant de nombreux mois — voire durant des années — sans que cette dernière en ait seulement connaissance (6).

Il va de soi que lorsqu'il est pratiqué à l'excès, le sentiment amoureux touche à la névrose et nous déséquilibre, car cet état ne plonge pas ses racines dans un sentiment partagé, mais dans l'imaginaire d'un tel sentiment.

f) Les formes de l'amour

Il ne faut pas confondre *état amoureux*, c'est-à-dire « ressenti d'un sentiment pour quelqu'un » et *aimer* : le premier est un sentiment essentiellement narcissique, le second essentiellement altruiste. En effet, aimer nous engage vis-à-vis de l'autre ; cela le regarde (7).

Aimer contient une fonction « temps » durable. Cela passe par une initiation comportant d'abord une *curiosité*, puis une *connaissance*, puis une *acceptation*, puis une *appréciation*, enfin une *admiration* de l'autre (on aime tout ce qui le qualifie et le caractérise).

Si nous éprouvons tant de difficultés à nous mettre d'accord sur la question de l'amour, c'est sans doute parce que celui-ci revêt une multitude d'aspects. Les philosophes grecs de la Grèce ancienne en distinguaient trois principales qu'ils désignaient sous le nom d'*Éros*, de *Philia* et d'*Agape* :

---

6. C'est précisément cet état que retrace admirablement Honoré de Balzac dans son *Eugénie Grandet*. Ce livre est, au demeurant, une merveille de psychologie appliquée que nous ne saurions que trop recommander au lecteur.

7. Quel enfant n'a jamais demandé à son père ou à sa mère, pour contrôler leur degré d'amour pour lui : « *Est-ce que cela te ferait beaucoup de peine si je mourrais ?* »

— Le premier, Éros, correspond — comme on s'en doute — à l'amour de la beauté physique.

— Le deuxième, Philia, consiste en une attirance (8), une inclination pour autrui. Il pourrait être rapproché de ce qu'on nomme la xénophilie, c'est-à-dire l'attirance, l'inclination pour l'étranger.

— Le troisième, Agape, est une forme de compassion. C'est cette sorte d'amour humain que l'on retrouve dans la « charité chrétienne » : « *Tout ce qui est à moi est à toi* (9). »

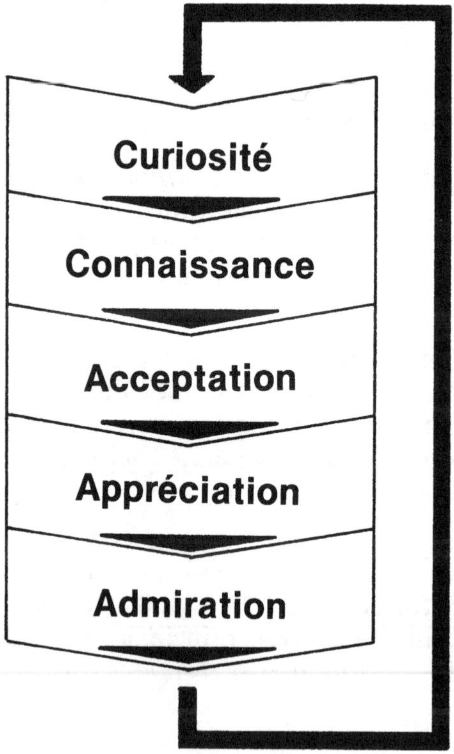

8. On retrouve cette étymologie dans nombre de suffixes français comme cinéphile, hydrophile, etc.

9. Il sera intéressant de noter que deux papes ont pris le nom d'Agapet. On notera par ailleurs qu'en grec moderne, je t'aime se dit « *Agapo su* ».

Chacun de nous, en fonction du type d'amour qu'il a appris à intégrer dans son enfance, va se diriger vers le type d'amour qui lui correspond le plus ou pour lequel il se sent le plus capable :

— S'il tend à paroxyser le sentiment de compassion, il choisira l'amour « Agape ».

— S'il tend davantage à un sentiment de communauté interhumaine, il se tournera vers l'amour « Philia ».

— Si enfin il favorise l'instinctuel et le pulsionnel, il optera pour l' « Éros ».

*
* *

Bien que nous détenions tous en nous au départ la triple dimension amoureuse Éros, Philia et Agape, chacun d'entre nous n'en intègre pas les éléments de la même manière et surtout pas dans les mêmes proportions. Cela est pour l'essentiel fonction du type d'éducation que nous avons reçu dans notre enfance et du milieu qui a été le nôtre.

Avons-nous été élevé par des parents « croyants », dans un milieu pieux, l'amour « Éros » aura probablement été considérablement refoulé au profit de l'amour « Agape » et de l'amour « Philia ». Avons-nous été élevé par des parents agressifs et violents, avons-nous frayé un milieu rustre et dépourvu de valeurs morales ou éthiques, l'amour « Agape » et l'amour « Philia » auront certainement eu toutes les chances de rester embryonnaires. Avons-nous vécu dans un milieu très patriarcal et machiste (sud-méditerranéen par exemple), l'amour « Éros » et l'amour « Philia » prendront dans notre vie une place beaucoup plus importante que l'amour « Agape ».

S'il est vrai que notre société occidentale hyperconsommatricc, concurrentielle et mass médiatique par excellence tend à donner à « Éros » une place prépondérante (10), nous ne devons

10. Cela tient au fait que la possession charnelle qu'implique « Éros » est beaucoup plus simple à maîtriser que les deux autres. Il sera intéressant de noter que les Grecs de la Grèce ancienne ne dévoluaient pas à Éros la même fonction. En effet, l'Éros tel qu'ils le concevaient prenait pour préambule que dans un beau corps on devait pouvoir trouver une belle âme.

pas en déduire pour autant que cette forme d'amour physique soit la seule qu'il faille considérer ni qu'elle justifie qu'on néglige ou qu'on oublie les deux autres.

En fait, ces trois formes d'amour sont d'égale importance. Aucune ne saurait prétendre à une quelconque suprématie sur les deux autres.

En dehors d'Éros, Philia et Agape existe une autre forme d'amour appelé l'amour filial. Nous allons maintenant nous y intéresser.

2. L'amour « affectif » et l'amour « filial »

Si je m'en rends compte, c'est que je peux le corriger.

La plupart du temps, lorsque nous parlons de l'amour filial, nous tendons à superposer tout à la fois le sentiment d'amour qui lie l'enfant aux parents et ce qu'on nomme communément la « piété filiale », c'est-à-dire le respect et la soumission dus par l'enfant au parent. Pour mieux saisir notre propos, nous allons les distinguer ici sous le nom d' « amour affectif » et d' « amour filial ».

a) L'amour affectif

L'amour affectif est un amour d' « attachement premier ». Il correspond à l'émotion naissant progressivement de la toute première relation par le bébé que nous avons tous été un jour à sa mère tout d'abord, puis à son père et son entourage ensuite.

Plus que d'un sentiment *caractérisé*, il s'agit ici avant tout de l'émergence d'une *sensation* chaude et rassurante que devient à même de ressentir le tout petit bébé face à ces personnes « chaleureuses » et « rassurantes » que sont (ou en tout cas devraient être) face à lui la mère et le père.

L'amour « affectif » doit donc être considéré comme le **prototype de la possibilité amoureuse** que l'enfant (puis l'adulte) développera ultérieurement (11).

b) L'amour filial

Si nous devions donner une définition de l'amour filial tel qu'il apparaît dans notre société occidentale du XXe siècle (12), nous dirions qu'il est un amour tout à la fois fait de **respect**, de **soumission** et d'**abnégation** pour l'autorité parentale et pour la famille. Il est un amour *obligataire*.

L'amour filial ne naît pas spontanément chez l'enfant ; il lui est progressivement transmis, inculqué par les parents dès qu'il commence à devenir un interlocuteur, c'est-à-dire dès qu'il commence à disposer du langage.

L'amour « filial » est un prolongement social et moral de l'amour « affectif » qui s'est instauré dès la naissance entre les parents et le bébé (13). Il s'appuie sur les deux autorités (nourricière et disciplinaire) que représentent la mère et le père. C'est cet amour, couplé avec l'amour « affectif », qui va rendre l'éducation de l'enfant possible.

---

11. A notre avis, et pour reprendre les mots d'Alfred Adler au sujet du « *sentiment social* », l'amour affectif n'est pas inné ; il est une disposition innée qui ne demande qu'à être éveillée.

12. Nous spécifions « *société occidentale du XXe siècle* » car il est vrai que l'amour filial n'a plus que très peu de chose à voir avec ce qu'il a pu représenter dans le passé en Occident et ce qu'il est aujourd'hui encore dans certaines cultures orientales.

Alors qu'il devrait être une sorte d'amour transcendé par le respect, l'amour filial d'aujourd'hui n'est qu'un pseudo-amour visant la plupart du temps à inféoder et à soumettre l'enfant à une autorité parentale indifférenciée, bornée et répressive.

13. Nous disons dès la naissance, mais en fait, il convient de penser qu'une « relation amoureuse » mère/enfant s'instaure déjà dans la vie intra-utérine du bébé à naître. Il existe en effet mille façons pour la femme enceinte de faire sentir au bébé qu'elle porte dans son ventre qu'elle l'aime : en évitant de fumer, en ayant une alimentation équilibrée, en évitant la brusquerie, l'agressivité, le stress ; bref, en n'entreprenant rien qui puisse gêner le développement de l'enfant, mais en faisant au contraire tout ce qui est en son pouvoir pour qu'il se développe dans les meilleures conditions possibles de confort et de quiétude.

Mais l'amour « filial » ne doit pas évincer l'amour « affectif » qui a été témoigné à l'enfant auparavant. Il doit en être un complément. Or, nombre de parents commettent l'erreur de désinvestir l'amour « affectif » qu'ils portent à leur enfant au départ et de lui préférer le seul amour « filial ». Durant toute l'enfance, l'amour « filial » et l'amour « affectif » se relieront en une dialectique fine et incessante et œuvreront à l'éducation de l'enfant.

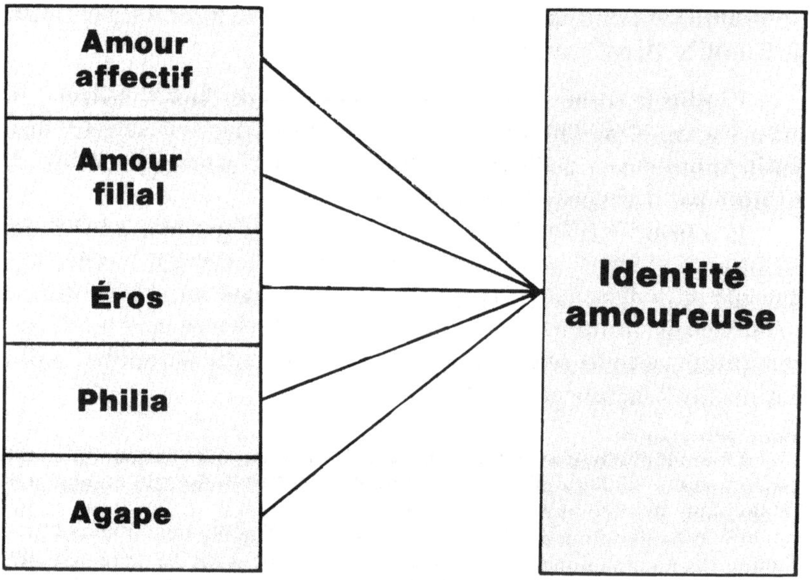

Notre identité amoureuse.

Parallèlement, les amours Éros, Philia et Agape viendront compléter l'*identité amoureuse* de l'enfant. Normalement, à partir de la puberté, lorsque l'éducation proprement dite de l'enfant touche à sa fin, l'amour filial doit quitter la fonction prépondérante qu'il occupait jusqu'à présent et se « transcender » afin de laisser la place aux autres formes d'amour qui doivent maintenant s'exprimer en priorité à travers le jeune adulte qu'est devenu l'enfant.

Mais la réalité est loin de correspondre au schéma classique que nous venons d'énoncer. En effet, la plupart du temps, l'éducation autoritaire et répressive régnant dans nos sociétés patriarcales, loin de permettre à l'amour filial d'être transcendé, agit avec lui de façon récurrente (14), le revivifie sans cesse et le pose en véritable rival face aux autres formes d'amour. Il apparaît donc inévitable qu'à l'âge adulte nous gardions en nous des **séquelles d'amour filial** plus ou moins prononcées et que notre amour de couple s'en trouve plus ou moins « coloré », voire marqué.

Généralement, nous nous efforçons de placer l'amour filial en retrait et de le limiter au strict noyau parental. Mais il advient aussi souvent que nous le laissions déborder de façon excessive et indifférenciée sur la cellule conjugale. En d'autres termes, au lieu de laisser s'exprimer dans notre couple les formes d'amour que nous avons évoquées précédemment, nous tentons d'y faire régner en priorité un amour de type filial. Un tel débordement s'avère bien sûr totalement inadéquat pour notre vie de couple. Au demeurant, c'est sur ce type de débordement d'amour filial dans le « champ conjugal » que s'appuient toutes les attitudes autoritaristes patriarcales et matriarcales qui grèvent si considérablement la communication amoureuse dans le couple (15).

*
* *

— Si l'amour filial revêt un certain intérêt dans le cadre de l'éducation de l'enfant, il n'a par contre absolument plus sa place dans notre vie amoureuse d'adulte. Notre vie de couple nécessite écoute, compréhension, flexibilité, échange, et non autoritarisme, despotisme et domination.

---

14. Récurrent : qui revient en arrière.

15. Nous avons voulu limiter notre analyse à la seule situation de couple, mais ce genre de débordement, loin de se cantonner à la seule problématique du couple se retrouve à tous les niveaux de la vie en société (domaine professionnel, relationnel, amical...).

— Si nous souhaitons améliorer sensiblement la qualité de notre vie de couple, commençons donc par reconnaître et par juguler tous les débordements d'amour filial qui envahissent notre relation de couple.

— Faisons le tri de ce qui ressort de ce que nous avons vécu dans notre enfance face à nos parents et à notre famille, et de ce qui ressort aujourd'hui de notre vie de couple. En d'autres termes, et pour employer un mot du jargon psychologique, cessons de « transférer » sur l'autre des schémas d'amour qui ont certes pu nous être transmis ou inculqués dans notre enfance, mais qui n'ont absolument rien à voir avec notre compagnon ou notre compagne.

— Comprenons qu'aimer l'autre consiste avant tout à le prendre pour ce qu'il est et à ne pas transférer sur lui des « schémas affectifs » provenant d'autres champs d'amour que ceux ressortant de la sphère du couple.

— Ne limitons pas notre capacité amoureuse au seul amour filial. Ayons recours à toute la palette que nous offre notre « *identité amoureuse* ».

3. La carence amoureuse (16)

Aimer comporte des risques dont le principal est celui de ne plus l'être !

a) Le risque du désamour

Comme nous l'avons dit précédemment (paragraphe : « La capacité amoureuse »), certains d'entre nous n'ont pas eu dans leur enfance, du fait de l'absence, de la négligence, de la maladie ou du décès de leurs parents, la possibilité de vivre l'amour et donc d'en faire l'apprentissage. Les dimensions d'amour

16. Le mot carence ne doit pas être ici compris dans son acception habituelle d' « insuffisance », mais dans l'acception plus précise « qui manque à ses fonctions », c'est-à-dire qui tend soit vers l'insuffisance, soit vers l'excès.

« Philia » et d'amour « Agape » sont pratiquement absentes ; seule subsiste et vit en eux une forme d' « Éros » plus ou moins frustre. Ces personnes, pourtant, pressentent confusément qu'il doit exister autre chose que l'attrait charnel ou sexuel, mais elles ne trouvent pas en elles la voie d'accès à ces formes d'amour.

La plupart d'entre nous, sans avoir manqué à ce point de points de référence amoureux, ont malgré tout vécu dans leur enfance ce que nous pourrions appeler le *« risque du désamour »*.

En effet, dans les systèmes d'éducation auxquels les parents ont généralement recours, une méthode très fréquemment employée réside dans le *« chantage à l'amour »*. Si l'enfant ne se comporte pas comme le souhaiteraient ses parents, ceux-ci le menacent de ne plus l'aimer : *« Puisque tu ne manges pas ta soupe, puisque tu ne t'habilles pas assez vite, puisque tu refuses de ranger tes jouets, etc., je ne t'aime plus. »* Ainsi, les parents induisent dès le plus jeune âge dans l'esprit de l'enfant ce qu'il n'aurait jamais pu imaginer tout seul, c'est-à-dire qu'on puisse ne pas ou ne plus être aimé.

Mais ce risque de désamour a chez l'enfant des conséquences plus profondes que nous pourrions l'imaginer. En effet, la relation amoureuse parent/enfant est la seule relation importante dans sa vie. Nous pourrions même dire qu'elle est le seul but dans l'existence de l'enfant. Lorsqu'il se voit menacé de telles représailles, l'enfant assimile donc le *« risque de désamour »* non seulement à une perte éventuelle de ce sentiment qui *« fait chaud au cœur et au corps »*, mais aussi à une **menace pour son « droit à l'existence » même**.

En d'autres termes : *« Si maman (papa) ne m'aime plus, ma vie est menacée, je ne puis continuer à vivre et je risque par conséquent de mourir. »*

Une fois adulte, comme il s'avère difficile — sinon impossible — de nous défaire de toutes ces croyances que nous avons emmagasinées durant toute notre enfance, nous tendons à les reproduire en maintes occasions, et particulièrement dans notre vie de couple.

Il n'est personne qui, à un moment ou à un autre de sa vie de couple n'ait ressenti la peur de ne plus être aimé ou celle d'être abandonné. Sur le moment, ces deux peurs nous conduisent, soit à désinvestir autant que faire se peut le domaine amoureux (politique du pas en arrière), soit à le surinvestir de façon excessive (politique du pas en avant). Cependant, dès que le danger semble avoir disparu, nous retrouvons notre assurance et avons tôt fait d'oublier ce sentiment qui, bien que fugitif, nous a malgré tout, pour un instant au moins, ébranlé dans notre conviction de nous-même.

Mais il advient que la peur du désamour et de l'abandon s'instaurent de façon plus permanente et qu'elles nous conduisent à adopter des attitudes névrotiques. Nous allons voir lesquelles et pourquoi.

Le besoin d'amour est une exigence de l'existence humaine. Il peut cependant engendrer deux types de craintes : celle d'être aimé et celle de ne pas l'être.

b) La crainte de ne pas être aimé

Bien que nous ayons déjà évoqué cette question dans le chapitre « *La symbiose* », il nous semble important d'apporter une précision dans le contexte qui nous préoccupe présentement.

La crainte de ne pas être aimé se rencontre bien sûr chez chacun d'entre nous lorsque nous doutons de notre propre personne, mais elle prend une signification toute particulière chez la personne à tendance gâtée (enfant unique, enfant d'un sexe ou l'autre ayant été longuement attendu par les parents, enfant sur lequel tous les espoirs des parents se sont investis...).

Elle s'explique par le fait que la personne cherche absolument à « projeter » sur l'autre le style d'amour qu'elle a reçu dans son enfance. Si ce dernier n'est pas disposé à répondre à cette attente, elle se sent menacée. Cette crainte ne correspond donc pas à un danger de désamour effectif, mais plutôt au souhait de **voir perdurer un privilège d'amour** remontant à l'enfance (en l'occurrence, un style d'amour « papa-maman »).

c) La crainte d'être aimé

Cette crainte peut, à première vue, sembler paradoxale, voire même quasiment incompréhensible, l'amour étant généralement considéré comme un état auquel chacun aspire.

Elle intervient lorsque notre compagnon ou notre compagne projette sur nous une forme d'amour à laquelle nous n'avons pas été habitué dans notre enfance. Ainsi, un compagnon à forte prépondérance « Éros » pourra se sentir effrayé par l'approche amoureuse compassionnée d'une compagne à prépondérance « Agape » qu'il jugera trop *collante*. Ou encore, un amoureux à forte prépondérance « Philia » admettra difficilement les largesses abnégatives d'une compagne à prépondérance « Agape », etc.

Nous constatons donc ici que loin d'être universellement accepté et acceptable, l'amour dépend pour une large part de notre « identité amoureuse (17) ».

Nos craintes et nos angoisses face à la question de l'amour nous conduisent à adopter deux types d'attitudes : il s'agit du « désinvestissement » et du « surinvestissement amoureux ». Abordons-les tour à tour.

d) Le désinvestissement amoureux (18)

Face au « *danger de désamour* », l'une des réactions les plus « classiques » consiste à vouloir « *se retirer du jeu* » et à s'abriter derrière une armure de réserve et de retenue — voire

---

17. Cette identité est constituée, nous l'avons vu, de toutes les dispositions amoureuses (Éros, Philia, Agape, amour filial, amour affectif) pouvant résider en chacun de nous. C'est la proportion de chacune entrant dans notre identité amoureuse qui détermine la capacité d'aimer et la qualité d'amour dont chacun d'entre nous fait preuve dans sa vie.

18. J'ai coutume d'appeler ce désinvestissement amoureux le « *syndrome de Lucky Luke* ». En effet, le célèbre cow-boy qui entonne à la fin de chaque aventure le refrain : « *I'm a poor lonesome cow-boy, far away from home* » (« Je suis un pauvre cow-boy solitaire, ma maison est loin ») est, à mon sens, un parfait exemple du désinvestissement amoureux.

Le « syndrome de Lucky Luke » illustre le désinvestissement amoureux. Face au « danger de désamour », l'une des réactions les plus classiques consiste à « se retirer du jeu ».

d'indifférence — afin de ne pas souffrir d'une éventuelle rupture. C'est le genre d'attitude que nous tendons tous à adopter lorsque nous redoutons de nous lancer dans la vie amoureuse ou que nous avons déjà essuyé un échec sentimental cuisant.

Pour rendre possible une telle politique de vie, nous avons recours à toutes sortes d'alibis, de prétextes et de manœuvres défensives. Par exemple, nous ne rencontrons aucun compagnon (ou aucune compagne) potentiel à notre goût, nous trouvons mille défauts à toutes les personnes que nous rencontrons, nous estimons n'être pas né pour suivre la même voie que les autres, nous pensons secrètement souffrir d'une tare (défaut physique, inhibition sexuelle...) empêchant toute rencontre amoureuse ; bref, il s'agit là de tous les prétextes (le plus souvent inconscients) que nous pouvons « élaborer » pour ne pas avoir à nous tourner amoureusement vers l'amour (19).

Si nous y regardons à deux fois, nous constatons que ce « *refus du risque d'amour* » est un refus de responsabilité face à la vie qui nous assigne, elle, de sortir de notre cocon et de prendre quelques risques pour conquérir notre rang d'être humain.

e) Le surinvestissement amoureux

Le surinvestissement amoureux, lui, est une réaction exacerbée au risque de désamour et d'abandon. Il peut être de deux natures : « supplicatif » ou « despotique ».

— Le **surinvestissement supplicatif :** partant du postulat que nous n'avons pas droit à l'amour, nous avons tôt fait de nous convaincre que c'est un hasard unique et inouï qui a mis notre compagnon ou notre compagne sur notre chemin. Craignant de lui déplaire (et donc d'être abandonné), nous évitons toutes les situations qui pourraient laisser transparaître notre spécificité, notre originalité ou notre caractère. Ainsi, lorsque notre compagnon ou notre compagne nous joue un mauvais tour ou commet en notre endroit un acte inélégant ou hostile, nous tendons à en minimiser la portée et à n'exprimer ni répartie, ni déception, ni colère, de peur que l'autre puisse ne plus nous aimer et nous rejeter, voire nous abandonner.

— Le **surinvestissement despotique**, au contraire du précédent, ne nous inféode pas à l'autre mais recherche l'effet inverse, c'est-à-dire à le faire « plier » sous notre passion hégémonique. Nos assauts passionnels nous conduisent à faire tout ce qui entre en notre pouvoir pour apparaître coûte que coûte

19. Notons que face à une telle attitude, le besoin inconscient d'amour tend à s'étoffer et va nourrir d'autant plus le fantasme amoureux idéal de la personne, renforçant ainsi toujours davantage son impossibilité de trouver « *chaussure à son pied* ».

de façon positive à ses yeux. Mais, la plupart du temps, cette attitude est vécue comme une situation « pot de colle » et produit l'effet inverse. En d'autres termes, plus nous en « rajoutons » et moins cela passe (20).

*

* *

— Comprenons que le désinvestissement et le surinvestissement amoureux sont deux attitudes carentielles : l'une est trop timorée, l'autre trop dominante. Nous l'avons dit, rien dans la vie n'est aussi sensible à la *« loi de proximité et de distance »* que l'amour. Aimer par excès s'avère tout aussi néfaste que ne pas aimer assez.

— Comprenons également que l'amour est un fin réajustement dialectique permanent entre le *prendre* et le *donner* de chacun des deux « partenaires ».

4. La jalousie

La jalousie est une déformation de la réalité.

L'une des déviances de l'amour les plus « dramatiques » réside dans la jalousie (21) et il faut bien concéder que nous en pâtissons tous à un degré ou à un autre. Personne n'en étant véritablement exempt, il nous faut nous pencher sur cette brûlante question.

---

20. Cette attitude est à rapprocher de l'*attention intervenante* que nous avons pu étudier dans notre ouvrage *Vivre sa vie* (Dangles). Nous invitons le lecteur à s'y reporter.

21. Nous avons soulevé la question de la jalousie dans notre ouvrage *Vivre sa vie* (Dangles). Dans un souci de ne pas nous répéter, nous nous bornerons donc ici à envisager cette question dans sa seule contribution aux mésententes dans le couple. Pour une meilleure vision d'ensemble sur cette question, nous invitons le lecteur à se référer au chapitre « Le terrorisme psychologique » de l'ouvrage précité.

Il convient avant tout de distinguer une certaine forme de jalousie qu'on pourrait qualifier de *naturelle* de celle communément nommée *jalousie morbide.*

a) La jalousie naturelle

Dans notre société, il convient de considérer la jalousie comme un phénomène affectif normal (22). La jalousie se fait sentir lorsque l'être aimé adopte face à une autre personne (du sexe opposé le plus souvent) un comportement ambigu ou trop directivement séducteur. L'émotion éprouvée est un naturel et légitime sentiment de perte, de souffrance, d'humiliation et d'abandon. La jalousie est donc un phénomène réactionnel : c'est le *faire* de l'autre qui provoque l'inhibition propre à ce type de sentiment.

Vivant dans une société de concurrence et de rivalité effrénées nécessitant une défense constante de nos intérêts particuliers, il apparaît normal que nous réagissions de façon jalouse face à un risque (désamour, abandon, angoisse de la solitude, risque de la perte du privilège amoureux...) que l'autre peut faire peser sur notre vie.

Mais il advient aussi que, bien que nos intérêts ne soient pas mis en danger par l'autre de façon évidente et ostentatoire, nous adoptions des comportements de méfiance et de jalousie vis-à-vis de lui. Lorsque cette méfiance n'a plus aucune mesure avec la réalité, il convient de considérer que nous n'avons plus affaire ici à une jalousie naturelle, mais à une jalousie morbide.

b) La jalousie morbide

Nous venons de le dire, la *jalousie morbide* est une déformation de la réalité. Elle appartient à ces états affectifs que nous tendons tous à ressentir lorsque nous nous sentons « inférieur ».

---

22. Nous disons « dans notre société », car il n'en va pas de même partout. Ainsi, aux îles Marquises la « jalousie de l'autre » n'apparaît-elle pas dans les rapports sociaux quotidiens car la liberté sexuelle y est presque totale. Notons cependant qu'elle apparaît chez les individus en état d'ivresse.

Dans le couple, un tel sentiment peut se rencontrer lorsque notre vie à deux n'a pas commencé sur des bases saines et équilibrées. Par exemple :

— Au fond de nous-même, nous éprouvons le sentiment secret d'avoir tout fait pour attirer l'autre contre sa volonté dans cette relation amoureuse.

— Nous avons « manigancé » ce couple (par sournoiserie, calcul, vénalité...).

— Nous avons contraint l'autre à verser dans le mariage (en lui imposant un enfant, par exemple).

— La vie de couple n'a pas été investie comme une vie évolutive constituée de deux personnalités autonomes, mais comme une possibilité de compensation de deux personnalités symbiotiques et carentielles.

— Elle n'a pas été vécue comme un domaine investi progressivement au moyen de valeurs, mais comme un privilège exceptionnel.

Bref, comme nous sommes entré dans notre vie de couple avec des arrière-pensées pas toujours très avouables, la peur de perdre ce si précieux compagnon ou cette si précieuse compagne est si grande que tout mouvement de sa part est interprété comme une prise de conscience, comme une révélation de la véritable situation et, par conséquent, comme un possible détachement.

Pour avaliser cette jalousie morbide auprès de notre conjoint, nous avons volontiers recours à des explications substitutives. Celles-ci prennent l'allure de véritables « paravents » nous permettant d'abréagir (23) nos conduites névrotiques de jalousie. Parmi les plus répandues, l'argument selon lequel notre jalousie serait une preuve d'amour est probablement le plus présent.

Qu'est-ce donc qui nous pousse à déformer à ce point la réalité ? Ce besoin provient principalement de deux types de contingences. La première, remontant à notre enfance, est liée

---

23. Abréagir : manifester une décharge émotionnelle par laquelle on se libère d'un événement qui nous avait traumatisé.

à la réminiscence de l'amour « affectif » que nous avons entretenu avec notre mère. La seconde, plus actuelle, provient de notre méconnaissance de nous-même et d'autrui. Examinons-les toutes deux :

Le désir de perpétuer l'amour « affectif » : nous avons vu que la première relation amoureuse du bébé (dans la vie intra-utérine d'abord, après sa naissance ensuite) est celle avec sa mère. Nous avons pu dire que c'était de cette relation amoureuse première que naissait l'amour « affectif » de l'enfant. Si celui-ci a affaire à une maman aimant normalement son enfant, cet amour affectif est pur ; il n'est entaché d'aucun soupçon, d'aucun doute, d'aucune concurrence et donc d'aucun danger. Ce n'est que plus tard, soit lorsque des petits frères et des petites sœurs interviendront dans sa vie, soit lorsqu'il sera socialisé par une mise en contact avec d'autres enfants, qu'il apprendra à ses dépens que les autres sont également de potentiels « demandeurs d'amour » et donc de possibles « rivaux ».

Il découvrira parallèlement l'existence d'autres rivaux amoureux potentiels, d'abord en la personne de son père, puis parmi toutes les personnes gravitant autour de sa famille et susceptibles d'entretenir une relation amicale ou sentimentale avec sa mère (cousins, oncles, amis...). Parallèlement encore, l'enfant verra la relation d'amour « affectif » dont il jouissait jusqu'à présent perdre du terrain et faire place à un amour « filial » de nature plutôt contraignante et répressive.

Méconnaissance de nous-même et d'autrui : la seconde contingence nous conduisant à déformer la réalité amoureuse dans notre vie de couple provient, ainsi que nous l'avons dit, de notre méconnaissance de nous-même et d'autrui. Cette méconnaissance provient pour l'essentiel de tous nos préjugés et de tous nos a priori que nous édifions tant par rapport aux autres que par rapport à notre propre personne :

— *Les autres :* en ce qui concerne les préjugés que nous élaborons vis-à-vis des autres, il faut voir dans tous nos sentiments d'infériorité et de culpabilité, dans toutes nos peurs des différentes autorités, dans tous nos sentiments de rejet et dans notre négativisme (24) les *limons* de notre attitude réactive et, par-delà, de notre jalousie morbide.

— *Notre propre personne :* pour ce qui est de notre propre personne, drainée par les différents limons que nous venons d'énumérer, notre attitude réactive face à la vie et face à l'amour nous conduit à développer un manque de confiance en nous-même et un manque de souveraineté nous contraignant à nous appréhender systématiquement dans une image erronée et carentielle de nous-même, image nous empêchant derechef de prendre en compte la globalité de notre personnalité.

c) Psychologie du « jaloux »

Le jaloux est donc une personnalité essentiellement réactive, souffrant la plupart du temps d'énormes sentiments d'infériorité qu'elle est contrainte d'abréagir sur son compagnon ou sur sa compagne. Toute tournée vers ce que l'autre fait ou ne fait pas, elle est « excentrée » d'elle-même. Sentant en son for intérieur que sa situation repose sur une série de privilèges incohérents (la plupart du temps complètement inacceptables), elle manque d'authenticité.

Le jaloux morbide est **le spécialiste des « raccourcis »**. Il veut « brûler les étapes ». Trop occupé à s'inquiéter de la préservation de ses privilèges, il est incapable d'avoir un minimum de « souci de soi ». Sa connaissance de lui-même et d'autrui est carentielle. Cette carence le contraint à toujours rester aux aguets, à surdimensionner les situations vécues et à « piédestaliser » son conjoint ou sa conjointe.

d) Psychologie du « jalousé »

La plupart du temps, le « jalousé », loin de s'opposer fermement au jaloux tend à entériner les « scènes », même si celles-ci apparaissent totalement injustifiées. Par son comportement

24. Tous ces thèmes ont été abordés en détail dans mon ouvrage *Vivre mieux : mode d'emploi* (épuisé), sous le titre « Les malfrats de notre vie psychique ». Le lecteur intéressé pourra s'y référer.

et par son attitude d'ensemble, le jalousé « induit » chez le jaloux la scène qu'il va lui faire. Ainsi, au lieu de prendre toute sa place dans le couple, il aura tendance à rester en arrière, à faire preuve de retenue, à ne rien entreprendre ou ne rien dire qui puisse « *faire des vagues* » pour ne pas *créer l'occasion* ; il aura tendance à développer une vie secrète, faite de non-dit, de mensonges, d'abstention, de secrets intimes. Son attitude « ambiguë » est génératrice de méfiance ; il se comporte en coupable. Dans les cas extrêmes, on a le sentiment qu'il cherche véritablement la faute afin de justifier la scène qui ne va pas manquer de s'abattre sur lui.

Comment réagir ? Le « jalousé » doit d'abord prendre conscience qu'il n'est pas obligé de subir la jalousie de l'autre. Il doit éviter de se justifier sur le sujet même du conflit : « *Mais non, je t'assure je n'ai pas regardé amoureusement Gérard* », « *Mais oui, je suis rentré directement du bureau* »...

Il doit comprendre que même s'il ne **produit** pas la jalousie de l'autre, il l'**induit** souvent pour une large part.

Dans tous les cas, il doit opposer une attitude ferme et conséquente et n'admettre aucune violence physique. Il doit enfin se montrer suffisamment actif dans la vie afin de faire comprendre à l'autre qu'il n'est pas le seul être au monde et que, s'il n'y met pas du sien, il finira par se détacher de lui.

*
* *

— La jalousie morbide est une immaturité de l'esprit ; un comportement infantile.

— Comprenons que nous ne sommes pas propriétaire de notre compagnon ou de notre compagne.

— Sachons que si nous persistons dans notre jalousie morbide, il arrivera forcément un moment où l'autre se détachera affectivement puis se séparera de nous.

— Au lieu de fixer constamment notre regard sur ce que fait l'autre, regardons davantage ce que nous produisons nous-même. Apprenons à nous centrer sur notre propre personne.

— Efforçons-nous de rester dans l'action. Évitons dans la plus large mesure les situations réactionnelles. Ce sont elles qui donnent naissance à nos comportements névrotiques de jalousie.

— Comprenons cependant que la jalousie nous concerne tous à un degré ou à un autre. Elle est un fléau dont nul n'est épargné. Gardons sur elle un œil vigilant.

— Prenons conscience de la relation de dépendance exagérée se trouvant à la base de nos « *colères de jalousie* ». Comprenons que cette dépendance exagérée ne peut qu'oppresser l'autre et le faire réagir par un désir de recul.

— Développons notre personnalité, ouvrons-nous largement vers l'extérieur. Instaurons autour de nous une dynamique relationnelle.

— Ayons une vie riche d'activités.

— Regardons et accordons de l'importance à nos actions au lieu de toujours donner la priorité à l'action de l'autre.

— Comprenons enfin que la jalousie n'est pas une preuve d'amour. Elle est un mécanisme psychique sadomasochiste destructeur et inefficace qui peut ruiner notre vie.

5. Synthèse : Réapprendre l'amour

« Le simple fait de sentir que quelqu'un pensait à moi était une nourriture pour moi. »

a) Trois petites clés

Le moment est venu de poser et de répondre à la question : *l'amour s'apprend ou se réapprend-il ?*

La réponse est clairement et indubitablement : « Oui ! »

Les critères minimaux indispensables à une relation amoureuse de couple sont présents en chacun de nous. Nous l'avons dit : chacun et chacune d'entre nous dispose d'une « *identité amoureuse* » sur laquelle il peut « peser ». Il ne tient qu'à nous et à nous seul **d'orienter notre « identité amoureuse »** vers des « valeurs d'amour » correctes. Pour cela, apprenons à bien cerner les différentes formes d'amour qui *vivent* en nous, attachons-nous à en distinguer l'importance intrinsèque et à évaluer les répercussions de chacune sur notre identité amoureuse d'ensemble.

Si notre vie amoureuse dans le couple s'avère carentielle, c'est que des « résurgences » d'amour filial encombrent notre espace amoureux ou que nous dévoluons à l'un des trois types d'amour (Éros, Philia ou Agape) une place par trop excessive empêchant une répartition correcte des autres formes d'amour.

Dans la pratique cependant, le réapprentissage de l'amour est fonction de trois clés sans lesquelles nous ne saurions durablement persister dans notre capacité amoureuse. Elles ont pour nom, par ordre progressif : acceptation de *soi*, acceptation *des autres* et acceptation de *l'autre* (25). Ces clés peuvent sembler bien banales, et pourtant elles revêtent une importance fondamentale pour notre relation amoureuse de couple.

— **L'acceptation de soi-même :** l'amour de l'autre est impossible sans une certaine acceptation de soi-même, sans un certain amour de soi. Cet amour de soi n'a rien d'un « nombrilisme égoïste ». Il est une estime de soi en tant que personne évoluant dans une société d'hommes. Nous ne pourrons réellement « aimer » l'autre qu'à partir du moment où nous ne ressentirons plus autrui comme une « menace ». Pour cela, il nous faut apprendre à nous aimer et à nous respecter suffisamment pour que nous *n'ayons plus peur des autres*.

— **L'acceptation des autres :** l'amour de l'autre suppose donc également que nous apprenions à accepter notre entourage, c'est-à-dire que nous acceptions d'avoir une relation avec lui en même temps que celui-ci ait une relation avec nous, en d'autres termes qu'un libre jeu puisse s'instaurer entre les personnes que sont les autres et la personne que nous sommes nous-

25. Cet ordre progressif ne vaut qu'au départ. Il est certain qu'ensuite, cette triple acceptation se transforme en un mouvement dialectique constant, l'une renvoyant systématiquement aux deux autres, etc.

même. C'est par un tel cheminement que nous pourrons apprendre à accepter « l'autre » avec ses qualités et avec ses défauts, certes, mais aussi et surtout l'accepter dans son *être* et son *devenir* tout entier.

— **L'acceptation de l'autre :** comme pour la précédente, l'acceptation de l'autre se déroule à deux niveaux. D'une part, il s'agit d'accepter l'autre dans *son existence propre*, c'est-à-dire lui reconnaître sa personne, sa personnalité, son autonomie, son espace, son corps. D'autre part, il s'agit de l'accepter dans *sa rencontre avec nous-même*, c'est-à-dire l'accepter face à nous : accepter qu'il nous appréhende, qu'il nous rencontre, qu'il nous touche, qu'il nous embrasse, qu'il nous fasse l'amour, bref, accepter qu'il nous *vive*.

b) L'amour se cultive tous les jours

L'absence d'amour ou le désamour ne sont pas une tare, mais tout simplement un endormissement de nos capacités amoureuses. **L'amour se cultive tous les jours.** Les « engrais » en sont, entre autres, le respect, l'écoute et le travail sur soi.

L'amour se cultive tous les jours. Les « engrais » en sont le respect, l'écoute, le travail sur soi.

Prenons conscience que le modèle familial d'amour filial n'est pas le seul modèle d'amour possible. Ce n'est pas parce que nous avons vécu avec des parents violents, carentiels ou indifférents, bref des parents qui pour mille raisons n'ont pas pu nous aimer, que nous devons nous condamner à ne pas aimer nous-même. On peut apprendre à aimer d'autres personnes que son père et sa mère. Si l'amour de nos parents a été défaillant, n'oublions pas que le monde compte près de six milliards d'individus.

Les alternatives au modèle d'amour parental ne manquent donc pas !

Réapprenons à nous faire aimer. Ne pensons pas que l'autre aime forcément les attitudes névrotiques que nous développons face à lui (attitudes de petite fille, de « macho »...). Apprenons à nous faire aimer autrement.

*
* *

Retenons encore que :

— L'amour est fonction des phases de la vie. « *Je t'aime* » ne signifie pas la même chose dans la matinée et dans l'après-midi de la vie. Il nous faut donc garder un œil vigilant sur notre capacité amoureuse et réajuster à intervalles réguliers notre vision du couple et de l'amour qui doit y régner.

— L'amour dans le couple nécessite une répartition correcte des trois formes d'amour « Éros », « Philia » et « Agape ».

— Notre capacité amoureuse est liée à la triple acceptation de *nous-même, des autres* et *de l'autre*.

— Le chemin de l'amour passe par une *curiosité*, une *connaissance*, une *acceptation*, une *appréciation* et enfin une *admiration* de l'autre.

— **Tout le monde a besoin d'amour** ; c'est une exigence de l'existence humaine.

c) Allons vers ce qui va remplir notre vie d'amour

Bien que nous n'ayons pu ici que jeter « un œil d'oiseau » sur la problématique amoureuse en général et sur celle du couple en particulier, ces quelques réflexions devraient nous permettre d'y voir un tout petit peu plus clair sur notre situation affective face à notre couple.

Parler d'amour, nous l'avons dit, est comme parler d'une couleur qui n'existerait pas. L'amour, comme la vie, dépend de ce que nous en attendons. Il est lié à un développement que chacun peut, à sa guise, suivre ou ne pas suivre. L'amour, tout comme le sens de la vie (26), ne se laisse pas « définir ». Mais, comme pour le sens de la vie, à défaut de le « définir », nous pouvons aller vers ce qui va « remplir notre vie d'amour ».

Ne croyons pas que nous puissions nous passer si facilement de l'amour. Il est une dimension capitale de notre personnalité car il contient un pouvoir synergétique extrêmement puissant.

Faisons un brin de ménage dans notre tête, dépoussiérons notre capacité amoureuse. Il est vrai qu'au « hit-parade » des valeurs prônées par notre société, l'amour est loin de figurer en tête. Qu'importe ! Ce n'est pas la société mais nous qui vivons et gérons notre vie. Au « hit-parade » de la vie figurent certaines valeurs fondamentales ; ne doutons pas que **l'amour y figure en toute première place.**

26. Nous avons pu dire dans notre ouvrage *Etre ou ne pas...* (Dangles) : « *Ne cherchons pas le sens de la vie, mais allons plutôt vers ce qui va remplir notre vie de sens.* »

CHAPITRE V

La sexualité dans le couple

1. Une fonction naturelle

Prenons possession de tous nos sens !

Tout proche de l'amour est un autre domaine, si proche que la langue française a consenti à lui faire partager le même mot, lui rajoutant l'insignifiant petit verbe *faire*. Ce mot contient déjà en filigrane le « menu » de nos « ébats charnels » et pourtant... Pourtant, bien que parfumé des exotismes les plus invraisemblables, notre *faire l'amour* pèche la plupart du temps par simple originalité amoureuse et s'assimile à un prêt-à-porter socio-sexo-culturel fort éloigné de la haute couture qu'il devrait représenter : **l'art d'aimer !**

Quoi qu'il en soit, on *fait l'amour*, même si cela n'a souvent plus rien à voir ni avec un *faire* ni avec l'*amour*. On fait l'amour et, puisqu'on le fait, parlons-en.

La sexualité est une fonction humaine au même titre que toutes les autres. Si la pulsion sexuelle a pu jouer un rôle beaucoup plus grand avant que l'homme ne soit civilisé, il ne faudrait pas en sous-estimer l'importance aujourd'hui. Pourtant, nombre d'entre nous tendent à étouffer leur sexualité comme si leur « appareil » génital (1) ne comportait que les strictes fonctions évacuatoires et reproductives. Expliquons-nous :

Notre corps est composé de différents organes destinés à assurer diverses fonctions. Certains organes n'ont qu'une seule fonction (par exemple l'œil pour la vue). D'autres possèdent une fonction de base à laquelle viennent s'ajouter des fonctions satellites (ainsi, les jambes sont-elles faites pour marcher, mais elles peuvent également être utilisées pour jouer au ballon). D'autres organes possèdent davantage de fonctions encore. Ainsi nos mains sont-elles avant tout destinées à saisir les objets, mais elles peuvent nous permettre également de nous défendre (parade), de pratiquer un sport (golf), de nous adonner à la musique (violon), de manifester certains signes (pouce levé = approbation), etc.

Notre sexe ne relève, hélas ! pas de la première mais de la dernière catégorie (2). La grande difficulté, dans la sexualité, réside dans le fait que son lieu n'est pas un lieu uniquement destiné à la fonction « plaisir » mais qu'il réunit en même temps les fonctions les plus « terrestres » (fonctions d'évacuation urinaires) (3) et les plus fondamentales (fonctions de procréation) de notre anatomie.

S'il est vrai que les fonctions d' « évacuation » et de « reproduction » ne nous posent généralement pas trop de problèmes (d'une part car elles relèvent non de notre choix mais de notre « condition humaine », et, d'autre part, car la religion n'a pas pu les « *tabouiser* »), il n'en va cependant pas de même pour la troisième, la fonction « plaisir » qui, elle, dépend prin-

---

1. Génital : du latin *gignere* (engendrer) et *genitalis* (qui a trait à la génération). Il est intéressant de noter ici que les termes médicaux décrivant l' « appareil » génital de la femme et de l'homme éludent la fonction plaisir liée à ces organes. On pourrait certes rétorquer qu'il n'appartient pas à la médecine de remplir cette tâche d'information mais alors, à qui appartient-elle ?

2. Nous disons « hélas ! » car si nous disposions d'un organe spécialement *réservé* à la sexualité, un organe qui ne partagerait aucune autre fonction, un organe *exclusif* en quelque sorte, nous ne rencontrerions probablement pas tous les problèmes et tous les tabous moraux et religieux liés à la sexualité. La nature en a décidé autrement.

3. Les médecins appellent cela la « miction ».

cipalement de l'interprétation spécifiquement subjective, morale et religieuse que nous tendons à lui donner. C'est en effet la perception tout humaine de ce triple asservissement du *lieu* de notre sexualité qui rend la fonction sexuelle elle-même si ambiguë, si caduque et si difficile à appréhender.

Quoi qu'il en soit — c'est un fait indéniable — en dehors de notre sexe et de notre sexualité « génitale » (c'est-à-dire reproductive) existe aussi un sexe et une sexualité « plaisir ». Ils sont dans notre nature humaine, et ne pas en tenir compte reviendrait à ne pas tenir compte de l'ensemble des organes que la nature a mis à notre disposition (4).

*
* *

— Si nous voulons conférer à notre couple toute sa richesse et toutes ses perspectives synergétiques, apprenons à ne pas négliger ses aspects corporels et sexuels. Ils sont partie intégrante de notre spécificité et de notre *nature* humaine.

— Si nous n'avons pas appris à nous exprimer dans la sexualité (du fait d'une éducation trop stricte, trop répressive ou trop religieuse), sachons que quel que soit notre âge, un tel apprentissage est possible.

2. L'attrait érotique dans le couple

« *J'y pensais sans y penser.* »

a) Des images d'Épinal

Un des problèmes majeurs rencontrés dans la sexualité réside dans la difficulté que nous éprouvons à nous identi-

4. En menant ce raisonnement à l'absurde, on pourrait imaginer ce que pourrait produire dans notre vie un tel refus si nous « décidions » un beau jour de ne plus utiliser notre jambe gauche ou notre pied droit.

fier aux images d'Épinal auxquelles notre société « mass-médiatique » nous confronte. Ainsi, chacun contemple-t-il ébahi les tourbillons érotiques infaillibles des « Tarzan » de tout poil, tandis que chacune assiste, tout aussi rêveuse, aux enlèvements sabiniques des « Jane » hollywoodiennes au cœur palpitant du bonheur charnel à venir.

Mais pour la plupart d'entre nous, l'identification et donc le rêve s'arrêtent là car, hélas ! la réalité amoureuse et sexuelle que nous ressentons en nous-même est bien loin d'équivaloir le mythe de « Jane » et de « Tarzan ». Et pourtant, qu'est-ce qui nous distingue si fondamentalement des « Tarzan » et des « Jane » ? Qu'est-ce qui, une fois que nous nous sommes *installé* dans notre vie de couple, nous empêche de continuer à vivre érotiquement notre sexualité ? Et d'abord, pourquoi la sexualité marche-t-elle bien au début de notre couple et s'assoupit-elle ensuite ?

b) Le désinvestissement érotique

— La **fatigue conjugale** : la première raison — la plus communément invoquée — est qu'à partir d'un certain temps passé ensemble, il apparaît « normal » que l'homme et la femme vivant en couple tendent à se désintéresser l'un de l'autre. Cela se traduit par mille négligences de soi-même, mille « *imperceptibles impolitesses* » imposées à l'autre. On s'assoupit intellectuellement, on ne soigne pas sa tenue... bref, on se laisse aller. C'est ce qu'on nomme la « *fatigue conjugale* ». Il est aisé d'attribuer le désinvestissement érotique à ces seules négligences, mais il faut bien convenir qu'elles sont loin d'en être l'unique raison.

— La **société** : la seconde raison tout aussi fréquemment invoquée pour justifier nos désinvestissements érotiques réside dans la vie que nous conduit à mener la société moderne et industrialisée dans laquelle nous évoluons. En effet, toutes les agressions vécues du fait :

— de la structure patriarcale de notre société (homme dominant/femme dépendante),

— des situations concurrentielles ressenties en permanence,

— du découragement et de l'infantilisation de l'homme dans sa sphère professionnelle,
contribuent aussi fortement à la carence de notre « *identité amoureuse* » et entament toujours un peu plus notre capacité érotique et sexuelle.

— **Notre propre personne** : au-delà de ces deux raisons, il en existe une troisième relevant de nous-même. Expliquons-nous :

Lorsque deux personnes débutent une relation « intime », elles ressentent la nécessité de *se raconter*. Durant des heures entières elles vont parler d'elles-mêmes, de leur passé, de ce qu'elles ont vécu, de tout ce qui a contribué à « faire » ce qu'elles sont devenues. Ce retour sur leur propre histoire produit un effet cathartique (5), les renforçant dans leur perception de leur subjectivité et dans leur « *sentiment de leur propre identité* ». Ce *sentiment d'identité* est fondamental, car il crée en retour une bonne *image de soi* permettant le développement d'un certain *amour de soi*. Et c'est précisément cette *image* et cet *amour de soi* qui permettent au compagnon et à la compagne de dégager la force érotique qui va les pousser vers l'amour et vers la sexualité. En effet, en vivant cette force de vie émanant du sentiment d'identité et de l'amour de soi, le compagnon et la compagne vont afficher une personnalité si « active » et si « résolue » que tous les efforts d'individualité seront ressentis non comme des efforts, mais comme **une soif de vivre propre à séduire l'autre.**

Lorsque petit à petit le compagnon et la compagne ont fait le tour d'eux-mêmes et ont « fini » de se connaître, leur *sentiment d'identité* s'émousse en même temps que leur image et leur amour de soi, et la force érotique de leur couple diminue.

A notre avis, et contrairement aux opinions couramment partagées, la baisse de sexualité dans le couple n'est donc pas tant due à une baisse d'intérêt pour l'autre (« *Il est devenu trop ceci* », « *Elle n'est pas assez cela* », etc.) qu'à une absence de « sentiment d'identité » engendrant une carence d'*image* et

5. Effet cathartique : qui *purifie* l'âme par la parole.

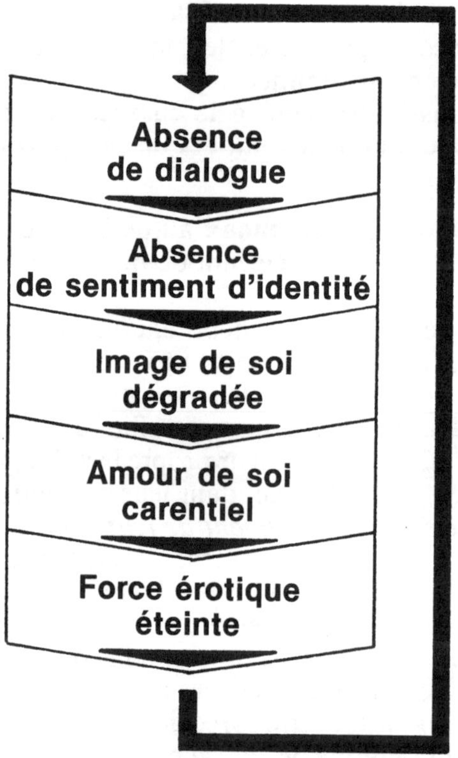

d'*amour de soi*. En d'autres termes, nous attendons vainement que la sexualité nous confère une identité alors que ce devrait au contraire être notre « sentiment d'identité » qui alimente notre sexualité.

*
* *

— Comprenons que si notre couple a perdu sa force érotique, ça n'est pas forcément par « usure » de la vie mais par négligence de notre *sentiment d'identité* et de notre *image de soi*.

— Si nous nous efforçons de réactiver notre vie sociale et professionnelle, nous recréerons les conditions nécessaires pour retrouver une certaine estime ou un certain *amour de nous-même*. Nous constaterons alors que cette nouvelle force de vie peut redonner à notre capacité sensuelle et érotique la dynamique qu'elle avait perdue.

3. Quelle importance conférer à la sexualité ?

La sexualité, ce sont des instants brefs séparés par des instants longs.

Une des questions qui me sont souvent posées en consultation psychothérapique est de savoir ce qu'il faut considérer comme « normal » dans la sexualité, tant en ce qui concerne la *façon de faire l'amour* que la *capacité orgasmique* et la *fréquence*. Voyons donc ces trois questions de plus près.

a) La façon de faire l'amour

Comme nous avons pu l'indiquer précédemment, les « mass media » contribuent à conférer à la sexualité les « exotismes » les plus invraisemblables. Ne voulant pas être en reste avec ce que nous croyons être une « *réalité universelle* », nous tendons à reléguer le « missionnaire » au placard et à rechercher dans nos ébats charnels les positions les plus abracadabrantes. Pour ce faire, nous n'hésitons pas à demander assistance au *Kamasutra* et autres *Tao de l'art d'aimer*.

S'il est exact que la « mass médiatisation » des scènes « osées » ou pornographiques contribue fortement à l'envie d'*exotiser* notre sexualité, il n'en reste pas moins vrai que ces « *folies des grandeurs* » trouvent pour l'essentiel leur fondement dans des attitudes d'enfant gâté insatiable nourri par un patriarcat douteux.

Mais **la technique sexuelle ne fait pas plus l'amant que l'habit ne fait le moine.** La technique est *un* élément de la sexualité, mais n'est pas *la* sexualité. Les acrobaties les plus pittoresques ne remplaceront jamais une sexualité *sentimentalement ressentie*. Si notre relation amoureuse dans le couple est suffisamment sous-tendue par les sentiments amoureux, nul doute que notre sexualité sera ressentie aussi profondément (voire davantage) dans la position du missionnaire que dans toutes les autres positions.

b) La question de l'orgasme

Nos velléités d'acrobaties sexuelles s'accompagnent souvent d'un *must* orgasmique. A ces fins, nous nous efforçons de mettre en œuvre les techniques les plus diverses, mais l'orgasme n'est ni une question de technique ni une question de volonté. Il ne suffit pas de *vouloir* l'orgasme pour que l'appel soit entendu car, en effet, les instances commandant notre plaisir charnel n'ont pas pour noms : technique, rendement, concurrence, soumission... mais sentiment, écoute, partage, échange, coopération et tendre abandon.

Cette question ne pouvant être séparée du contexte global inhérent à la sexualité, nous y reviendrons un peu plus loin.

c) La fréquence

Dans notre monde occidental, tous les pays et toutes les cultures ne concèdent pas à la sexualité la même place ni la même importance. Ainsi, les pays d'Europe du Sud (particulièrement sud-méditerranéens), farouchement « patriarcaux » et grands producteurs de « machos (6) », lui confèrent un rôle *fondamental* inégalé alors que les pays des régions plus nordiques (tel que la Scandinavie) tendraient à lui attribuer, *stricto sensu*, un rôle plus *naturel*.

Cela se retrouve, bien qu'à un autre niveau, chez chaque individu. En matière de sexualité, chacun représente en soi un « pays » différent, avec des origines, une éducation, des mœurs et des coutumes différentes.

---

6. Macho : tout homme d'avis que l'homme domine socialement la femme et qu'il peut, de ce fait, s'arroger des droits et des privilèges de maître.

Il n'existe pas de critères permettant d'établir une moyenne de fréquence « normale » de l'acte sexuel. Certains couples considéreront comme « normal » de se rencontrer dans la sexualité une fois par semaine, d'autres une fois tous les deux jours, d'autres davantage encore sans qu'il soit possible de déterminer où réside le critère de vérité. En termes de sexualité, il convient donc de **considérer comme « normal » ce qui nous convient.**

d) Cinq minutes par vingt-quatre heures

Il y a *sexualité* et *idée de la sexualité*. Or, la plupart du temps, notre idée de la sexualité n'a rien à voir avec la chose elle-même. Ainsi, l'une de nos toutes premières idées fausses est celle consistant à présumer que tout le monde passe son temps à faire l'amour sauf nous ! Évidemment il est bien difficile de se convaincre d'une telle certitude lorsque tout (journaux, magazines, revues, cinéma, télévision, publicités...) nous porte à croire le contraire. Mais pourtant, si nous pouvions observer la vie des couples dans leur ensemble, nous serions étonné de constater que même chez les plus équilibrés la moyenne quotidienne de l'acte sexuel dépasse rarement cinq minutes par jour (7).

Cela signifie donc que nous passons chaque jour vingt-trois heures et cinquante-cinq minutes de notre temps à faire autre chose que l'amour. « *Dérisoire !* » serait-on en droit de penser. Et pourtant, non ! Car loin d'être insignifiantes, ces cinq petites minutes revêtent une importance irréfutable pour notre équilibre psychique et mental.

*
* *

Nous l'avons vu, chacun de nous porte en lui-même *sa* vérité sexuelle. Celle-ci n'est cependant pas une finalité : elle est un

7. Entendons-nous bien : lorsque je dis cinq minutes par jour, je ne parle pas de la durée de l'acte sexuel proprement dit ; je veux simplement signifier qu'en Europe, un « couple moyen » prenant entre quinze et vingt minutes pour faire l'amour à raison d'une ou deux fois par semaine dispose *grosso modo* d'un temps quotidien de sexualité de cinq minutes.

point de départ à partir duquel viendra s'articuler ensuite celle de notre compagnon ou de notre compagne. Comment faire pour que la vérité de l'un puisse s'harmoniser avec celle de l'autre, c'est ce que nous allons voir dans les pages suivantes.

4. La rencontre dans la sexualité

Pour beaucoup, le pied du mur c'est le pied du lit !

L'un des problèmes les plus cruciaux que le compagnon et la compagne vivent dans la rencontre sexuelle réside dans le choix du moment. En effet, nous n'avons pas forcément toujours envie de faire l'amour au moment où l'autre en éprouve le désir. Que se passe-t-il alors ? L'un se sent frustré s'il essuie un refus ; l'autre se sent non respecté s'il s'y voit contraint.

A notre avis, ce problème relève pour l'essentiel d'un manque de communication claire au sein du couple. En effet, l'échange sexuel ne naît pas de rien ; c'est la relation, le dialogue, la communication qui éveillent le sentiment de proximité conduisant à l'échange sexuel. S'il nous fallait composer l'*adagio* de la sexualité, nous dirions qu'il doit passer par les étapes suivantes : dialogue, échange, proximité, intimité, sensualité, érotisme, sexualité.

Lorsque le compagnon et la compagne gravissent en même temps ces différentes étapes, une harmonie sexuelle s'établit qui permet à chacun d'eux de vibrer à l'unisson. Mais il advient aussi fréquemment qu'à un certain moment, l'un des deux en soit plus loin que l'autre dans cet *adagio*. Ainsi, si la compagne se sent déjà au niveau de l' « érotisme » alors que son compagnon en est à peine à celui de la « proximité », il est certain que son attente se trouvera en décalage et que ce dernier aura tendance à la rejeter.

*

* *

— Lorsque nous nous tournons vers notre compagnon ou notre compagne dans le désir de faire l'amour, apprenons à signaliser notre intention par des messages clairs, certes, mais non offensants. Apprenons en même temps à capter ses messages (même s'ils ne sont pas formulés clairement) lorsqu'il ne souhaite pas faire l'amour avec nous.

— Ne l'abordons pas de façon abrupte lorsque nous voulons le rencontrer dans l'amour. Ne l'agressons pas. Comprenons qu'ici plus que partout ailleurs, tout est une question de nuance, de ton, une manière de faire passer le message.

— Ne le mettons pas inutilement au pied du mur. Un « non » dans la sexualité provoque toujours, même s'il n'est pas justifié, un certain sentiment de culpabilité pour celui qui l'énonce.

— Comprenons enfin qu'il n'appartient pas au compagnon ou à la compagne de déterminer unilatéralement la fréquence de la sexualité du couple. C'est à lui *et* à elle, ensemble, d'élucider cette question.

5. Repenser la sexualité

Prendre + donner = s'abandonner.

a) Une globalité de la personne

Maintenant que nous avons énoncé les quelques principaux champs de la sexualité il convient, sinon d'y répondre, du moins d'en esquisser quelques éléments de réponse. Car la question de la sexualité ne peut être traitée par rapport à telle ou telle technique ou tel ou tel détail, mais elle doit faire intervenir la personne humaine dans sa *globalité.* Quand nous disons *globalité,* nous entendons tout ce qui participe à son identité et à sa personnalité (8). Traiter de la sexualité sans tenir compte de

8. Josef Rattner a pu dire à propos de la sexualité qu'elle était un « *sténogramme de la personnalité* ».

toute la personne reviendrait à lui conférer un unique rôle pulsionnel. Or, il n'en est rien. Si nous voulons comprendre la sexualité de l'Homme (9), nous devons nous attacher à comprendre les implications humaines qui la sous-tendent. En effet, à notre avis, celle-ci — à l'encontre de la copulation animale — ne ressort pas tant de la sphère *pulsionnelle* que de la sphère *sentimentale* et *sociale.*

Dans la vie de l'homme, tout est basé sur la polarité du *prendre* et du *donner.* La sexualité ne déroge pas à cette loi. Si nous possédons une personnalité méfiante, concurrentielle, têtue, agressive, autoritaire... bref, une personnalité qui ne prend ni ne donne mais qui exige, revendique et menace, il y a peu de chances pour que nous puissions vivre le tendre abandon menant à l'orgasme (10). Mais si nous nous efforçons de laisser résonner dans notre vie des valeurs telles que la sociabilité, la curiosité de l'autre, la sympathie, la bienveillance, la coopération, la solidarité, la tendresse, la capacité de se montrer « faible », si nous nous efforçons de nous ouvrir vers le monde en éliminant nos préjugés, nos idées préconçues et nos clichés, alors nul doute que l'orgasme frappera un jour ou l'autre à notre porte.

b) Et si les problèmes de sexualité n'existaient pas ?

Nous l'avons dit, à notre avis, il est possible d'apprendre (ou de réapprendre) la sexualité. Cependant, comprenons que ce n'est pas par l'acquisition de « techniques » ou de « postures » que nous ferons des pas décisifs vers notre bien-être sexuel et orgasmique, mais en *nous tournant vers les autres,* en abattant nos attitudes méfiantes et concurrentielles, en apprenant à mieux communiquer et à mieux coopérer avec eux.

---

9. Je précise « *l'homme* », car certains seraient tentés de rapprocher la sexualité humaine de la copulation animale.

10. Beaucoup d'hommes bourrus et agressifs pourraient rétorquer que, malgré la brutalité dont ils font preuve, ils connaissent l'orgasme. A notre avis ils se trompent : ils connaissent la délivrance pulsionnelle de l'éjaculation, mais rien de plus.

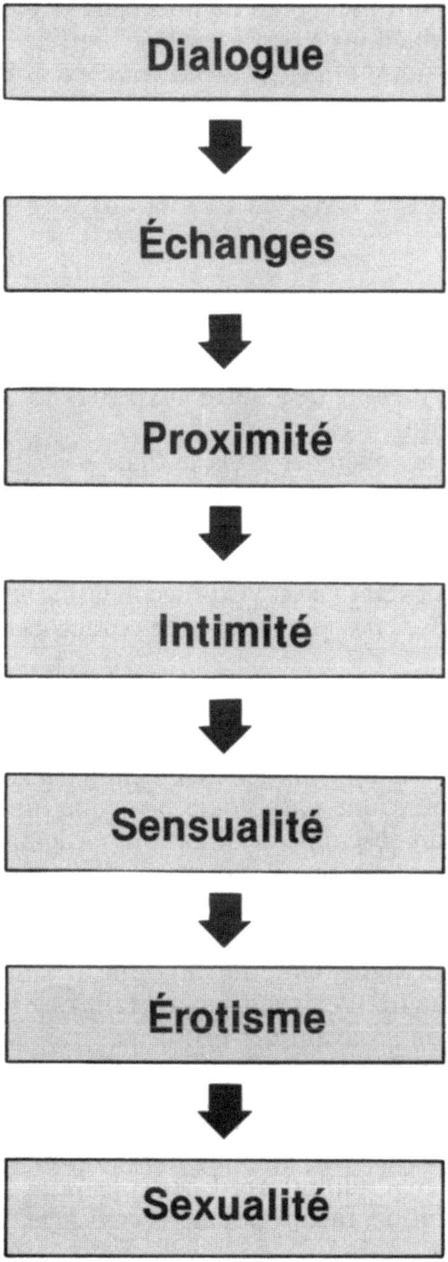
Dialogue
Échanges
Proximité
Intimité
Sensualité
Érotisme
Sexualité

Nos difficultés sexuelles ne pourront se voir aplanies que si nous nous attachons à travailler le « *sentiment de notre propre valeur* » et notre « *respect de nous-même* ». Pour cela, nous devons nous efforcer de nous réaliser nous-même dans toutes les possibilités de notre *être*. Ce n'est qu'à ce prix que nous retrouverons confiance et sécurité en nous-même et que nous pourrons vivre une sexualité sans blocages et sans peurs.

*
* *

— N'attendons plus que notre vie privée nous donne le sentiment d'identité que notre vie professionnelle et sociale ne nous fournit pas.

— Allons chercher dans le dialogue authentique avec l'autre notre soif de vie et d'amour.

— Comprenons que l'amour érotique dans le couple n'est pas un « *coup de foudre* » qui disparaît un beau jour comme il était venu : c'est l'expression d'une attitude humaine active et consciente face à soi-même, face aux autres et face au monde.

Comprenons encore qu'en dehors de quelques rares exceptions physiologiques, la quasi-totalité des « problèmes de sexualité » que nous rencontrons généralement dans notre vie de couple est liée, non à une pathologie physique inhérente à notre corps, mais à un ensemble de situations et de problèmes vécus d'une part durant notre enfance (type d'éducation, rôle de la religion, de la morale...) et, d'autre part, dans notre vie d'adulte du fait de notre personnalité et de celle de notre compagnon ou de notre compagne. On pourrait donc affirmer que les problèmes de sexualité n'existent pas en tant que tels, mais qu'il existe des personnes ayant des problèmes qui, eux, se répercutent sur leur sexualité.

Si nous faisons partie de ceux qui vivent la sexualité comme problématique, arrêtons de culpabiliser comme si nous étions frappé d'une tare rédhibitoire. Efforçons-nous plutôt de nous interroger sur notre façon globale d'envisager la vie.

6. La sexualité s'éduque-t-elle ?

Le texte qui suit est la retranscription intégrale d'une séance (dite théorique) de thérapie de groupe qui a eu lieu en décembre 1986 dans mon cabinet de consultation à Nice. Les participants sont, par ordre d'apparition :

— *Michèle,* 30 ans, institutrice.
— *Hélène,* 34 ans, secrétaire de direction.
— *Brigitte,* 28 ans, assistante sociale.
— *John,* 50 ans, Américain, professeur d'université.
— *Carole,* 32 ans, assistante de direction.
— *Adrien,* 30 ans, technicien auto.
— *Sylvie,* 50 ans, galeriste.

*
* *

Patrick Estrade : Dans le cadre des discussions tournant autour de la sexualité, nous nous sommes proposé d'aborder aujourd'hui la question de l'*éducation de la sexualité.* Quelles réflexions cette question soulève-t-elle spontanément en vous ?

Michèle : Ma mère me disait qu'il suffisait d'observer les fleurs, les animaux, que tout cela était naturel ; qu'on n'avait pas besoin d'apprendre, qu'il suffisait de regarder, de sentir, d'aimer les choses et qu'elles venaient toutes seules.

Hélène : Moi, je suis assez d'accord avec ta mère.

John : Pour ma part, j'estime qu'on ne peut pas apprendre par soi-même si on n'est pas *relax* avec son corps, c'est-à-dire s'il y a des inhibitions ou des interdictions dès le plus jeune âge.

Si l'on est élevé dans un milieu tolérant, où la maman et le papa sont fiers de leur corps et n'empêchent pas qu'on en parle, alors je crois que la sexualité peut s'apprendre. Mais si on est élevé dans l'interdit, la cachotterie et le secret, je crois qu'apprendre la sexualité est presque impossible, ou en tout cas ce sera un apprentissage très difficile.

Il existe des tas de tabous fortement enracinés dans notre être qui nous empêchent d'apprendre la sexualité. En disant cela, je pense bien sûr à mon cas personnel. Ce n'est que lorsque j'ai rejeté toute cette « *couche antisexuelle* » de mon enfance que j'ai commencé à apprécier et à connaître la sexualité. Mais c'était, hélas ! très tard.

Hélène : Moi, je suis d'accord avec ce que dit John. Je ne pense pas qu'il y ait une *éducation sexuelle.* On apprend tout seul, après. Mais ce qui me semble important, c'est que les parents devraient déculpabiliser les actes des enfants et déculpabiliser les pulsions sexuelles qu'ils peuvent ressentir. Car si par exemple un enfant se touche et que les parents disent : « *Tu n'as pas honte de faire ça, c'est sale !* », l'enfant va nourrir vis-à-vis de son corps et de sa sexualité un sentiment de culpabilité.

Carole : Moi, il me semble que toute une partie de ma vie, de l'âge de 15 ans jusqu'à 27 ans, je n'ai pas connu l'amour, je n'ai pas connu la sexualité. J'ignorais même que cela existait. J'entendais parler d'orgasme, de trucs très bizarres que je ne comprenais pas et j'ai appris toute seule, après, à la suite d'une sorte de libération. Ce n'est qu'à ce moment-là que j'ai commencé à avoir une sexualité normale et que j'ai éprouvé du plaisir. Avant, je ne savais pas tout cela. Donc, je pense que ça doit pouvoir s'éduquer. Peut-être est-ce un peu différent pour l'homme dans le sens où sa sexualité est plus flagrante, où il y a un terme à sa sexualité qui est très visible, l'éjaculation. Pour la femme, c'est quand même bien différent.

Michèle : Tu parlais d'une sexualité normale. Est-ce que cela existe ? Est-ce qu'on sait quand c'est « normal » ?

Adrien : Disons qu'il y a des choses qui sont quand même codées, censurées, interdites. En ce sens, elle est éduquable. Je ne sais pas si c'est très sain... Dans notre société, on ne laisse pas s'exprimer la sexualité n'importe comment.

Carole : Moi, je connais des jeunes filles de 20 ans ou moins, qui me disent qu'elles s' « éclatent » dans la sexualité.

Donc, c'est possible avant 27 ans. Personnellement, j'en étais arrivée à croire qu'une femme ne pouvait pas éprouver de plaisir avant une trentaine d'années. Ça me paraissait normal.

Je me souviens de ma mère qui, presque tous les soirs, allait se coucher avec son mari (donc mon père) et qui, quelques minutes après, allait dans la salle de bains située juste à côté de ma chambre pour se laver. Pour moi c'était ça la sexualité : la salissure de la femme.

Laure : En effet c'est assez horrifiant, quand on est adolescent, de penser que ses parents font l'amour. Je l'ai vécu en tant qu'enfant. Quand on réalise, après on est gêné de savoir que si sa mère va dans la salle de bains, c'est parce qu'elle veut aller se laver après avoir fait l'amour avec son mari. On a l'impression qu'un certain équilibre est rompu.

Adrien : Si l'on est témoin de telles scènes, on va penser que la sexualité est malpropre.

Laure : Justement, les mères nous inculquent ça et, après, on se rend compte qu'elles le font avec leur mari.

Brigitte : Je ne sais pas s'il peut y avoir des « règles » en ce qui concerne l'éducation de la sexualité. Il y a quelques années, Françoise Dolto, qui s'occupait beaucoup des enfants, a donné une conférence à Nice. Elle a fait bondir l'audience en disant que pour elle ce problème n'était pas « évident » et qu'elle ne conseillait pas forcément aux parents de se promener nus devant les enfants. L'audience a réagi à cela en disant : « *Mais qu'est-ce qui lui arrive ; elle a vieilli, elle est rétrograde* », etc.

Moi, je sais que la première fois que j'ai vu mon père non pas nu, mais torse nu, j'ai trouvé cela horrible. Et j'étais vraiment petite. Les frayeurs d'enfant existent.

Personnellement, quand j'étais enfant, j'entendais de ma chambre le bruit du lit parental et ma mère qui disait : « *Non, laisse-moi dormir !* » Et moi, je me disais : « *Mais qu'est-ce qu'il a ? Elle travaille toute la journée, elle s'occupe de nous et, en plus de cela, le soir il l'agresse !* » Pour moi, c'était vraiment le méchant loup.

John : Je crois que sur la question de la nudité, il n'y a ni de « raison » ni de « tort ». Mes parents avaient l'habitude, surtout en été, de se promener à moitié nus dans la maison. Ma mère parfois toute nue. Mais, malgré cela, ma première éducation sexuelle a été très mauvaise. C'est-à-dire qu'ils pouvaient se « pavaner » nus ou à moitié nus, ce n'est pas cela qui aurait pu me donner une bonne sexualité. C'est leur attitude en ce qui concerne leur corps qui clochait. Je crois qu'ils avaient honte de la sexualité de leur corps.

Michèle : Tu veux dire qu'on peut être indécent ou décent quand on est tout nu...

Brigitte : Moi, ce que je regrette le plus, dans mon éducation sexuelle — bien qu'on ne puisse pas dire que j'en ai eu une spécifique — c'est que je n'ai jamais entendu dire de la part des adultes, à part au cinéma, que faire l'amour était agréable et que ça faisait du bien.

Hélène : En effet, les parents culpabilisent les enfants lorsqu'ils s'éveillent à leur propre sexualité et qu'ils « commettent » des actes masturbatoires ; ils ne peuvent donc pas leur dire : « *C'est bien de faire l'amour, c'est agréable, etc.* » Il existe un tabou énorme, c'est certain, qui s'explique par le fait que les parents vivent souvent très mal leur propre sexualité.

Je pense que la sexualité ça s'éduque dès le plus jeune âge en évitant de culpabiliser les enfants et en leur apprenant à aimer leur corps.

Carole : Je pense que ça s'éduque aussi et même *surtout* en montrant aux enfants un amour assez serein entre mari et femme. A mon avis, il existe des attitudes parentales qui peuvent expliquer ça mieux que les mots ne pourraient le faire...

Aujourd'hui je comprends que ma mère se lavait, non pas parce qu'elle était sale mais parce qu'elle n'avait pas de moyens de contraception et qu'elle ne voulait pas tomber enceinte. C'est tout. Elle avait déjà trois enfants et n'en voulait pas d'autres. Mais c'est vrai qu'on ne me l'a jamais vraiment formulé. Pourtant, de ce que je sais maintenant, leur sexualité a toujours été pleine d'amour.

Laure : Malgré l'éducation que j'ai eue, la plus antisexuelle qui puisse exister, malgré une mère qui m'a heurtée dans beaucoup de domaines, celui-ci compris, c'est vrai que j'ai eu avec mon mari une sexualité très épanouie.

Adrien : Était-ce grâce à lui ou grâce à toi ?

Laure : Lui a aussi eu une éducation sexuelle inexistante, avec des tabous extraordinaires, dans une société à mentalité très judéo-chrétienne, et il fut malgré tout un bon amant. Nous avons été très heureux dans la sexualité. En fait, je ne m'explique pas pourquoi je m'en suis si bien sortie.

Patrick Estrade : Peut-être pourrions-nous l'expliquer ainsi : deux personnes qui ont été « antiéduquées » sexuellement peuvent découvrir ensemble une sexualité harmonieuse, riche, parce que tous deux viennent du même bord et tous deux ont donc le même cheminement à faire. Probablement que si l'un des deux avait été très en avance dans la sexualité par rapport à l'autre, cela n'aurait pas pu aussi bien marcher, cela n'aurait pas apporté les mêmes joies et les mêmes découvertes...

Carole : Par rapport à ce qu'a dit Laure, j'ai l'impression qu'il ne s'agit plus d'un problème de sexualité, mais d'un problème de relation. J'ai souvent pensé que dans l'amour tout était permis, mais pas n'importe comment. On voit bien qu'avec telle personne ce sera impossible, avec telle autre acceptable, avec telle autre encore merveilleux. Apprendre quelque chose, puis le mettre en pratique est une chose tellement délicate, tellement nuancée ! Tout dépend comment c'est fait. Ce n'est pas comme un boulon qu'on visse ou qu'on dévisse, une chose mécanique...

Brigitte : En fait, je crois que si la sexualité est le reflet de la personnalité et de la relation avec autrui, on n'a pas besoin d'éduquer une sexualité. On a seulement besoin d'apprendre à vivre, d'avoir des relations avec les autres. A ce moment-là la sexualité coule de source. La question qui m'intéresse justement est : « *La sexualité est-elle le reflet, l'aboutissement de notre propre personnalité, de notre vécu, et de notre relation avec les autres ?* »

Michèle : Oui, apprendre à connaître sa sexualité au même titre qu'on apprend à connaître sa personnalité.

John : En regardant mon expérience personnelle, je ne peux pas m'empêcher de penser qu'à mesure que je me sentais plus épanoui et plus libre dans ma personne, ma sexualité devenait plus ouverte et plus satisfaisante. Quand j'étais plus tendu et crispé, il y a plusieurs années de cela, je n'avais même pas de sexualité. Je ne savais même pas ce que c'était. A mesure que je me suis épanoui, je suis devenu un être sexuel plus ouvert aux plaisirs.

Carole : La sexualité, qu'est-ce ? Est-ce quelque chose de totalement « à côté » de notre vie ou en fait-elle complètement partie intégrante ? Pour moi, quand je parle de sexualité, c'est toujours un titre qui n'a rien à voir avec quoi que ce soit d'autre.

Adrien : Je ne pense pas que la sexualité puisse être découpée comme une partie d'un tableau et déposée à côté, comme un détail d'un ensemble.

Carole : Quand je dis cela, je ne veux pas dire que c'est normal. Je le déplore. Mais ce que je veux dire, c'est que chez moi j'ai mon alimentation, mon sommeil, mes fonctions qui sont normales. Et puis quelque chose de tout à fait « à côté » dans ma tête : la sexualité. Alors que ça devrait être une fonction tout aussi normale que les autres. Mais je le déplore.

Patrick Estrade : Cela s'explique par le fait que les autres fonctions n'ont pas été interdites dans votre enfance. On ne vous a pas interdit ou dégoûtée de manger ; au contraire, on vous y a poussée. De même, on vous a invitée à aller au lit à partir d'une certaine heure...

Michèle : La sexualité se fait à deux, pas tout seul. Ainsi, enseigner quelque chose qu'on va expérimenter à deux est certainement chose difficile.

Carole : La sexualité se fait à deux, mais elle se découvre tout seul.

Patrick Estrade : Il ne faut pas confondre la sexualité et le rapport sexuel. Depuis Sigmund Freud, on sait que la sexualité existe dans l'enfant : garçon *et* fille. Nous sommes d'abord des êtres autosexués, puis des êtres sexuels dans la découverte de l'autre, dans le partage.

En tant que « sexués » et « sexuels », nous devons apprendre à faire l'amour avec tout ce qui nous entoure : les maisons, les arbres, le soleil... Cela commence avec le vent qui passe dans nos cheveux et qui produit le frisson (sensualité)... Tout cela nous amène à une perception charnelle de notre corps...

Une sexualité d'adulte, lorsqu'il ne s'agit pas d'une sexualité de crise, doit déboucher vers la coopération, vers la dimension de l'autre. Il est vrai qu'une sexualité épanouie n'a pas besoin de masturbation car la coopération avec l'autre est là.

John : Mais justement, si l'on ne sait pas coopérer, si l'on n'apprend pas à vivre avec son prochain et en particulier avec le ressortissant de l'autre sexe, on ne peut pas vivre une sexualité satisfaisante.

Lorsque Woody Allen explique que s'il fait si bien l'amour avec les femmes, c'est parce qu'il s'est entraîné seul pendant longtemps, cela me fait penser que lorsque j'avais entre 10 et 13 ans, j'avais beaucoup d'expérience avec moi-même, mais je ne suis pas arrivé à comprendre et à faire l'amour avec une autre partenaire. Cela a pris du temps, a demandé de l'expérience...

Je pense que la sexualité ne s'apprend pas naturellement. Ou plutôt, si elle s'apprend naturellement, cet apprentissage est compromis par une mauvaise éducation parentale. Il faut se débloquer pour que cela puisse s'apprendre naturellement. Si j'avais vécu dans un milieu « relax » dans lequel la sexualité avait été une chose permise, une chose naturelle et bonne, peut-être aurai-je pu développer naturellement une sexualité correcte.

Patrick Estrade : Pour en revenir à la question de savoir si la sexualité s'éduque, je pense que nous devons répondre « oui ! ». Mais pas en tant que sexualité immédiate. La sexualité est une question de prendre et de donner, un mouvement permanent, une dialectique. C'est le prendre et le donner qui permettent d'accéder au tendre abandon.

Le prendre et le donner s'éduquent-ils ? Je réponds oui ! Quand s'éduquent-ils ? Dans l'enfance, au moment de la période de l'apprentissage à la propreté. Si la mère et l'enfant apprennent à coopérer correctement durant cette période, c'est un grand point d'acquis. Si l'enfant a envie de faire plaisir à sa maman, il fera ses excréments dans le pot. Si ce n'est pas le cas, il les fera à côté, ou pas au bon moment, ou pas du tout car il aura du mal à coopérer.

En fait, la néo-psychanalyse a montré que bien avant le stade de l'éducation à la propreté, l'apprentissage de la coopération était fait dans la phase orale ou même préorale. Josef Rattner affirme qu'en matière de coopération, on récolte dans le stade anal ce qu'on a semé au cours du stade oral ou préoral.

Il me semble que déjà dans le ventre de la mère, dans la vie intra-utérine, il existe une certaine forme de relation entre la mère et l'enfant qui sont déjà des indications de coopération (ou de non-coopération). Ainsi, une mère qui fume de nombreuses cigarettes, qui boit de l'alcool, prend des drogues, consomme exagérément des médicaments... bref, une mère qui ne respecte pas la vie de l'enfant qui se trouve dans son ventre, est une mère qui ne coopère pas avec son enfant.

Au total, je dirais donc : « *Oui, la sexualité s'éduque ; elle s'éduque dès les toutes premières années de l'enfant.* » Mais si nous n'avons pas appris à coopérer lorsque nous étions enfant, cet apprentissage reste à faire à l'âge adulte. Comment se fait-il ? Par exemple en apprenant à écouter les autres, en apprenant à entretenir des relations, à parler, à échanger avec eux, en apprenant à partager aussi, bref, en apprenant à vivre avec eux et à les aimer. Adulte, chaque fois que nous trouverons une possibilité de coopérer, ce sera une possibilité d'éduquer notre sexualité un peu plus...

Michèle : En entendant parler de coopération, je pensais à la différence entre l'amour et la sexualité. Moi, je n'ai pas envie de faire cette différence car, à mon avis, le meilleur terrain de la sexualité c'est l'amour dans ce qu'il peut apporter d'attention à l'autre. Quand on aime quelqu'un, on est tourné vers sa sensibilité, sa sensualité. On a une sensibilité ouverte.

L'amour, ça provoque une ouverture vers l'autre et donc une aptitude à comprendre, à saisir, à aller au-devant de ses besoins et de sa sensibilité. Donc de communier avec sa sexualité et de trouver le moment de la rencontre qui fait que la sexualité sera épanouie. Car précisément, elle ne peut être épanouie que dans une rencontre de deux personnes au bon moment.

Patrick Estrade : Jean Guitton serait d'accord avec vous, lui qui a toujours considéré que la sexualité était la collaboratrice de l'amour.

7. L'infidélité

L'illusion de la conquête.

Nous avons dit dans le chapitre II (paragraphe 8c), que nous tendions parfois à confondre « *se tourner vers l'extérieur* » et « *aller voir ailleurs* », ce qui nous conduisait presque immanquablement à chercher dans un amant ou dans une maîtresse ce que nous ne parvenions pas à édifier au sein de notre couple.

Tentons de comprendre les motivations qui nous conduisent parfois à vivre ce genre d'*amour en souterrain* mais, auparavant, penchons-nous sur ce que nous appelons « fidélité ».

a) La fidélité

La « fidélité dans le couple » est une *invention* relativement récente. En effet, s'il est vrai que la femme fut, de tout temps, contrainte à la fidélité (il suffit de se souvenir des ceintures de chasteté en usage il y a encore quelques siècles de cela), l'homme, lui, n'a jamais été lié à aucune contrainte de ce genre.

Cependant, depuis le début de ce siècle les choses ont bien changé, en tout cas en Occident. En effet, le développement de la société industrielle, la responsabilisation croissante de la femme dans la société, les mouvements de libération et d'émancipation de la femme, l'avènement de la pilule... ont largement contribué à justifier les revendications (au demeurant tout à fait fondées) de la femme vis-à-vis de l'homme en général et de l'homme vivant en couple en particulier.

Dans notre société moderne, deux types d'instances contribuent à « verrouiller » la fidélité de l'homme et de la femme : les unes extérieures à nous, les autres intérieures.

Les **instances extérieures :** la fidélité dans le couple (mariage ou concubinage) est une exigence posée tout à la fois par les religions judéo-chrétiennes (11) et par la société dans laquelle nous vivons.

— Par les religions judéo-chrétiennes car, pour elles, l'acte de chair doit être lié à la procréation et au maintien de l'espèce et non au plaisir charnel.

— Par la société moderne pour deux raisons principales : d'une part car la structure unitaire de la famille est garante du bon fonctionnement de l'économie, d'autre part car l' « *institution conjugale* » permet de contenir les deux membres du couple dans l'idée même de la possibilité d'une obéissance à une loi quelconque (12).

En d'autres termes, si l'on canalise les pulsions à l'instabilité amoureuse et sexuelle des individus, il n'y a pas de raisons qu'on ne puisse canaliser aussi leurs penchants à l'indiscipline et au désordre.

Mais si l'on extrait la fidélité de ce contexte religieux et social, on constate qu'elle n'est enracinée dans aucune contingence réelle. La fidélité repose donc sur une liberté totale de choix.

---

11. Catholique, protestante, apostolique... Rappelons que la religion et les sociétés musulmanes tolèrent, elles, la polygamie.

12. Les institutions, quelles qu'elles soient (étatiques, administratives, sociales...), aiment voir le citoyen obéir. Vue sous cet aspect, l'obéissance à la loi de la monogamie, c'est-à-dire à la loi de l'exclusivité amoureuse et sexuelle, peut apparaître comme un premier pas vers une autodiscipline face aux diverses autres lois.

Les **instances intérieures :** plus que partout ailleurs, notre couple est le lieu des trois instances que sont la peur, le doute et l'abandon.

En l'occurrence, elles s'expriment par :

— La *peur* de se retrouver seul.

— Le *doute* d'être aimé exclusivement.

— La crainte de l'*abandon* par l'autre.

Ces trois instances contribuent pour une large part à la persistance de notre fidélité :

*

* *

La fidélité peut être subie ou consentie :

— La **fidélité subie** touche nombre de couples, et notamment les couples symbiotiques. Ce sont pour l'essentiel ceux tournés sur eux-mêmes par crainte de la « grande vie ». Elle est principalement alimentée par l'inquiétude face à l'inconnu, par la crainte du sexe opposé et par la peur de la sexualité. Cette fidélité s'accompagne généralement d'une certaine orthodoxie de vie et d'un moralisme rigoureux.

Nous l'appelons *subie* car elle n'est pas à proprement parler réfléchie, décidée, résolue. C'est une fidélité *faute d'autre chose* (faute de courage, faute d'occasion, faute d'imagination, faute de fantaisie, faute de mieux...). Davantage qu'une fidélité, elle est une absence de moyens d'infidélité. Elle est une fidélité *malgré soi.*

— La **fidélité consentie :** disons-le d'emblée, cette fidélité concerne la plupart d'entre nous. Contrairement à la fidélité subie qui est, nous l'avons vu, empreinte d'un certain moralisme, d'un certain rétrécissement de la vision du monde, la fidélité consentie, elle, relève davantage d'une *vision « concernée » de la vie,* d'une perception réfléchie et éclairée de l'existence, d'une conscience de soi en tant que sujet pourvu d'émotions et de sentiments face à un autre sujet pourvu lui aussi d'émotions et de sentiments. Elle ne relève pas d'un interdit moralisant, mais de la pratique d'une certaine *mesure,* d'une certaine *tenue,* d'une certaine *ascèse,* d'une certaine *éthique* (13)... bref, d'une certaine « sagesse » de vie. Contrairement à ce que l'on pourrait penser, elle n'est pas un « vœu de renoncement » mais un choix existentiel. En effet, celui qui vit sa vie bien implanté dans la réalité n'a pas besoin de « paradis artificiels » pour se sentir vivre davantage. Le sentiment de vie que lui insuffle son *agir* quotidien est plus fort que celui que ne sauraient dispenser mille amants ou mille maîtresses.

La fidélité consentie est donc une approche émotionnelle certes, mais aussi *pensée* de la vie amoureuse. Elle est non seulement un « contrat d'exclusivité » passé avec l'autre, mais également un engagement vis-à-vis de soi-même.

b) Les infidélités

Cependant, ce « choix de vie » qu'est la fidélité n'est pas neutre ; il nous faut le « maintenir » contre nos pulsions, nos passions et nos envies (14). Lorsque trop de problèmes submergent notre couple, l'infidélité, pour laquelle nous ressentons — consciemment ou non — un « inexorable penchant », a tôt fait d'apparaître comme le « moyen coercitif » idéal pour faire saisir à l'autre ce que nous ne parvenons pas à lui faire comprendre avec les mots. Examinons donc les principales situations d'infidélité et tentons d'en saisir le mécanisme.

L'infidélité motionnelle correspond au besoin pulsionnel et primaire qu'éprouvent certains d'entre nous (assez rares il est vrai), de « faire feu » sur tout ce qui bouge, qu'il s'agisse

13. Nous faisons en effet une différence entre *morale* et *éthique.*

— La morale est l'ensemble des lois qui nous sont imposées par la société dans laquelle nous vivons.

— L'éthique est l'édification personnelle d'une vision philosophique de la vie se basant sur l'intégration d'un certain nombre de valeurs que nous reconnaissons pour valeurs authentiques et fondamentales, et le rejet d'autres valeurs que nous considérons comme « pseudo-valeurs » ou « non-valeurs ».

14. Quitte à abandonner certaines illusions que nous pourrions bercer sur notre propre compte, il nous faut convenir que, quelle que puisse être la puissance de notre fidélité, nous sommes tous livrés, malgré tout, à ce que le célèbre Sigmund Freud appelait « *l'inexorable penchant à l'infidélité* ».

de jupons (pour les hommes) ou de pantalons (pour les femmes). C'est tout juste si ce type de comportement, propre à certains, mérite le nom d'infidélité, tant il est vrai que pour être infidèle il convient d'abord de savoir ce qu'est la fidélité et l'avoir pratiquée. Or les infidèles motionnels en sont loin puisque, loin d'être à l'écoute d'autrui et du monde extérieur, ils n'écoutent que leurs pulsions de l'instant et de leur bas-ventre.

L'infidélité d' « esthétisme », en tant que (pseudo) esthétique de vie, est beaucoup plus répandue qu'on ne pourrait le croire. Elle semble être un fait de société propre aux grandes agglomérations. Elle relève d'une certaine « philosophie parisianiste » dont le leitmotiv silencieux mais constant serait : toute personne qui se respecte se doit d'avoir son « histoire extra-conjugale », en d'autres termes sa « liaison ». Cette infidélité est à mettre en rapport direct avec les névroses de société qui touchent particulièrement les grands centres urbains.

Le donjuanisme : bien que ne faisant pas à proprement parler partie des infidélités, il convient malgré tout de le mentionner ici. Quelques hommes célèbres (don Juan, Casanova, le marquis de Sade...) en ont certes écrit les tristes « lettres de noblesse », mais il touche aussi les femmes.

Le donjuanisme tient simultanément de l'*infidélité motionnelle* et de l'*infidélité en tant qu'esthétique de vie.* Bien que l'on puisse supposer que la dernière est destinée à justifier la première, force est de constater que les « dons Juans » ne sont pourtant généralement pas des êtres primaires, inintelligents et incultes (15). Le donjuanisme ne relève pas tant de l'infidélité que de la psychopathologie. Il s'explique par la recherche constante de l'image idéale de la mère (ou du père) et par la nécessité de combler un narcissisme galopant par la multiplication incessante de conquêtes amoureuses.

L'infidélité ordinaire est la plus courante. Nous l'avons appelée « ordinaire » car elle correspond à la qualité, le plus

15. En effet, il faut un certain courage, une certaine force de caractère pour vivre le décrochage permanent de la réalité ambiante que suppose le donjuanisme.

souvent assez médiocre, hélas ! de communication trouvée habituellement au sein des « couples ordinaires ». Nous appelons « couples ordinaires » les innombrables couples constitués fortuitement ou accidentellement par ceux et celles d'entre nous qui n'ont pas véritablement pris le temps ou la peine de réfléchir de façon approfondie sur les grandes questions humaines en général et de s'interroger sur le *pourquoi* et le *comment* du couple en particulier. L' « infidélité ordinaire » est à notre avis étroitement liée à la « névrose ordinaire » de M. et Mme « Tout-le-monde », c'est-à-dire à la psychopathologie et à l'état de déprime endémique régnant au sein de la plupart de nos couples.

L'infidélité de désœuvrement est une infidélité inconsidérée, irréfléchie, une infidélité par désaffection de la vie. Elle n'est pas un message lancé à l'autre, mais un message lancé à soi-même (que, hélas ! nous n'entendons la plupart du temps même pas). Cette infidélité provient de l' « inconsistance » passagère dont nous pouvons faire preuve à un moment ou à un autre de notre vie, lorsque celle-ci n'est plus portée par aucun projet concret, aucune perspective d'évolution immédiate. Elle peut être la traduction physique d'un état de déprime général ou de ce que les Américains ont pu appeler « *Midlife crisis* » (crise du milieu de la vie) (16).

L'infidélité de leçon : cette infidélité relève de la « tactique politique préméditée ». Chez certains couples, il advient parfois que l'un des deux rende la vie impossible à l'autre (agressivité insupportable, indifférence excessive, inertie sclérosante, vie stagnante...), entravant ainsi toute possibilité d'évolution de la vie à deux. Lorsqu'un tel état de chose prend des proportions véritablement inacceptables et que tous les moyens « courants » (patience, tolérance, discussions ou, au contraire, éner-

---

16. La « *Midlife crisis* » est une phase dépressive que peuvent vivre certaines personnes ayant bien réussi dans l'ensemble de leur vie, mais qui ont trop « *vécu sur leurs lauriers* » et qui, faute d'évolution continue, voient tout à coup toutes leurs « valeurs de vie » (vie familiale, professionnelle, sociale, culturelle...) s'effondrer.

vements, colères, conflits répétés...) n'ont rien donné, l'autre est parfois conduit à user de *l'ultimatum du « désamour »* pour faire réagir son compagnon ou sa compagne.

Cet « ultimatum » trouve sa double traduction d'une part dans la rupture (généralement provisoire) de la relation *(« Puisque tu ne changes pas, je te quitte »)* et, d'autre part, dans la menace d'une éventuelle nouvelle rencontre *(« J'ai ainsi la possibilité de rencontrer un autre homme ou une autre femme »)* (17).

Cette infidélité n'est ni une infidélité mue par une pulsion sexuelle, ni une rupture de la relation du couple au profit d'une autre relation (18). Elle n'est là que pour donner la leçon à l'autre, pour lui faire comprendre qu'il est en train de dépasser un « seuil critique », pour l'avertir qu'il n'est pas le seul homme ou la seule femme sur terre et qu'il aurait tout intérêt à amorcer une politique de changement. Cette infidélité repose sur un choix non émotionnel mais sur un choix raisonné, intellectualisé. Ce n'est pas le corps, les sens, les pulsions qui l'appellent mais la *tête* et l'esprit.

L'infidèle de revanche : proche de l'infidélité de leçon, ce type d'infidélité relève cependant de la colère. Il ne s'agit pas ici d'une décision raisonnée d'infidélité ou d'une impulsion sexuelle, mais d'une réaction d'énervement et d'exaspération face à une situation intolérable qui nous a beaucoup fait souffrir (l'autre nous a trompé, humilié, rabaissé ou meurtri dans notre amour-propre). Il s'agit donc de créer une situation destinée à briser l'autre comme il nous a brisé, c'est-à-dire à lui *rendre la monnaie de sa pièce.*

Cette infidélité n'est généralement ni choisie ni volontaire. Elle est une nécessité émotionnelle produite par un affect. Au

17. Car notre orgueil humain fait que ce qui nous préoccupe n'est pas tant la rupture (dont nous ne pouvons généralement pas véritablement mesurer les conséquences : destruction du milieu de vie habituel, solitude... tant que nous n'y sommes pas concrètement confronté) que l'éventuel réinvestissement amoureux de notre compagnon ou notre compagne auprès d'un autre homme ou auprès d'une autre femme.

18. Elle peut cependant y conduire si la personne a la chance de tomber sur une personnalité hors du commun.

demeurant, cette expérience d'infidélité est souvent mal vécue par son initiateur ou son initiatrice car le vœu d'une « autre sexualité » n'est pas véritablement présent.

c) L'infidélité d'exception

Nous avons passé en revue les sortes d'infidélités les plus courantes. Reste pourtant une dernière forme d'infidélité que nous pourrions nommer « infidélité d'exception ». Elle est à mettre directement en rapport avec la « fidélité consentie » que nous avons analysée plus haut. Expliquons-nous :

Nous avons vu précédemment que notre fidélité se trouvait verrouillée par deux sortes d'instances (intérieures et extérieures) qui en jouaient le rôle de gardien. Il advient cependant parfois qu'un certain nombre de situations vitales viennent tromper la vigilance de ces gardiens et contrecarrer notre « plan de vie », nous conduisant à réaliser ce à quoi nos penchants motionnels aspirent peut-être, mais que notre âme profonde et notre éthique refusent.

Dans un lieu étranger, dans un cadre inhabituel, dans un entourage nouveau, dans un temps inaccoutumé, un ensemble d'éléments induisent un ensemble de circonstances venant à échapper à la vigilance des instances verrouillant notre fidélité et s'unissent pour cristalliser un état de réceptibilité unique et passager que l'on nomme « faiblesse » et qui conduit à l'infidélité d'exception. En d'autres termes, c'est la non-réflexion momentanée, le manque de vigilance de soi, l'incapacité d'anticipation et de projection de la situation dans l'ensemble de notre vie, bref, le manque de *« présence d'esprit »* (19) qui nous conduisent « malgré nous » à l'exception infidèle. Une situation unique et irreproductible transforme le sujet pensant et libre en objet instinctué soumis.

Il apparaît clairement ici que nous n'avons pas affaire à une infidélité manigancée, préméditée ou résolue, mais à une

19. Je tiens de Josef Rattner cette définition de la « présence d'esprit », c'est-à-dire « *le bon mot, au bon moment, au bon endroit, à la bonne personne, sur le bon ton* ».

exception vitale hasardée que nous ne serions vraisemblablement pas à même de construire en toute conscience et en toute connaissance de cause.

Soulignons ici que ce genre d'infidélité se rencontre très rarement. En fait, elle ne correspond pas tant à un acte de trahison de l'autre qu'à un « *déchirement ontologique et existentiel* » de l'individu face à sa propre limite d'homme, face à son impossibilité de perfection humaine, face à son incapacité d'absolu. Ne nous leurrons cependant pas sur notre propre compte et ne prenons pas trop facilement prétexte de ce type d'infidélité pour avaliser nos éventuelles « faiblesses sentimentales ».

*
* *

— Que ce soit le fait de l'exception, de la leçon, de la revanche, de la désaffection ou du désœuvrement, comprenons que l'infidélité est toujours l'expression de nos propres limites.

— Si nous faisons partie des « infidèles », tâchons donc d'analyser et de comprendre la situation telle que nous la vivons et vérifions si nos *conquêtes amoureuses* ne sont pas là pour compenser nos manques de *conquêtes de vie.*

Si nous faisons partie des « infidèles », vérifions si nos conquêtes amoureuses ne sont pas là pour compenser nos manques de « conquêtes de vie ».

8. Psychologie de l'infidélité

Un morcellement du temps.

Nous tendons souvent trop aisément à considérer la fidélité de l'autre comme allant de soi tandis que nous pensons pouvoir user librement et à notre guise de la nôtre. Cette méprise, bien pratique il est vrai, provient pour l'essentiel des images d'amour remontant à notre enfance, lorsque l'amour de nos parents apparaissait comme chose acquise, ces derniers ne nous ayant jamais très longtemps tenu rigueur des petites infidélités que nous pouvions commettre vis-à-vis d'eux (20).

Attardons-nous donc un instant sur le phénomène de l'infidélité et tâchons d'en saisir la psychologie.

L'infidélité traduit un problème d'appréhension de la globalité du temps. Elle fonctionne sur la subdivision du temps, mais pas dans le temps lui-même. Le monde de l'infidélité est donc celui de l'épiphénomène.

L'infidélité est une mise entre parenthèses de soi qui, d'un côté pousse la personne à vivre une expérience intime, secrète, proximale et exclusive, tandis que d'un autre la réalité ambiante la projette dans une vie quotidienne qu'elle perçoit comme banale et répétitive. Plus la relation d'infidélité est forte, plus la réalité apparaît insignifiante et insipide. Ainsi, la personne infidèle éprouvera-t-elle par exemple d'énormes difficultés à intégrer simultanément l'émotion amoureuse épiphénoménale ressentie sur le moment de la rencontre *(« Je t'aime, tu n'appartiens qu'à moi »)* et la trivialité d'un coup de téléphone passé une heure plus tard à l'être aimé qu'elle vient de quitter (21).

L'amant (ou la maîtresse) a recours à l'infidélité car il éprouve un vide de sens de la vie. Il veut sentir son cœur battre dans l'exception amoureuse car il ne trouve pas d'occasions

20. Voire même, les encourageaient afin de favoriser notre émancipation.
21. Le vécu de l'infidélité pourrait en ce sens être rapproché de la prise de drogues ou de boissons alcoolisées.

— ou ne se sent pas capable — de le faire battre dans la vie en général. Ne se sentant pas en mesure de conquérir la vie, il se rabat sur les conquêtes amoureuses. En fait, **il ne vit pas l'amour mais la rupture de l'amour.** Il veut se suspendre en dehors du temps car il redoute de faire face à son propre temps et à sa propre vie. Cela explique pourquoi l'amant comme la maîtresse sont hypersensibilisés aux plus insignifiants détails (tel souvenir attaché à tel moment, à tel lieu, à telle situation, à telle circonstance, à tel objet...) dont ils grossissent démesurément l'importance. De même cela explique-t-il aussi la souffrance sentimentale qu'ils subissent. Tout devient sujet à souvenir, même le présent : « *Comme je sais que tu vas partir et me quitter tout à l'heure, tu me manques déjà !* »

L'amant et la maîtresse sont plus *amants* qu'*aimants.* Leur amour est plutôt de nature infantile ; il n'exprime pas « *Je t'aime* » mais « *Aime-moi* ». Et, en effet, ce n'est pas tant la personne qui est aimée que l'épiphénomène du temps vécu *à l'aide* de celle-ci.

Au demeurant, il est intéressant de constater que lorsque l'amant se prend à aimer l'autre, non plus de façon infantile mais de façon adulte, il cesse d'être *amant* et devient *aimant,* c'est-à-dire qu'il quitte le monde de l'épiphénomène pour réintégrer le temps entier.

En fait, les relations d'infidélité ne durent généralement jamais très longtemps car il n'est pas aisé de vivre en dehors du monde et en dehors du temps. Ce désir de retrouver la globalité du temps poussera donc l'infidèle :

— soit à quitter son compagnon ou sa compagne pour vivre la globalité du temps avec l'amant (ou la maîtresse) en entrant de plain-pied dans une nouvelle relation ;

— soit à rompre avec l'amant (ou la maîtresse) pour retrouver l'entièreté du temps dans la relation conjugale.

TROISIÈME PARTIE

Le couple tel qu'il s'entend

CHAPITRE VI

La non-communication

1. La « désencontre »

On est tous un peu coincés de la parole.

a) Un revirement émotionnel

Il est étonnant de constater combien un différend, ou même un simple désaccord, survenant entre les deux membres d'un couple peut engendrer de distance entre eux, et cela en moins de temps qu'il n'en faut pour le dire. Évidemment, les réactions sont différentes pour chacun d'entre nous : cela va de la simple irritation à la plus vive exaspération, voire à la colère la plus noire ou à la crise de nerfs caractérisée. Chacun se retire alors dans sa sphère intérieure, et c'est comme si ces deux personnes n'avaient jamais été intimement liées l'une à l'autre.

Dans ces cas-là, il apparaît bien difficile, une fois de tels « seuils » franchis, de revenir à une certaine normalité de relation, et nous nous demandons alors comment, d'un état « amoureux », nous avons pu en arriver à un état aussi caustique et indifférent. Reconnaissons-le, quels que soient notre âge et notre milieu social, nous connaissons tous à un degré ou à un autre ce genre de « revirement émotionnel ».

En temps ordinaire, lorsque tout va bien dans notre vie à deux, nous vivons **une proximité que nous « construisons »** émotionnellement, sentimentalement et fantasmatiquement. Ce sont pour l'essentiel ces trois plans qui nous permettent de nous sentir proches l'un de l'autre, si proches que nous avons l'impression que nous pourrions ne plus faire qu'un seul corps (1).

Cependant, lorsqu'un différend éclate, cette impression d'unité s'effrite et nous tombons dans un autre niveau de « réalité émotionnelle ». On était *un* et, soudain, on est *deux,* chacun dans son monde, étranger l'un à l'autre avec toute la distance que cela suppose. Cette nouvelle distance, ce « revirement émotionnel », deviennent alors synonymes de *désamour :* la relation amoureuse s'étant *déconstruite,* on se *désencontre.*

b) Les champs de bataille

La désencontre ponctuelle n'a rien de grave en soi ; tous les couples la vivent sporadiquement car toute vie à deux suppose des désaccords, des différends et des conflits. Mais lorsque les désencontres se font plus fréquentes, plus « quotidiennes », les priorités vitales sont progressivement reléguées à un second plan et les épiphénomènes « conflictuels » finissent par jouer **un rôle « démesurément majeur »** dans notre vie de couple. C'est ce que nous appelons en psychologie les *« champs de bataille secondaires »* et les *« champs de bataille principaux »*. Bien que nous ayons déjà expliqué dans nos autres ouvrages ce qu'il convient d'entendre par ces deux notions, rappelons-les en quelques mots :

— Les **champs de bataille secondaires** désignent toutes les situations épiphénoménales, toutes les questions de second rang qu'on érige en centre vital alors qu'elles n'ont en fait qu'un inté-

1. Le philosophe grec Platon (né en 427 av. J.-C.) enseignait dans son *Symposion* que l'homme et la femme vivaient jadis sous la forme de doubles êtres humains, c'est-à-dire qu'ils étaient rattachés par le corps. Mais les dieux, courroucés par leur attitude rebelle, les séparèrent en deux moitiés qui furent dispersées au gré des vents. Depuis, l'homme et la femme se cherchent afin de se réunir de nouveau corps et âme en cette entité de jadis.

rêt tout à fait secondaire dans notre existence, voire même pas d'intérêt du tout (par exemple, devons-nous manger le melon en entrée ou au dessert ?).

Nos champs de bataille secondaires sont alimentés par toutes les disputes stériles, toutes les « gué-guerres », tous les « chipotages », toutes les luttes intestines, bref tous les détails insignifiants auxquels nous conférons une importance suprême.

— Les **champs de bataille principaux,** eux, se caractérisent au contraire par les options fondamentales que nous sommes amené à prendre du fait de notre existence humaine et du fait de la vie en société (par exemple, sommes-nous pour ou contre le fait de supprimer le permis de conduire à un conducteur en état d'ébriété ? La prévention de grossesse doit-elle rester une affaire exclusivement féminine ? Etc.).

La plupart du temps, hélas ! il faut bien reconnaître que notre vie est davantage régie par les « champs de bataille secondaires » que par les « champs de bataille principaux », lesquels grèvent considérablement notre couple et contribuent fortement à l'infantiliser.

Mais au-delà de cette infantilisation, c'est surtout toute la communication au sein du couple qui se trouve remise en question. Tous les caractères étant dans la nature, chacun d'entre nous tendra à *décommuniquer* en fonction des « contraintes vitales » qui sont les siennes. Mais pour l'essentiel, nous tombons tous soit dans les travers de la « non-communication », soit dans ceux de la « pseudo-communication ». Ce sont ces questions que nous nous proposons d'examiner à présent.

2. Les causes de la non-communication

L'enfer ordinaire du Moi.

La « non-communication » dans le couple est due à trois causes principales :

— Soit nous sommes entré dans notre couple avec, d'emblée, une carence relationnelle évidente.

— Soit cette carence s'est instaurée progressivement dans notre couple par suite de notre incapacité à régler au fur et à mesure les problèmes qui s'y posaient.

— Soit, enfin, car nous avons vécu un ou plusieurs événements douloureux qui ont contribué à « éteindre » notre désir naturel d'échange et de communication avec l'autre.

a) Une carence de communication au départ

Lorsqu'il s'agit de ce cas de figure, c'est bien évidemment dans notre enfance et dans notre éducation qu'il faut aller en chercher la cause. La plupart du temps, si nous n'avons pas développé un « sentiment social » correct, nous n'aurons pas non plus pu réunir les prémisses indispensables à une vie à deux nécessairement basée sur l'échange.

b) Une carence progressive de communication

Disons-le d'emblée, ce cas de figure est le plus fréquent. En règle générale, nous « entrons » dans notre couple avec une certaine capacité de communication, soit que celle-ci existe véritablement en nous (ce qui est assez rare), soit que l' « éventualité amoureuse » nous donne des ailes (ce qui est le plus souvent le cas).

Mais une fois installé dans la relation, une fois « acquise » la certitude que l'autre nous est *acquis,* cette capacité de communication tend à s'affaiblir, à s'amenuiser petit à petit comme une « peau de chagrin ». Cette imperceptible « érosion » de notre capacité à communiquer est généralement due à notre incapacité à verbaliser les problèmes et à assumer correctement une politique d'évolution personnelle.

En effet, les relations interpersonnelles et interindividuelles régnant dans nos sociétés occidentales privilégiant à l'extrême rivalité et concurrence, loin de nous pousser à nous ouvrir de nos problèmes à l'autre, nous conduisent au contraire à garder secrètes nos faiblesses et nos insuffisances et à compenser notre « *incapacité de verbalisation* » par des repliements sur nous-même ou/et par des crises d'orgueil.

La rencontre avec l'autre — et par-delà, la vie de couple — nous ramène donc à nos propres limites et à notre difficulté intrinsèque d'envisager notre vie au sein d'un **projet ontologique global** (2), en d'autres termes de nous appréhender dans une image évolutive de nous-même.

c) Des vécus d'événements très douloureux

Il advient enfin que certains événements très douloureux jouent un rôle d'extincteur sur notre capacité à communiquer. Il est évidemment difficile de déterminer de façon générale le « très douloureux » ; ici, tout dépend de la sensibilité de chacun. La fatalité s'abat parfois sur nous sans que nous ne puissions rien y opposer. Ainsi, la perte soudaine d'un de nos enfants (maladie foudroyante, accident mortel...), une injustice criante perpétrée à notre égard (ruine financière, attentat terroriste, chômage...) peuvent fort bien nous conduire à nous « fâcher » avec le monde entier et à couper toute communication avec autrui en général et avec notre compagnon ou avec notre compagne en particulier (3).

*
* *

En dehors des trois causes principales que nous venons d'énoncer, il convient d'en relever deux autres, plus épiphénoménales certes, mais tout aussi dramatiques : il s'agit de la *dépendance* et de la *soumission*.

2. C'est devant une telle absence de projet ontologique que la société ou les partis politiques sont parfois conduits à nous proposer les leurs, par exemple : « *travail, famille, patrie* ».

3. Mais il convient de ne pas faire l'amalgame entre ce genre de fatalité et les « coups durs » que la vie nous réserve parfois (décès d'un parent âgé) mais auquel nous devrions, adulte, nous être malgré tout préparé.

d) La dépendance

Il arrive parfois qu'une personne persiste à vivre avec l'autre alors que tout semble vouloir s'y opposer. Ce phénomène pourrait être comparé au système des vases communiquants : plus le compagnon ou la compagne le rejette, plus son désir de rester avec lui se paroxyse. Ce phénomène de dépendance unilatérale conduit la personne à effacer en elle toute individualité, toute spécificité, toute originalité, toute personnalité au profit de ce qu'elle croit être un *couple* mais qui, en réalité, n'est plus qu'une *intention unilatérale de couple*. Nous disons « intention de couple » car à partir du moment où l'autre refuse toute communication avec elle, la synergie — seule force portante du couple — n'est plus donnée. Tous les efforts déployés ne font alors que marquer davantage une scission de fait. Ces efforts démesurés, ces velléités de communiquer coûte que coûte, au lieu de servir le « libre échange amoureux » le desservent.

e) La soumission

La plupart du temps, dès lors qu'il y a dépendance la soumission à l'autre ne tarde pas à se faire sentir. Cette soumission prend alors souvent la forme d'une véritable « inféodation » à la « force d'oppression » émanant de l'autre. Toute velléité personnelle, toute expression du Moi, fut-ce la plus simple, sont inhibées.

Là encore, c'est dans l'enfance — et surtout dans une éducation autoritaire ou dans une exigence d'amour filial poussée à l'extrême — qu'il faut aller en chercher la cause. L'enfant trop soumis dans l'enfance tend à reproduire ce rapport de soumission parentale à l'âge adulte, voire même à le rechercher sciemment.

Il va sans dire que lorsque la non-communication prend une telle ampleur, la vie de couple revêt pour la personne dépendante et soumise l'allure d'un **véritable « enfer du Moi »**. De quelque côté qu'elle se tourne, la communication, l'échange, le dialogue, l'expression vitale... bref, tout ce qui fait la vie au sens le plus élémentaire du terme se trouve barré, embrigadé, perverti.

*
* *

Comme nous pouvons le constater, le tribut est lourd à payer.

Quelle que soit la forme de non-communication à laquelle nous avons été conduit, il convient d'en prendre conscience et d'apprendre à y remédier.

— Si nous avons d'emblée amené dans notre couple une carence de communication, notre effort devra porter sur l'apprentissage idoine visant à nous ouvrir sur le monde d'autrui en général et sur celui de l'autre en particulier.

— Si notre couple a souffert d'une désagrégation de notre faculté de communiquer, il nous faudra d'abord enrayer cette *« décommunication »,* puis apprendre à lui rendre progressivement sa respiration d'antan.

— Si nous avons vécu un événement personnel très douloureux, il nous faudra réaliser un gros effort pour faire le *travail de deuil* de cet événement et *pardonner à la vie* afin de ranimer notre couple que nous avons asphyxié faute de communication.

— Si nous avons plongé dans une dépendance unilatérale vis-à-vis de notre compagnon ou de notre compagne, mettons immédiatement un terme à cette situation qui empoisonne notre existence et qui ne contribue en rien à l'amélioration de notre vie de couple.

— Si, enfin, nous vivons une vie de couple totalement soumise, comprenons que l'autre, loin de nous aimer dans cette image de nous-même, aura tendance à nous inféoder davantage encore.

*
* *

Dans tous les cas de figures, comprenons que la non-communication dans notre couple étant liée à nos difficultés relationnelles personnelles, c'est en **nous tournant vers autrui** que nous pourrons, du moins au départ, rompre ce cercle vicieux.

Pour cela, trois possibilités au moins sont à envisager :

— Soit nous trouvons dans notre prise de conscience un tremplin immédiat et salutaire vers le monde extérieur et notre couple retrouve sur-le-champ sa respiration (ce qui, il faut bien l'avouer, constitue un cas idéal mais est en fait très rare).

— Soit nous avons réalisé sur le plan intellectuel la nécessité d'une telle ouverture vers l'extérieur, mais certains blocages persistent sur le plan émotionnel. Dans ce cas, ce réapprentissage social devra se faire progressivement en ayant, par exemple, recours à certaines associations (clubs de sortie, de rencontre...), à certains clubs (de bridge, de tennis...) ou à certains organismes sociaux (chorale paroissiale ou municipale...).

— Soit notre blocage est plus profond encore et nous devons faire appel à un spécialiste (psychothérapeute pratiquant la psychothérapie de groupe par exemple) qui nous remette sur les rails de la communication en nous apprenant ou en nous réapprenant à trouver en nous le « média » qui sommeille (4).

*

* *

La « non-communication » achevée et définitive n'existe heureusement pas en tant que telle. En effet, même dans les situations les plus extrêmes, l'âme humaine trouve toujours des chemins (névrotiques ou somatiques si nécessaire) pour s'exprimer. En l'occurrence, ces chemins conduisent la personne à s'exprimer soit *oralement* (par des silences, des monologues et des idées fixes), soit *physiquement* (par toutes les manifesta-

4. Attention ! Ne confondons pas psychothérapeute de groupe et sectes de tout acabit destinées à enrichir leurs gourous manipulateurs.

tions dites psychosomatiques), soit — ce qui est le cas la plupart du temps — par les deux.

C'est ce que nous allons voir maintenant.

3. Le silence

Plus on se tait, plus on dit des bêtises !

a) Du silence au mutisme

A l'école primaire, nos instituteurs et éducateurs nous ayant invariablement enseigné que « *la parole était d'argent et le silence d'or* », nous connaissons tous les mérites du « taire » et surtout ceux du « se taire ». Et il est vrai que le silence n'est pas en soi une mauvaise chose dans la mesure où il peut apparaître comme une intimité partagée, une complicité intuitive ou un moment d'apaisement. Mais dans un couple en difficulté, en revanche, les silences apparaissent plus souvent comme des règlements de compte que comme des « apaisements harmonieux ». Silences d'indifférence, de culpabilisation ou mutisme, quel que soit la forme de silence que nous choisissons celui-ci nous enferme dans la non-communication aussi sûrement que dans la névrose.

— Le **silence d'indifférence :** le véritable silence d'indifférence est à notre avis peu fréquent, car rares sont ceux d'entre nous qui sont capables de supporter longtemps une telle absence totale de communication. Le silence d'indifférence constitue généralement une attitude de contre-pied face à une querelle ou à un conflit déclenché par l'autre. Il est donc la plupart du temps un silence provisoire destiné à manifester un mécontentement, une déception ou une peine. Il représente davantage un épiphénomène, une longue « bouderie » qu'un état définitif ou une façon de vivre. Il correspondrait à peu près au « *Puisque c'est comme ça, je ne te parle plus !* » cher aux enfants. Au demeurant, lorsque l'interlocuteur du silencieux tente de revenir vers

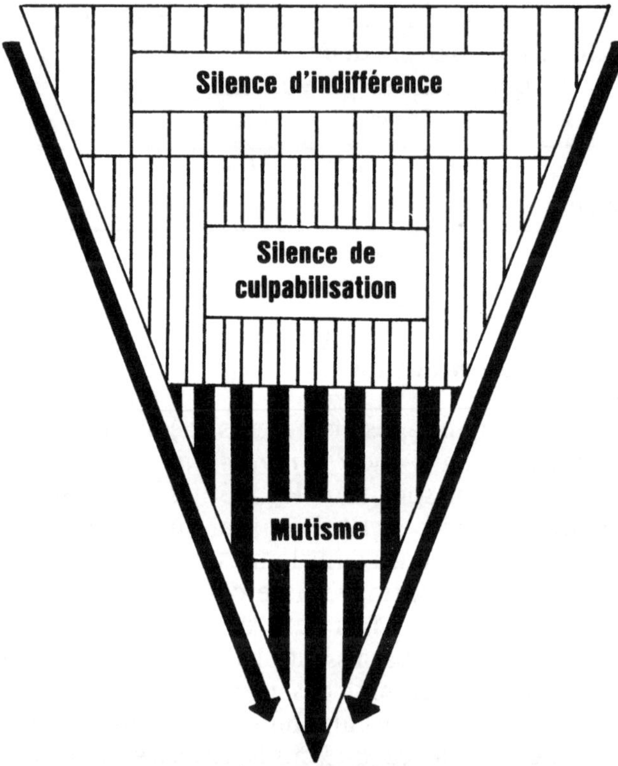

Le processus de non-communication.

lui en rompant ce silence gênant, il a tôt fait de profiter de la perche salutaire qui lui est tendue pour refaire surface et recommencer à communiquer.

— Le **silence de culpabilisation :** mais il est possible que le silencieux ne saisisse pas cette perche et s'entête dans son refus de communiquer. Dans ce cas, son silence prend l'allure d'une « culpabilisation ». Ce silence, non content d'exprimer l'indifférence, a pour but d'exhiber à la face de l'autre la mauvaise action qu'il a commise et de souligner le profond désaccord qui en résulte. Il est un silence rempli de moralisme. C'est le type de silence auquel ont parfois recours les parents lorsqu'un enfant a commis une faute ou une infraction. Il signifie tout à la fois :

« *Tu ne m'intéresses plus !* » et « *Regarde ce que tu m'as infligé !* ». C'est donc un silence « de leçon ».

— Le **mutisme :** lorsque la rancœur pèse très lourd sur le sentiment de la personne, il se peut que cette dernière s'enfonce davantage encore dans son silence. Celui-ci prendra alors l'aspect d'un véritable mutisme. Là, il ne s'agit plus seulement de « jouer l'indifférence » et de chercher à « culpabiliser » l'autre, mais de provoquer en même temps son incertitude et son angoisse en lui montrant de façon tout à fait ostentatoire qu'on est en train de ruminer silencieusement une « estocade » appropriée : « *Tu vas voir ce qui t'attend !* » Ce silence est donc destiné à laisser l'autre dans le doute sur le sort qu'on lui réserve. Il se traduit dans les actes (par exemple par des activités inhabituelles et mystérieuses, lettres écrites, coups de téléphone donnés secrètement...) et éventuellement dans de rares mots, par exemple de laconiques « *Je ne mangerai pas avec toi ce soir...* » ou « *Ne m'attends pas, j'ai un rendez-vous...* ».

b) Le piège du silence et comment en sortir

Du point de vue psychologique, le mutisme est une colère rentrée. Il dénote presque toujours une forte tendance à la gâterie et un besoin de domination. Lorsqu'une personne tend à cette regrettable attitude, le moindre détail, la moindre contrariété peut agir comme un déclencheur. Sans même que son compagnon ou sa compagne s'en rende compte, la personne se détache progressivement de lui et entre dans le piège du silence.

Le mutisme se caractérise par le fait que tout se passe *dans la tête* de la personne. A partir du moment où elle a commencé de chavirer dans la non-communication, elle va se trouver entraînée malgré elle dans une spirale névrotique la conduisant progressivement du silence d'indifférence et de culpabilisation vers le mutisme le plus complet. L'autre aura beau tenter de la faire réémerger dans la communication, rien n'y fera. Toutes ses tentatives se verront repoussées par de stériles stéréotypes tels que : « *Moi ? Mais non je n'ai rien !* »

De façon inversement proportionnelle à la spirale qui a conduit la personne à la *décommunication*, l'angoisse qui en résulte gagnera en amplitude au fur et à mesure que le silencieux s'« engluera » dans son mutisme. La tension entre le compagnon et la compagne se fera toujours plus vive et plus oppressante pour chacun, et apparaîtra totalement démesurée par rapport à l'incident se trouvant à l'origine de cette *décommunication*.

Le plus blessant pour le compagnon ou la compagne devant subir le mutisme de l'autre réside certainement dans le fait qu'il ne concerne que lui et non les autres. En d'autres termes, le silencieux pourra par exemple se montrer chaleureux, souriant et prolixe face à des invités de passage, mais revenir à son mutisme dès lors qu'il se retrouvera en tête à tête avec son conjoint.

Après avoir parcouru les sommets de l'irritation et de la vengeance, le mutisme de la personne tendra à se « dégonfler » et son sentiment recouvrera une certaine « normalité ». Mais pour *sortir* du mutisme, pour renouer avec l'autre, pour en revenir à un mode de communication correct avec lui, il lui faudra encore trouver un prétexte. C'est généralement l'autre qui fournira ce *« prétexte à communication »*, soit qu'après un certain nombre de vaines invites le silencieux accepte de quitter son mutisme comme s'il avait soudain achevé le deuil de sa « blessure secrète », soit que son compagnon ou sa compagne rencontre un problème ou une difficulté particulière qui fournira précisément au silencieux l'occasion de sortir de son mutisme et de lui prêter généreusement assistance comme si rien ne s'était passé (5).

Il va sans dire que de telles situations insécurisent terriblement la personne vers laquelle se porte le mutisme, car elle ne sait jamais précisément où elle en est par rapport à l'autre. Cela la conduit à envisager les hypothèses les plus invraisemblables et les plus tragiques. Que veut-il lui faire comprendre ? A-t-elle

5. Il n'est pas rare, en psychothérapie, de rencontrer des cas de mutisme conjugaux s'étendant jusqu'à six ou huit semaines. Inutile de dire combien de telles situations provoquent de stress, sans compter toutes les manifestations psychosomatiques qui l'accompagnent.

commis une faute ? Est-il souffrant, malade ? Rencontre-t-il des problèmes graves dont il ne veut pas s'ouvrir ?

On peut aisément s'imaginer combien fortes sont les tensions que subit en elle-même la personne tendant à la *décommunication* et au mutisme. Ces tensions se retrouvent presque systématiquement dans le corps de l'individu et expriment dans le champ psychosomatique ce qu'il n'exprime pas sur le plan verbal. Les troubles les plus fréquents sont la constipation chronique (le mutisme pouvant être lui-même considéré comme une « constipation verbale »), les brûlures d'estomac, les migraines, les douleurs de gorge, etc. (6).

*

* *

— Si nous rencontrons les problèmes relevant du silence ou du mutisme dans notre couple, prenons-les très au sérieux car ils ruinent souvent tous les efforts que nous déployons par ailleurs pour vivre une vie évolutive.

— Comprenons que le mutisme est l'arme des « faux forts ». Il est une tentative de domination de l'autre par le silence. En ce sens, lorsqu'il est poussé trop loin, il doit être considéré comme un véritable acte de *terrorisme psychologique*.

6. En fait, au-delà des quelques maux donnés ici à titre indicatif, on retrouve à peu près toutes les manifestations psychosomatiques indiquées plus loin (chapitre IX, paragraphe 8).

CHAPITRE VII

La pseudo-communication dans le couple

1. Le règne du simulacre

Ne confondons pas « se rencontrer » et « aboutir ». Certaines personnes qui ne méritaient pas de se rencontrer aboutissent pourtant ensemble !

Si tous les couples connaissent des querelles et des conflits, des repliements sur soi-même et des silences accusateurs, tous ne connaissent heureusement pas ces mutismes extrêmes, ces « *enfermements assassins* » que nous avons évoqués précédemment.

La plupart du temps la non-communication trop évidente, trop ostentatoire, n'est qu'un état passager et provisoire. En revanche, il est d'autres formes d'*incommunications* si discrètes et si anodines, parfois même si « attrayantes », que nous tendons à les assimiler à des comportements conjugaux « corrects » et « normaux » alors qu'ils relèvent de la **plus pure névrose**.

Ces attitudes vitales face à l'autre, ces façons de faire, ces manières de se rencontrer qui nous apparaissent comme relevant d'une « *normalité de relation* » pèsent considérablement sur notre couple et sont, bien plus fréquemment qu'on pourrait le penser, la cause première cachée de nos échecs conjugaux. Nous leur avons donné le nom de « pseudo-communication ».

La pseudo-communication dans le couple englobe toutes les formes de rencontre avec l'autre dans lesquelles l'*échange* n'apparaît pas comme une raison authentiquement et primordialement « relationnelle », mais comme un prétexte visant à préserver ou à défendre des intérêts personnels et égoïstes. Il convient donc de considérer ce type de communication, non comme un « désir avéré », mais comme un « **simulacre** » **d'échange et de coopération**.

Le simulacre est le creuset de la « pseudo-communication ». On le trouve certes à tous les niveaux de la vie en société chaque fois que l'*être* est étouffé au profit de l'*avoir* et du *paraître*, mais il prend, dans le microcosme du couple, une importance primordiale du fait qu'il n'est pas « dilué » entre un grand nombre d'individus (comme c'est le cas dans le macrocosme de la société) mais touche la relation duelle restreinte homme/femme. Hypocrisies, mensonges et faux-semblants constituent l'ordinaire « cour des miracles » des rapports conjugaux.

S'il est vrai que le simulacre peut apparaître comme un mode de vie agréable du fait de l'insouciance ontologique, existentielle et sociale qu'il génère, il n'en est pas moins vrai qu'il tend en même temps à faire de nous des « *homo consumens* » fonctionnant sur des schémas préétablis et donc arbitraires, grevant « follement » nos capacités de réalisation humaine personnelle en général et nos capacités de couple en particulier.

Notre capacité d'authenticité nous appartient tout autant que notre tentation intrinsèque de simulacre. Libre à chacun d'entre nous de déterminer jusqu'où il veut ou se sent capable d'aller dans l'authenticité de sa vie de couple. Sachons cependant qu'il existe une interrelation, mieux une interpénétration, entre les phénomènes vitaux qui déterminent notre vie. Ainsi, si nous vivons une vie sentimentale « médiocre », nul doute que notre vie sociale et professionnelle se ressentira de cette médiocrité car la synergie de notre couple sera insuffisante pour nous donner le rayonnement personnel nécessaire à une dynamique de vie évolutive et épanouissante.

*
* *

Et maintenant que voilà fixé ce préambule, que nous savons à quoi nous devons nous attendre, abordons de plus près les quelques formes de « pseudo-communication » les plus criantes et voyons ce que nous pourrons en tirer pour notre propre gouverne.

2. Le malentendu

Attention ! Eaux troubles.

a) Des « entendus » tordus

Le malentendu constitue l'un des plus grands réservoirs de mésentente dans le couple et aussi, il faut en convenir, l'un des plus regrettables. Regrettable car le malentendu ne constitue pas une dissension profonde, un conflit déclaré ou un désaccord rédhibitoire. Non ! Plus simplement (plus bêtement, devrions-nous dire ?), il repose sur ce que nous pourrions appeler un « *entendu tordu* ».

Le malentendu comporte quelque chose de déplacé, d'absurde, de grotesque. Ses conséquences sont totalement disproportionnées et, en tout cas, sans aucune mesure avec le ou les éléments qui ont participé à son déclenchement. Le malentendu peut aller très loin, prendre une tournure dramatique qui sera presque toujours regrettée amèrement par la suite. C'est essentiellement sur lui que reposent toutes les pièces de théâtre de boulevard chères à Labiche, Marivaux et autres Sacha Guitry. Bien que nous soyons conscient de l'inanité de ce genre de situation, il nous arrive pourtant tous d'y tomber à l'occasion. Ne serait-ce que pour cette raison, il convient de nous attarder un moment sur cette question.

b) Les trois conditions du malentendu

Le mot « malentendu » est suffisamment éloquent en lui-même pour qu'il soit utile d'en donner ici une définition. Sur un plan psychologique, nos malentendus sont essentiellement dus à trois facteurs : notre perception subjective, notre prédilection pour l'*obscur* et notre manque de préambule.

— La **perception subjective** est notre façon personnelle d'appréhender et de comprendre une situation relationnelle donnée. Dans notre perception subjective passent toutes nos opinions et toutes nos convictions certes, mais également toutes nos idées arrêtées, tous nos clichés et tous nos préjugés. Il s'agit donc d'une vision *personnelle* des événements produits soit par nous-même, soit par l'autre et que nous tendons à interpréter, voire à « ériger » en vérité.

— Notre **prédilection pour l'obscur** : il faut bien l'avouer, notre manque de connaissance de la psychologie humaine, l'image imparfaite, carentielle et minuscule que nous véhiculons secrètement sur notre propre compte, notre sentiment d'incapacité et d'impouvoir, notre peur d'être pris en défaut par l'autre nous conduisent à ne pas adopter une position claire face à lui, à tergiverser devant les alternatives que ne manque pas de nous poser la vie quotidienne et à souvent choisir de naviguer en « eaux troubles » plutôt que d'afficher nos points de vue, nos opinions et nos intentions de vie de façon transparente et souveraine. Il va sans dire que toutes ces attitudes de vic contribuent pour beaucoup à l'instauration de nos malentendus.

— Le **manque de préambules** est le troisième instigateur de nos malentendus. Que convient-il d'entendre par là ? Lorsque nous désirons entreprendre une activité avec notre conjoint, nous devons fixer avec lui les modalités de notre entreprise, c'est-

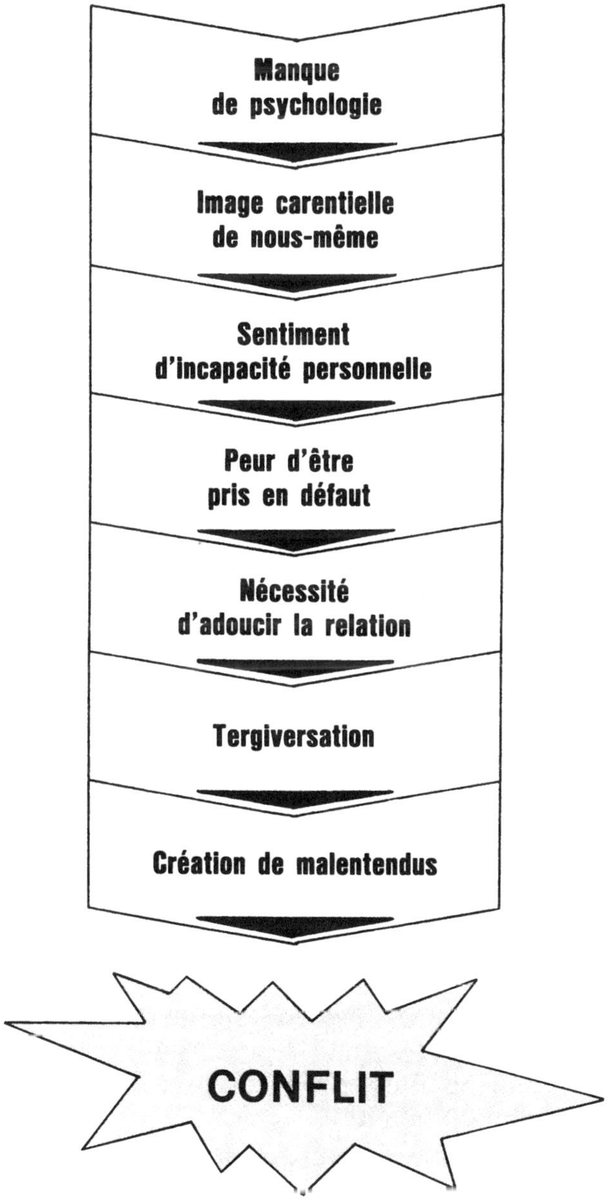

Le malentendu.

à-dire nous mettre tous deux d'accord sur les bases qui vont servir à la réalisation de notre projet. Hélas ! il faut bien convenir que notre côté brouillon et surtout notre désir de ne pas nous laisser « piéger » au sein d'une situation risquant par la suite de s'avérer gênante ou d'entraver nos libres mouvements nous conduisent à choisir le *flou artistique* plutôt que de fixer clairement les préambules de notre intention.

c) Analyse d'un cas concret

Pour bien comprendre le mécanisme du « malentendu », prenons un exemple concret tiré de ma pratique psychothérapique :

En 1988, Patricia et André, un couple d'Anglais habitant le sud de la France depuis plusieurs années, étaient venus me consulter à la suite d'une grave crise de couple qui avait conduit la jeune femme à se détacher de son mari et à prendre un amant. Lui, directeur d'un très prestigieux laboratoire, elle mère au foyer avec deux enfants de 4 et 6 ans. Un travail psychothérapique avait permis de résorber assez rapidement cette crise de couple.

L'année suivante, Patricia reçoit un jour une lettre d'une de ses amies londoniennes lui annonçant qu'elle va fêter ses trente ans au début du mois suivant, et que tous les amis de jeunesse seront présents en la circonstance, sauf elle évidemment, puisqu'elle est retenue en France. Dans la discussion avec son mari, celui-ci laisse entendre, sur le ton de la plaisanterie, que ce serait vraiment une surprise si elle « surgissait » de façon inopinée à cette fête où on ne l'attend pas. L'idée trotte et mûrit dans son esprit et Patricia finit par faire une fixation sur ce projet un peu fou. Un peu fou en effet, car André et Patricia envisagent de s'installer définitivement en France et tout doit se jouer dans les quelques semaines à venir.

Progressivement, un autre argument — plus secret — prend forme dans l'esprit de Patricia : ce voyage inopiné pourrait être l'occasion de prendre un peu de distance par rapport à ses enfants dont elle s'occupe à temps complet depuis leur naissance. Parallèlement, les idées et les projets de retrouvaille jaillissent à son esprit et lui communiquent une fébrilité qu'elle a peine à cacher. N'y tenant plus, Patricia s'ouvre à son mari de son intention de concrétiser ce projet dont il est, rappelle-t-elle, finalement l'instigateur.

André, qui est loin d'avoir suivi le dédale des pensées de son épouse, tente de la dissuader de son projet (dépense d'argent au mauvais moment, multitude de problèmes en ce qui concerne les enfants, négociation d'un nouveau contrat professionnel, démarches administratives, prospection d'une maison à acheter éventuellement, etc.). Mais Patricia n'en démord pas ; pas question de renoncer à son projet !

Petit à petit les arguments glissent sur un nouveau terrain. Devant l'insistance tenace de son épouse, André en vient à se demander si Patricia ne cherche pas prétexte à un rendez-vous galant avec son ancien amant dont il lui arrive parfois de recevoir encore des cartes postales et des communications téléphoniques.

De son côté, Patricia se cabre devant les assertions de son mari qu'elle trouve abusives et totalement déplacées, et s'entête d'autant plus dans son projet : « *Il verra bien lorsque je reviendrai qu'il n'y avait aucune préméditation louche dans mes intentions !* » Mais André se braque aussi de son côté et déplore que son épouse puisse prendre une telle initiative à un moment aussi crucial.

Le conflit éclate, les menaces filtrent, les gants de boxe sont sortis, le ring s'allume. Que le meilleur gagne !

*
* *

Si nous analysons ce qui s'est passé, nous pouvons constater que cette situation conflictuelle repose sur un malentendu ayant pour point de départ :

— **Une perception subjective :** André est convaincu que Patricia va rejoindre son amant (« *J'étais sûr qu'elle me cachait* *quelque chose ! »)* et Patricia se sent violée dans son droit à l'autodétermination *(« Il ne peut pas m'empêcher de faire ce que je veux, tout de même ! »).*

— **Une absence de transparence :** Patricia n'avoue pas à son mari qu'elle souhaiterait prendre congé de ses enfants pendant ces quelques jours, et André n'avoue pas son angoisse de devoir tout assumer seul ces jours prochains.

— **Un manque de préambule :** le préambule est incorrect pour Patricia ; en effet, à ce moment décisif de leur vie, il lui faudrait montrer toute sa présence et toute sa solidarité à son mari. Le préambule d'André est également incorrect car, dès le départ, il n'a pas fait partager ses véritables préoccupations à son épouse.

En l'occurrence, il convient de supposer que cette situation est tout à fait prototypique du genre de relation existant entre Patricia et André. Elle en montre également les limites de l'époque (1).

Sur le plan psychologique, l'attitude de Patricia dénotait de toute évidence un « *infantilisme de déresponsabilisation* (2) ». Patricia n'est pas parvenue à adopter une position d'adulte face à ce problème. L'exaltation de vivre un « jeu inhabituel » loin du foyer familial et des responsabilités a été plus forte que la nécessité de solidarité qui s'imposait de par la situation d'ensemble.

*
* *

Évitons, dans la plus large mesure du possible, toutes les situations pouvant provoquer un « malentendu ». Pour cela, efforçons-nous :

— De garder un œil vigilant et critique sur notre perception subjective.

---

1. Nous disons « de l'époque » car la relation entre Patricia et André n'en est pas restée là.
2. Cela est apparu d'autant plus clairement que l'analyse avait déjà révélé chez elle une assez forte « *protestation virile* » au sens adlérien du terme.

— De montrer la plus grande transparence face à l'autre.
— De fixer des préambules corrects dans nos entreprises communes.

3. Le sous-entendu

Il parlait en demi-teinte mais ne mâchait pas ses mots.

Certains d'entre nous tendent à avoir recours à la politique du demi-mot, du sous-entendu et du demi-révélé. Ils ont une personnalité si sinueuse, si alambiquée que nous éprouvons du mal à suivre leur cheminement de pensée et que nous nous demandons ce qu'ils veulent nous faire comprendre et là où ils veulent en venir.

Ce type de comportement, qui pourrait à première vue passer pour de la politesse et de la diplomatie, en est cependant fort éloigné. Il s'agit en fait d'une forme d'*agressivité déguisée*. Observons donc cet étrange caractère et voyons ce que nous pourrons en tirer pour notre propre gouverne.

a) Le « falso magnifico (3) »

Le *sous-entendeur* excelle dans l'art de vouloir faire saisir les choses en ne les disant pas, tout en demandant à son interlocuteur s'il comprend bien de quoi il s'agit. Son vocabulaire abonde de : « *Tu vois ce que je veux dire ?* », « *Tu me suis ?* », ce qui tendrait à indiquer qu'il redoute précisément de n'être ni suivi ni compris (4).

Son discours est généralement très difficile à suivre au sens propre comme au sens figuré. Il parle à demi-mot, en demi-

3. Le « *faux magnifique* ». J'ai emprunté cette formule à une pièce de théâtre de la commedia dell'arte portant ce titre.

4. Le type même de ce genre de personnalité a été incarné à merveille par le comédien français Louis de Funès.

teinte, laisse ses phrases en suspens, entame des explications sans les finir, mange ses mots... bref, s'exprime comme s'il voulait voiler ses intentions.

Il n'use pas d'arguments frappants, mais préfère avoir recours à la « suggestion » cachée et infiltrante. Son fil d'Ariane est une véritable pelote dans laquelle il n'est pas rare de rencontrer quelques chardons.

Sa sensibilité et son intelligence apparaissent peu différenciés. Ainsi tend-il à confondre demi-mot et *habileté médiatique*, sous-entendus et *diplomatie.*

Mielleux, doucereux, affable, suave, opportuniste et caricatural, le sous-entendeur correspond au « *falso magnifico* » de la commedia dell'arte. Il est le personnage des pressions déguisées et des chantages cachés.

Son sentiment d'infériorité lui fait penser qu'il ne possède pas les mots pour se faire comprendre mais, en fait, il se trompe. Il possède bien les mots, mais il préfère « ruser » avec, de sorte que son discours paraît « insidieux ». A l'entendre, il serait le roi du *franc-jeu* mais, en l'écoutant, on a fort à faire pour découvrir le *jeu* que cache sa soi-disant franchise.

b) Une agressivité cachée

Sous le couvert de ne pas vouloir user du reproche, il ne cesse de remettre son compagnon ou sa compagne en question. Il a tendance à l'accuser des maux qu'il rencontre mais met en avant son attitude de renoncement autosacrificielle pour lui pardonner. Il se croit généreux.

S'il connaît le demi-mot, il ne connaît pas la demi-mesure et tendra à réagir de façon massive et agressive s'il est poussé dans ses retranchements.

Ses sous-entendus l'entraînent dans une *sous-entente* des choses et le conduisent à communiquer à un niveau insuffisant.

Dans sa vie de couple, se sentant faible, il s'appuie généralement sur un compagnon ou une compagne plus fort(e) que lui qu'il cherche ensuite à brider et à étouffer.

Sur le plan affectif, il tend à vivre en symbiose, fixant toute son attention sur sa relation de couple qui est son unique souci et son unique but dans la vie. Il intervient de façon exagérée dans la vie de l'autre, s'inquiète de tout ce qui le concerne, est soucieux de son apparence, de qui il fréquente, des problèmes qu'il est conduit à rencontrer dans sa vie professionnelle, etc., mais en fait, ce qu'il craint vraiment c'est que l'autre ne paraisse davantage que lui, qu'il soit plus brillant ou qu'il réussisse mieux dans ce qu'il entreprend.

Occupé tout entier à l'observation de sa vie de couple et inquiet de toutes les comparaisons qui pourraient tourner à son désavantage, il est contraint de limiter sa vie sociale à sa plus simple expression.

Le sous-entendeur redoute la violence mais ne se rend pas compte de l'agressivité qu'il fait peser sur l'autre du fait de son attitude. Par l'allusion lointaine, la menace à demi-mot, il parvient à tenir l'autre à sa merci. Il est, comme nous l'avons dit dans un autre de nos ouvrages (5) à propos du boudeur, « *un gentil faute de moyen d'être un méchant* » ; les conséquences de son attitude n'ont cependant rien d'aimable.

*

* *

— Le sous-entendeur doit comprendre que son attitude erronée est porteuse d'agressivité.

— Avant d'accuser l'autre, il doit aussi comprendre que c'est précisément son propre comportement qui déclenche chez l'autre l'exaspération, la nervosité, la colère et, à terme, la querelle et la scène de ménage.

— Son manque de clarté et de transparence gêne considérablement la « respiration » de son couple qu'il tend à asphyxier.

— S'il veut améliorer sa vie de couple, le sous-entendeur doit donc apprendre à adopter une habileté différenciée et s'exercer à la véritable diplomatie.

5. *Etre ou ne pas...* (Dangles ; épuisé).

4. Les reproches

A-t-on jamais vu un reproche positif ?

a) Quelque chose à « dire » ou à « redire » ?

Curieusement, le mot « reproche » est plus souvent employé au pluriel qu'au singulier. Cela tient probablement au fait qu'une fois lancé nous ne parvenons plus à nous contenir et que nous enchaînons les reproches les uns aux autres, le précédant déclenchant le suivant.

Si nous devions donner une définition des « reproches », nous dirions qu'il s'agit d'un règlement de compte subjectif et arbitraire destiné à mettre l'autre en position de culpabilité et d'infériorité.

En temps normal, lorsque la communication fonctionne correctement dans un couple, il peut arriver que l'un ou l'autre ait « quelque chose à dire », soit qu'un événement lui pose problème, qu'une petite modification de cap soit désirée, qu'une attitude ou un comportement particulier soit mal ressenti. Cette « chose à dire » prend le plus souvent l'aspect d'une proposition, d'une suggestion ou d'une remarque.

Mais il advient parfois, lorsque la communication fonctionne mal, que les choses ne puissent pas être exprimées et verbalisées sur-le-champ. Ces non-verbalisations produisent de légères rancœurs que nous réprimons afin de ne pas faire de vagues inutiles. Mais leur accumulation produit malgré tout un certain énervement, une certaine colère et conduit à l'occasion notre parole à dépasser notre pensée. Il ne s'agit plus ici d'avoir des choses à *dire*, mais à *redire*. Imperceptiblement la remarque se teinte d'affects et quitte le domaine de la suggestion objective pour se transformer en « reproches ».

Il existe bien sûr des situations dans lesquelles les reproches s'avèrent pleinement justifiés. Par exemple notre compagnon ou notre compagne nous a posé un « lapin » lors d'un rendez-vous, ou encore il manque de nous blesser en manipulant un couteau ou une paire de ciseaux, etc. Mais force est de constater que rares sont finalement les situations dans lesquelles les reproches apparaissent réellement fondés. Examinons donc le phénomène « reproches » et analysons-en les effets.

b) Un prétexte à querelle

Le couple apparaît, hélas ! comme le lieu privilégié des impolitesses et des reproches. C'est comme si la proximité émanant de la vie à deux autorisait dans le couple ce qu'on se refuse ailleurs par crainte des conséquences. Alors qu'il nous faut toujours re-séduire les autres, notre conjoint nous apparaît, lui, comme *acquis*.

Les reproches sont la plupart du temps sans commune mesure ni sans aucun rapport avec la réalité. Ils agissent non pas sur une vérité même, mais sur une représentation subjective et arbitraire de la réalité. Ils ne répondent manifestement pas à ce qui a été exprimé, mais servent de prétexte à querelle : on connaît les faiblesses et les points sensibles de l'autre et on va les exploiter.

Les reproches produisent un **effet boomerang**. Dès qu'un reproche est lancé, le compagnon ou la compagne se sentant attaqué riposte par le même genre d'indélicatesse : « *Ho ! toi, tu as beau jeu de parler !* »

Ce qui différencie les reproches de la simple remarque c'est que, tandis que la seconde a pour but de modifier, corriger ou *rectifier* une situation, les premiers, eux, ont pour but de rabaisser, de blesser, de faire souffrir ou d'humilier. L'autre est remis en question, mais aucune alternative constructive n'est proposée.

Les reproches se basent donc toujours sur des clichés à l'emporte-pièce, des idées toutes faites, des préjugés indifférenciés. Ils touchent l'autre, non pas dans ce qu'il est réellement, mais dans ce que nous nous figurons qu'il est, dans la caricature que nous lui prêtons.

S'il est vrai que les reproches sont avant tout un règlement de compte avec le passé, ils empiètent progressivement sur le présent et peuvent être dirigés vers l'avenir *(« Tu ne changeras jamais ! », « Tu es irrécupérable »...).* C'est pourquoi il n'est pas rare que l'un ou l'autre membre du couple assaille l'autre de reproches n'ayant strictement plus rien à voir avec la personne qu'il ou qu'elle est aujourd'hui.

c) Psychologie du reproche

D'un point de vue psychologique, les reproches constituent une forme de communication inadaptée à l'adulte que nous sommes. Ils sont de toute évidence une résurgence de notre enfance et de notre éducation lorsque les parents, soucieux de nous « éduquer », recouraient aux reproches pour nous remettre « à l'ordre ».

S'ils pouvaient être séparés de leur charge émotionnelle, on s'apercevrait qu'il s'agit de demandes d'amour *(« Intéresse-toi à moi ! »)* ; mais celles-ci sont si mal exprimées qu'elles produisent l'effet inverse de celui escompté. Les reproches traduisent donc une difficulté à trouver la bonne forme de communication. Ainsi, au lieu de confesser par exemple : « *Je ne me sens pas de taille à réaliser ceci ou cela* », nous dirons : « *Tu me laisses toujours en plan au mauvais moment !* »

Les reproches s'avèrent la plupart du temps injustifiés ; ils ne sont qu'un prétexte que nous choisissons pour « contre-attaquer ». En relevant les failles et les faiblesses de l'autre nous justifions et avalisons notre propre état *(« Eh bien ! toi, tu ne t'es pas regardé ! »).* Ils traduisent donc un sentiment d'infériorité.

Les reproches sont les principaux « fournisseurs » de nos champs de bataille secondaires. Ils ne sont donc pas un acte « gratuit » mais un **symptôme d'un mal-être profond**.

d) Antidote au reproche

Si nous vivons avec un « reprocheur professionnel », nous pouvons lui apprendre à moins recourir à cette détestable politique. Pour cela, apprenons d'abord nous-même à verbaliser suffisamment tôt les sujets portant les germes de reproches potentiels.

Ensuite, au lieu de « monter » dans la spirale des reproches réciproques, désamorçons le reproche qui nous est adressé en verbalisant ce qu'il produit sur nous, non pas intellectuellement mais « **émotionnellement** » : « *Je me sens blessé par ce que tu dis là ; cela me fait beaucoup de peine.* » Dans un premier temps, il est plus que probable que l'autre tentera de réagir à ce désamorçage émotionnel qui le met personnellement en cause en se moquant de nous *(« Pauvre victime, chochotte ! »)* mais, très vite, il se sentira culpabilisé et préférera couper court.

Lorsque nous voulons « intervenir » dans la personnalité de l'autre, apprenons à le faire *après coup*, à froid, lorsque nous sommes de nouveau capable de subjectivité et d'esprit plus « conciliant ». N'attendons cependant pas trop longtemps, car ce n'est jamais de gaieté de cœur que l'on replonge dans la verbalisation d'un problème.

*

* *

Personne n'étant parfait, nous trouverons toujours quelque chose à redire vis-à-vis de la personnalité de l'autre. Comprenons que nos reproches masquent un malaise de personnalité plus profond. Attachons-nous à reconnaître lequel.

Les reproches peuvent ruiner un couple. Comprenons qu'en attaquant systématiquement la personnalité de notre compagnon ou de notre compagne, nous en détruisons en même temps l'image que nous nous en faisons par rapport à nous-même. En d'autres termes, en ternissant l'image de l'autre, c'est aussi celle de notre couple et, par ricochet, la nôtre propre que nous ternissons.

e) Pour en sortir

Prenons conscience que ce qui caractérise avant tout un couple en crise, ce sont les reproches dont l'un et l'autre s'assaillent. Considérons donc les reproches comme un **signal d'alarme**.

Souvenons-nous que tout reproche « lâché » atteint son but et laisse une blessure qui cicatrisera mal. Même si au-delà de la blessure intentionnelle qu'ils produisent, le but secret de nos reproches est de faire en sorte que l'autre se décide à changer, n'oublions pas qu'ils ne constituent pas l'outil efficace d'un tel changement.

Sachons que même si l'autre nous semble véritablement mériter des reproches, ceux-ci ne seront jamais perçus comme nous voudrions qu'ils le soient. En effet, la sensibilité et la susceptibilité de chacun ne nous garantit jamais que notre reproche pourra avoir l'efficacité souhaitée.

Comprenons que nos désirs de reproches émanent pour l'essentiel de notre sentiment d'infériorité et de notre position réactive ou passive face à la vie. Plus nous serons actif dans la vie et moins nous aurons donc de raisons de reprocher à l'autre ses propres actions.

Mais comprenons, une fois encore, que tout cela dépend de **l' « esprit » qui préside à notre action**. Posons-nous donc la question de savoir si notre action est un mouvement vital naturel et évolutif ou si elle constitue un « échappatoire ». Dans tous les cas, il sera bon de verbaliser avec notre compagnon ou notre compagne le *pourquoi* de nos actions de la façon la plus transparente possible, de sorte qu'il sache toujours clairement où il en est par rapport à nous.

Rappelons-nous enfin que, face aux reproches le meilleur baromètre du supportable reste notre tolérance. Mais n'oublions jamais que celle-ci doit rester une attitude uniquement passagère.

*
* *

Retenons enfin que :

— Le reproche n'est pas une attitude d'*adulte*, mais de *parent*.

— Nous avons recours aux reproches car nous n'avons pas appris, ou avons désappris, à communiquer autrement.

— Le reproche en lui-même n'est jamais constructif. Apprenons à lui préférer la verbalisation, la discussion, l'échange. Entamons le dialogue avant d'en arriver aux reproches.

— Lorsque nous nous trouvons sous l'emprise de la colère, les reproches que nous pouvons adresser à l'autre sont forcément teintés de subjectivité et d'arbitraire.

5. L'autoritarisme

L'art de faire fuir l'autre.

a) Une lutte d'influence

Sur un plan théorique, chacun est bien sûr l'égal de l'autre. Cependant, si l'on vous assure : « *Tu es mon égal* », méfiez-vous, cela cache le plus souvent un piège ! En effet, la pratique montre que l'égalité est loin d'être égalitaire pour tous. Allez savoir pourquoi, certains sont plus égaux que d'autres ! Ils disposent d'une petite autorité supplémentaire qui leur permet d'être mieux « avertis » et donc mieux armés face à la vie. Inutile de dire que chacun d'entre nous rêve de faire partie de ce « clan » élu des dieux, de sorte que nous cherchons tous à renforcer notre autorité.

L'autorité est pour l'essentiel question d'intuition. Il ne nous faut pas plus d'une demi-seconde pour évaluer le potentiel d'autorité que représente la personne se trouvant en face de nous et pour supputer à qui nous allons avoir affaire. Mais il en va de même pour notre interlocuteur : lui aussi rêve de pouvoir imposer son autorité. Un tel état de chose nous conduit à toujours « *tâter le terrain* » pour évaluer dans quelle mesure nous pourrions étendre notre pouvoir de domination sur lui.

En règle générale, une telle lutte d'influence paraît « de bonne guerre ». Le monde est ainsi fait que nous trouvons toujours à imposer une forme d'autorité personnelle. Mais il advient parfois que notre besoin d'autorité dépasse les limites et que nous versions dans ce qu'il est convenu d'appeler l'*autoritarisme*, qui se retrouve à tous les niveaux de la vie humaine : rapports sociaux et professionnels, questions éducatives, vie du couple... Pour notre part, nous ne prendrons ici en considération que ce dernier aspect.

b) Le flambeau du patriarcat

Si nous devions donner une définition de l'autoritarisme, nous dirions qu'il s'agit d'une entrave consciente à l'autodétermination de l'autre. En d'autres termes, il s'agit de lui imposer notre propre philosophie de la vie, nos propres idées, nos propres modèles, notre propre style de vie, bref notre propre loi. Il est aisé de constater que ce type de comportement nous concerne tous. A un degré ou à un autre, nous faisons donc tous preuve d'autoritarisme au sein de notre couple.

S'il nous fallait en trouver la cause, c'est une fois encore vers notre enfance et vers notre milieu familial qu'il faudrait nous tourner. En effet, vivant dans une société de type patriarcal (6) dans laquelle l'autorité se transmet de génération en génération, ayant par conséquent eux-mêmes été éduqués de manière autoritaire, les parents ont recours avec leurs enfants — de façon plus ou moins consciente — aux structures autoritaires propres à ce type de société.

Toute éducation patriarcale comporte des éléments d'autoritarisme. En soumettant l'enfant à une force suffisamment répressive et inféodante, les parents pensent amener celui-ci à se conduire de la façon voulue. Évidemment, à l'âge adulte nous tendons tout naturellement à reprendre le flambeau du patriarcat et à reproduire avec notre propre famille les schémas d'autoritarisme dont nous avons hérité de nos propres parents.

Mais à l'aube du XXIe siècle les choses sont en train de changer, et le patriarcat ambiant éprouve de plus en plus de dif-

---

6. Il est intéressant à cet égard de noter que le mot « patriarcat » vient du grec *patriarkhes* (chef de famille) et de *arkhein* (commander).

ficultés à s'imposer dans une société où la femme joue un rôle de plus en plus équivalent à celui de l'homme.

c) Psychologie de l'autoritarisme dans le couple

D'un point de vue psychologique, l'autoritarisme s'appuie tout à la fois sur un rôle, un doute de soi et un besoin de faire passer le message. Observons tour à tour ces trois critères :

— **Le rôle :** on est autoritaire pour se conformer à un rôle. Un tel état de fait peut procéder d'une identification à l'autorité maternelle ou paternelle (rôle familial), ressortir du rôle propre à notre place dans la fratrie (un enfant unique pourra, par exemple, développer une tendance à l'autoritarisme à la naissance d'un petit frère ou d'une petite sœur), ou correspondre aux caractéristiques d'une couche sociale ou culturelle donnée (monde agricole, ouvrier, fonctionnaire, bourgeois...).

— **Le doute de soi :** en règle générale, nous doutons tellement de nous-même que nous sommes contraint de recourir à l'autorité pour convaincre l'autre, comme si notre propre personnalité n'y suffisait pas. Cela est pour l'essentiel dû à notre manque de connaissance et, par conséquent, de maîtrise de l'ensemble de la situation.

Notre idée n'apparaîtra « vraie », n'aura sa pleine justification qu'à partir du moment où nous aurons donc réussi à l'imposer à l'autre. C'est comme si notre pensée avait besoin de son *aval* pour exister. En d'autres termes, nous voulons convaincre l'autre par notre autorité afin de croire nous-même en ce que nous exprimons. Courant le risque de voir notre idée ou notre suggestion récusée par lui, nous préférons la lui *imposer* plutôt que de la lui *proposer*, ce qui nous conduit à ne plus nous exprimer que par l'affirmation et l'arbitraire.

— Une **façon de faire passer le message :** l'autoritarisme peut paradoxalement servir à faire passer un « message ». Ce sera par exemple le cas lorsqu'une personne se sent, à tort ou à raison, fragilisée. Ainsi, au lieu de dire : « *J'aimerais bien que tu restes avec moi car je me sens très seul* », elle exprimera :

« *Mais pourquoi as-tu donc toujours besoin de sortir ?* », ou « *Je t'interdis de sortir* », ou encore « *Si tu sors, je te quitte !* ».

L'autoritarisme est un vif sentiment d'infériorité et une incapacité à coopérer. Il est l'apanage de la personnalité à tendance gâtée.

d) Autoritarisme direct et autoritarisme détourné

L'autoritarisme se rencontre, hélas ! si souvent dans la vie des couples, qu'on est en droit de se demander s'il n'est pas devenu une seconde nature chez la plupart d'entre nous.

S'il est vrai que l'autorité était jadis « affaire d'homme », il en va sensiblement différemment de nos jours. En effet, les « pantalons » se portent aujourd'hui aussi bien chez l'homme que chez la femme. Bien sûr, la coupe n'est pas la même : la plupart du temps, coupe « musclée » chez l'homme, coupe « discrète » chez la femme. Point commun : l'une et l'autre sont, hélas ! tout aussi redoutablement *perturbatrices pour le couple*. Nous allons voir pourquoi.

L'autoritarisme se manifeste de différentes façons, chacun de nous allant vers la forme d'autorité entrant dans son *possible* ou convenant le mieux à sa personnalité.

Du fait de sa constitution corporelle considérée comme plus développée que celle de la femme, l'homme tend à avoir recours à l'autorité physique ponctuée par les gestes, les attitudes et les intonations idoines. Face à cette autorité physique, la femme trouve principalement matière à repartie dans l'**autorité psychologique**. Cette autorité, davantage basée sur la *parole* que sur le *geste*, trouve essentiellement sa traduction dans la « *dépiédestalisation* » de l'autre et dans le **défi**.

Mais les rôles spécifiques à l'homme et à la femme ne sont pas l'exclusive de l'un ou de l'autre : en effet, l'homme peut tout aussi bien avoir recours aux formes d'autoritarisme propres au monde féminin, de même que la femme peut avoir recours à celles propres au monde masculin (7).

7. L'éminent psychanalyste viennois Alfred Adler a appelé ce dernier genre d'attitude « *Mannlicher Protest* » (protestation virile).

Hormis ces spécificités respectives, il existe d'autres modes d'expression autoritaristes auxquels recourent l'un et l'autre. Dans ce « tronc commun » on trouve les menaces et les reproches les plus divers (allusions, sous-entendus, insinuations, provocations, reproches...).

L'autorité peut s'exprimer de façon directe ou détournée :

— Pour ce qui est de la première, on trouve évidemment tout l'**arsenal habituel des oppressions conjugales** ordinaires (colérisme, méchanceté, esprit de revanche, injustice...) ou extraordinaires (oppressions, cruauté, violence, sadisme...), bref tout ce qui relève du « **terrorisme** » au vrai sens du terme. Ne voulant pas donner d'armes supplémentaires à ces autoritaristes, nous n'en dirons pas davantage ici.

— Pour ce qui est de la seconde, il convient de retenir l'ensemble des attitudes et des comportements contribuant à *« infirmer notre personnalité »*. Nombre de ces « caractères » sont étudiés par ailleurs dans le présent ouvrage (8).

e) Autres formes d'autoritarisme

En dehors des formes frontales et larvées que nous avons évoquées, il existe une foule d'autres comportements qui, bien que beaucoup plus discrets, s'avèrent malgré tout « autoritaristes ». En effet, notre autoritarisme trouve parfois de bien curieux détours pour s'exprimer, surtout dans la vie du couple. En voici quelques exemples qui ne manqueront pas de nous surprendre :

— L'**inertie** est le moyen d'expression par excellence des personnes se sentant particulièrement faibles. Ne pouvant pas exprimer leur autorité de façon frontale ou offensive, elles l'expriment de façon défensive en mettant en œuvre toute une série de « freins » destinés à mettre l'autre en difficulté ou en

8. Nous avons en outre traité certains de ces caractères (le boudeur, le têtu, le gâté, le compliqueur, le critiqueur...) dans notre ouvrage *Etre ou ne pas...* (Dangles ; épuisé). Le lecteur pourra éventuellement s'y référer.

échec. Ces freins prennent pour noms passivité, inactivité, réactivité, apathie, manque d'initiative, etc.

— L'**attentisme**, proche de l'inertie, est cette forme d'autoritarisme qui consiste à laisser la personne dans l'attente (arriver en retard pour inquiéter l'autre, ne pas téléphoner comme promis...).

— La **tergiversation**, proche de l'inertie également. Il s'agit là d'une forme d'autoritarisme consistant à ne pas franchement exprimer ce que l'on souhaite, mais à jouer avec le temps, hésitant et reculant toujours le moment de la décision et mettant ainsi du même coup l'autre à notre merci.

— L'**incompréhension**, forme d'autoritarisme plus répandue qu'on ne pourrait le penser, est une résistance passive que la personne oppose face à une réalité qu'elle refuse de voir en face *(« Je ne comprends vraiment pas ce que tu veux dire »).*

— L'**inquiétude** consiste à imposer sciemment à l'autre le moment d'une discussion dont il ne connaît pas l'objet *(« Tiens, il faudra que je te parle... »* ou encore : *« J'ai quelque chose à te dire, mais pas maintenant »).*

— La **culpabilisation** est une autre forme d'autoritarisme qui peut résider dans les divers chantages plus ou moins avoués à la maladie (défaillance, crise de foie, crise de pleurs...) ou à tout ce qui s'en rapproche (tabagisme, prise d'alcool, de drogue...). Il s'agit ici d'une forme d'autoritarisme destinée à culpabiliser l'autre et à l'obliger à adopter avec nous l'attitude attendue. En effet, ce dernier finit par savoir exactement ce qui va se passer s'il n'obtempère pas (9).

— Les **reproches**, dans le cadre des mésententes dans le couple, occupent bien évidemment une place tout à fait centrale. Cependant, cette question ayant fait l'objet d'un chapitre à part entière, nous n'en dirons pas davantage ici.

---

9. Ainsi, l'une de mes analysantes me racontait que sa mère pouvait terroriser toute la famille dès lors qu'elle ôtait son alliance et la posait sur la table en signe de début d'une crise se caractérisant tout d'abord par un gonflement des doigts de la main.

f) Un effet de l'autoritarisme au sein du couple

Mais il ne faudrait pas croire que notre politique autoritariste soit sans conséquences pour notre couple.

De même que dans l'éducation d'un enfant une autorité trop forte entraîne chez celui-ci l'émergence d'attitudes de résistance passive (plainte) ou active (entêtement), de même une vie de couple bâtie sur une autorité (unilatérale ou réciproque) fait-elle naître chez le compagnon ou la compagne subissant l'autorité les mêmes types d'attitudes de plainte ou d'entêtement.

Politique de plainte et politique d'entêtement ont pour conséquence principale de se répercuter sur la capacité de coopération et d'échange de la personne. Dans l'incapacité d'établir avec l'autre une relation d'échange normale, le *donner* et le *prendre* se distordent et se dégradent.

— **Chez le plaintif**, il ne s'agira pas de *prendre* mais de *quémander (« Tu ne fais jamais rien pour moi... »)*, de même

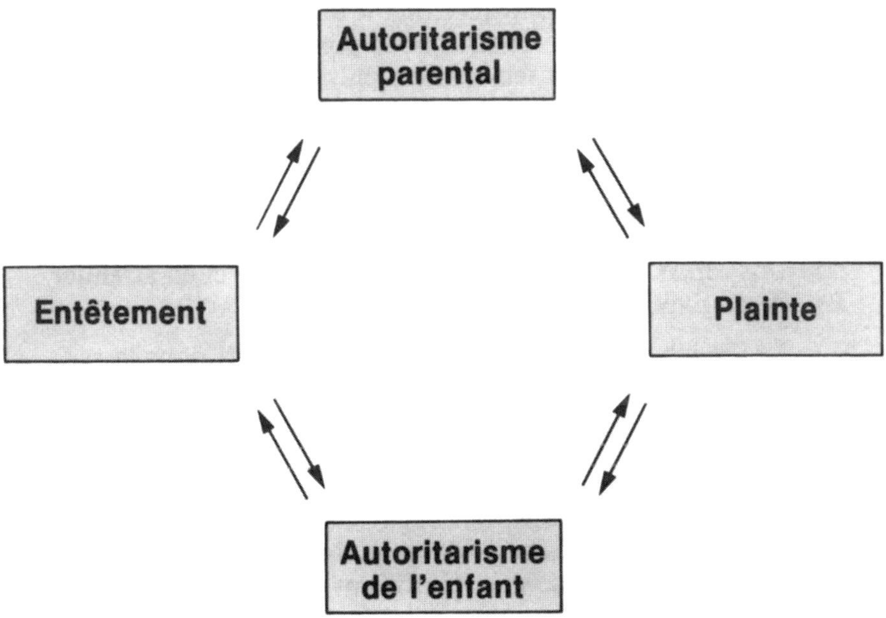

Le « cercle vicieux » de l'autoritarisme.

qu'il ne s'agira pas de *donner* mais d'*abandonner (« Fais ce que tu veux, ça m'est égal ! »).*

— **Chez l'entêté**, il ne s'agira pas de *prendre*, mais de *revendiquer (« J'exige que... »)*, de même qu'il ne s'agira pas de *donner*, mais de *sacrifier (« Tu as de la chance que je sois là pour redresser les choses ! »).*

La personnalité plaintive et la personnalité entêtée oscillent donc toujours entre les deux extrêmes du *prendre* et du *donner*, mais elles ne parviennent pas à trouver le « juste milieu ». Elles ne savent ni prendre simplement, ni demander simplement.

Il va de soi que les attitudes de plainte et d'entêtement ont des répercussions négatives sur l'autoritaire qui tendra à renforcer son autoritarisme pour parvenir à ses fins.

g) Autorité et directivité

A la lecture de ce qui précède, le lecteur pourrait fort bien se demander s'il existe une quelconque alternative à l'autoritarisme. En effet, s'il est vrai que nous portons tous en nous les séquelles d'un patriarcat remontant à plusieurs millénaires, comment concevoir qu'on puisse en guérir ?

A notre avis, il convient de penser que les structures autoritaristes sont trop profondément ancrées en nous pour pouvoir espérer nous en débarrasser *totalement* un jour. Mais s'il paraît difficile — voire impossible — de jouer sur le fond, nous pouvons cependant jouer au moins sur la forme et en atténuer les effets. Expliquons-nous :

La vie attend de nous que nous soyons actif dans la rencontre avec autrui en général et avec l'autre en particulier. Nous sommes par conséquent contraint de recourir à une expression du Moi qui ne va pas sans une certaine affirmation de notre identité et de notre personnalité se traduisant entre autres par nos idées, nos convictions, nos engagements, nos idéaux, etc. Vivre nous incite à **prendre position en toute chose et toujours.** Mais *prendre une position* ne signifie pas qu'il faille la *camper*, l'imposer envers et contre tout et en faire une question de vie ou de mort. Tout est question de nuance, de sensibilité.

De même qu'en musique un excellent chef d'orchestre sera capable de réaliser une prouesse d'interprétation du morceau choisi en dirigeant ses musiciens avec toute sa sensibilité et toute sa connaissance de la musique, de même pouvons-nous « diriger » notre personnalité vers l'autre en faisant preuve du même genre de virtuosité. Il ne s'agit pas de jouer à tout bout de champ de la grosse caisse, surtout pas lorsqu'il s'agit de notre vie de couple ! Nous pouvons tout à la fois conduire notre personnalité, faire passer nos idées et nos convictions, orienter nos velléités d'évolution dans la vie sans avoir recours à l'autoritarisme. Il existe pour cela une attitude vitale spécifique : la *directivité*. Quelle est donc la différence entre l'*autorité* et la *directivité* ? Nous pourrions en établir les quelques distinctions suivantes :

L'autoritaire :	**La personnalité directive :**
Monologue	Dialogue
Veut dominer	Cherche à coopérer
Doute	Interroge
S'emporte	Se contient
S'énerve	Respecte
Éclate	Reste souveraine
Insulte	Incite
Manipule	Induit
Fomente	Analyse
Impose	Propose
Oblige	Séduit
Somme	Invite
Menace	Recherche l'adhésion
Agresse	Dynamise
Soumet	Suggère

La limite entre *conduite autoritaire* et *conduite directive* est parfois difficile à déceler. Il y a lieu de penser que nous avons affaire à une conduite autoritaire chaque fois que cette conduite s'exerce au détriment de l'autre, chaque fois qu'elle remet en cause sa liberté et son autodétermination, chaque fois qu'elle tente de réduire sa personnalité.

La personnalité directive, elle, est une personnalité active, bien implantée dans la vie. Elle maîtrise son domaine vital et cherche à rayonner. Respectueuse de la place de l'autre, elle ne contrarie pas son désir mais cherche son adhésion. Elle maîtrise parfaitement le ton. Contrairement à l'autoritaire qui ne connaît que l' « impératif », ses modes d'expression préférés sont le « conditionnel de politesse » et le « futur ». Le directif type correspondrait à un bon marchand qui cherche à vendre sa marchandise en même temps qu'il s'efforce de satisfaire son client pour qu'il revienne. Il fait en sorte qu'il n'y ait pas un gagnant et un perdant, mais deux gagnants.

*
* *

L'autoritarisme est toujours l'expression d'une certaine impuissance. Il est un raccourci que souhaitent employer les personnalités gâtées recherchant les situations de privilèges faciles. Il correspond à un manque fondamental de bienveillance vis-à-vis de l'autre.

Prenons conscience que nous sommes tous, à un degré ou à un autre, autoritaires. Vérifions donc soigneusement où nous en sommes par rapport à notre propre autoritarisme. Soyons particulièrement vigilant dans notre dialogue avec notre compagnon ou avec notre compagne. Ne l'identifions pas à un enfant. Vérifions que nous n'utilisons pas avec lui le même langage que celui que nous sommes parfois conduit à utiliser pour « gourmander » un enfant.

Substituons le *dialogue* au *monologue réciproque*.

De manière plus générale, ne nous reposons pas sur notre couple comme sur des béquilles. Efforçons-nous d'acquérir une autonomie de vie et de pensée au sein de notre couple.

Occupons-nous de nous-même, laissons l'autre respirer. Acceptons qu'il ou elle puisse avoir des centres d'intérêt différents des nôtres. Ne tentons pas de le plier à toutes nos volontés. Respectons son droit à l'autodétermination.

Que celui qui subit l'autoritarisme comprenne :

— Que si son acceptation de l'autoritarisme de l'autre correspond de toute évidence à une situation déjà vécue dans l'enfance avec les parents, celle-ci n'a plus lieu d'être aujourd'hui.

— Qu'une personne réactive ou passive se sentira toujours menacée par une personne active. Il lui faudra donc apprendre à sentir et à développer sa capacité d'action. Plus elle sera active (travail, relations, vie de club...), moins l'autoritarisme de l'autre aura de poids sur elle.

— Qu'il n'y a aucune raison pour que les attitudes autoritaristes de son conjoint cessent tant qu'il ne changera pas lui-même d'attitude face à la vie.

— Que pour qu'il y ait autoritarisme, il faut nécessairement qu'il y ait une personne qui croit dans le pseudo-pouvoir de l'autoritariste.

— Que le manque de confiance en soi produit ou renforce systématiquement la tendance à l'autoritarisme de l'autre.

Que celui qui fait subir son autoritarisme à l'autre comprenne :

— Que son attitude constitue un véritable mur entre lui et son compagnon ou sa compagne.

— Qu'elle ne peut que le conduire à collectionner les échecs tant sur le plan relationnel et professionnel que sur le plan amoureux.

— Qu'elle ne peut que faire fuir l'autre (souvent bien plus loin qu'il ne l'imagine) (10).

Que tous deux enfin, apprennent :

— A abandonner la politique des pouvoirs abusifs réciproques.

— A coopérer davantage ensemble.

— A instaurer davantage de respect, de bienveillance et de douceur au sein de leur couple.

— En un mot, qu'ils apprennent à vivre ensemble !

---

10. Dans les bras d'un ou d'une autre par exemple.

6. L'infantilisme

Un refus du « métier d'adulte ».

Au titre de la pseudo-communication, il convient de citer l'*infantilisme. A priori*, ce type d'attitude peut apparaître très « sage » face aux autres « comportements » que nous avons abordés jusqu'à présent, mais n'oublions pas que l'objet de notre ouvrage est de recenser les diverses attitudes entraînant la « *mésentente dans le couple* » et non seulement celles apparaissant comme les plus dures.

a) Un paradoxal raffinement

S'il fallait caractériser ce qui marque l'enfance, nous dirions certainement que c'est le *jeu* et l'*insouciance*. De même, pour la vie adulte nous dirions qu'il s'agit du sérieux, de l'esprit de conséquence et de la responsabilisation. Cependant, l'adulte qui se bornerait à ces seules expériences aurait tôt fait de s'apercevoir que ce type d'attitude ne saurait prendre en compte toute la diversité de la vie humaine. En effet, une vie excluant toute perception ludique ne peut qu'apparaître austère et incomplète. Il lui faut donc *jouer* sur tous les tableaux, sur tous les registres : sérieux, responsabilisation, esprit de conséquence, persistance de la pensée et de l'acte certes, mais aussi ludisme, humour, fantaisie, plaisanterie, inconséquence...

Le luxe suprême entre tous, le raffinement paradoxal d'une personnalité bien « trempée » réside dans sa capacité à précisément « oublier » tout ce qui constitue sa sagesse et son sérieux et à se montrer également sous le jour le plus inattendu : celui d'un enfantillage caractérisé (11). Ce genre d'attitude, loin de déprécier la personne, contribue au contraire à la rendre plus attractive aux yeux des autres.

---

11. Cela se retrouve aussi fréquemment au niveau du langage qui pourra se faire volontairement puéril et volage.

Mais il advient parfois qu'au lieu de jouer sur l'ensemble de nos « registres vitaux », nous ne nous limitions plus qu'à ceux propres à l'enfance, voire même au côté le plus infantile et le plus « puéril » de l'enfance. Dans ce cas, ces attitudes, loin de représenter un « plus » dans notre existence, nous infirment de façon dramatique et nous desservent dans notre vie de couple au lieu de nous servir.

Nous avons vu dans le chapitre sur *L'autoritarisme* combien ce dernier pouvait grever notre vie de couple. Nous allons voir qu'il en va de même — bien qu'à un niveau totalement différent — pour notre infantilisme. Examinons donc la psychologie qui sous-tend les traits infantiles et voyons comment ils se répercutent sur notre vie à deux.

b) Un refus du « métier d'adulte »

S'il nous fallait donner une définition de l'infantilisme, nous dirions qu'il s'agit d'une sorte de « bêtifiage » destiné à relativiser et à désamorcer toutes les situations faisant appel à l'adulte que nous sommes. En d'autres termes, **l'infantilisme est destiné à nous protéger de nous-même**.

Sur un plan psychologique, l'infantilisme — aussi bien chez la femme que chez l'homme (ou chez les deux) — témoigne d'une crainte de devoir pleinement jouer leur rôle et d'en assumer les conséquences. Il traduit un besoin de protection accru. Il est destiné à compenser un sentiment de faiblesse du Moi en même temps qu'une crainte de ne pas être aimé. Au total, il correspond à un manque de souveraineté du Moi face au « grand monde ».

Lorsque, dans l'enfance, nous n'avons pas appris à nous situer face à nous-même, lorsque nous n'avons pas appris à nous prendre au sérieux, lorsque les parents, jouant jusqu'au bout de leur autorité parentale, ne nous ont pas permis de nous sentir vivre en tant que **personne à part entière**, lorsque ces mêmes parents ont adopté à notre égard des attitudes de gâterie excessive... bref, lorsque nous n'avons pas eu, enfant, l'occasion d'apprendre notre *métier d'adulte*, nous arrivons à l'âge mûr sans avoir pu « mûrir » pour autant.

Selon qu'il s'agit de l'homme ou de la femme, l'infantilisme prend une forme ou une autre. Chez la femme, nous l'appellerons *infantilisme de nécessité*, chez l'homme *infantilisme de déresponsabilisation*.

c) L'infantilisme de nécessité

En règle générale, l'infantilisme de nécessité apparaît plus ouvertement, plus manifestement chez la femme que chez l'homme. A notre avis, cela tient au fait que notre société à tendance patriarcale sous-estimant grandement la femme « en tant que telle », celle-ci se voit contrainte d'abandonner la spécificité de son rôle et de se réfugier soit en amont, dans le monde de la masculinité, soit en aval dans le monde de l'enfance (12). Si elle opte pour la première solution, elle tendra à développer des attitudes de mâle autoritarisme (13) ; si elle opte pour la seconde, des attitudes d'infantilisme puéril.

Parmi les champs d'expression les plus marqués de l'infantilisme féminin, celui de la sexualité apparaît comme l'un des plus caractéristiques. En effet, la rencontre de la femme avec sa spécificité féminine ne se fait jamais aussi cruciale que dans sa sexualité. C'est elle qui la renvoie le plus directement et le plus brutalement face à elle-même, face à son *être adulte*. Son véritable rôle social étant désinvesti au profit des attitudes infantiles, la femme se trouve donc confrontée à un hiatus : d'un côté elle doit jouer l'enfant, de l'autre la sexualité la renvoie à son image d'adulte.

Les expressions habituelles de cet infantilisme résident :

— Dans les mots et dans les intonations « bébé » (zozotement sciemment provoqué).

---

12. Il est intéressant, au demeurant, de constater que face à ce crucial problème de la spécificité féminine, nombre de femmes choisissent la quatrième voie qui consiste à totalement **surinvestir leur rôle de mère** au détriment des trois autres.

13. Nous avons vu, dans le chapitre « *L'autoritarisme* », qu'Alfred Adler nommait cela la « *protestation virile* ».

Les expressions habituelles de l'infantilisme de nécessité résident dans les mots et intonations « bébé », dans les mimiques (bouderie puérile, grimaces...).

— Dans les mimiques (bouderie puérile...) et dans les expressions du visage (grimaces).

— Dans les attitudes physiques (tortillements du corps, pouce ou cheveux portés à la bouche...).

— Dans l'apparence d'ensemble, aussi bien au niveau de la coiffure (nattes de fillettes), que dans les habits (socquettes blanches des fillettes de six ans).

Il s'agit donc d'une déformation de tout ce qui constitue la femme adulte qu'elle est dans la réalité.

d) L'infantilisme de déresponsabilisation

En règle générale, les hommes recourant à l'infantilisme de nécessité sont assez rares. Cela tient au fait que ladite société dudit type patriarcal les pousse à adopter des attitudes viriles et autoritaristes propres à leur sexe, plutôt que d'opter pour des attitudes s'inspirant du modèle de l'enfance, peu flatteur pour leur « masculine supériorité ».

Mais il ne faudrait pas croire pour autant que l'infantilisme soit totalement absent chez l'homme, loin s'en faut ! Il est même beaucoup plus fréquent qu'on ne pourrait l'imaginer. Il s'exprime seulement *autrement* et touche des objets *différents* de ceux de l'infantilisme de commande propre à la femme.

Tandis que l'infantilisme féminin touche essentiellement sa rencontre avec l'homme, l'infantilisme masculin, lui, concerne davantage le désinvestissement de son rôle, de ses actes, de ses responsabilités vis-à-vis de la femme. En d'autres termes, tandis que l'infantilisme chez la femme est destiné à lui permettre de **mieux rencontrer** l'homme, l'infantilisme chez l'homme est destiné à lui permettre de **mieux éviter** cette dernière. Il est donc chez lui un refus d'assumer sa vie d'adulte, face aux responsabilités qui le lient à sa femme ou à sa compagne.

Contrairement à l'infantilisme féminin qui réside pour l'essentiel dans la distorsion des mots et dans les mimiques et us et coutumes enfantines, l'infantilisme masculin, lui, se traduit davantage dans les actes, ou plutôt dans les *non-actes*. Pour ce faire, l'homme a principalement recours à tous les *jeux* l'éloignant **pour de « bonnes raisons »** du foyer familial (14). Parmi ces *jeux*, nous relèverons :

— Ceux conférant une **image de sérieux inattaquable**, par exemple tous les *jeux d'étude* (apprentissages, formations, séminaires...), tous les *jeux de responsabilité* (présidences et secrétariats de clubs en tout genre...).

— Ceux qui, bien qu'apparaissant moins sérieux, confèrent une **possible justification**, par exemple tous les *jeux de balle* (football, tennis, aussi bien que pétanque ou bowling), *de musique* (chorale, orchestre...) ou *de cartes* (belote, tarots...).

14. Entendons-nous bien : je parle ici des *bonnes raisons* pouvant être invoquées pour « fuir » le foyer familial et non des activités sportives, culturelles, de loisir ou d'apprentissage que nous développons tous dans un domaine ou un autre dans notre vie. La différence, bien que presque imperceptible, est tout à fait fondamentale puisqu'elle réside dans l'*esprit* qui préside à cette activité. C'est dans la discussion commune, dans la confiance et dans le *« souci de libre épanouissement »* de l'autre que nous trouverons les critères d'évaluation correcte propre à ces situations.

— Enfin, ceux qui se passent de toute justification et qui tendraient vers une **certaine forme de pathologie**, par exemple tous les *jeux d'argent* (poker, casino...) et tous les *jeux de sexualité* (donjuanisme, accumulation des expériences sexuelles en dehors du foyer conjugal, etc.).

*
* *

Dans la pratique quotidienne, les choses apparaissent évidemment de façon moins définie, moins symétrique que ce qui vient d'être dit, l'homme et la femme ayant souvent recours à toutes les formes d'infantilisation disponibles. En outre, il convient également de considérer que les infantilismes respectifs de l'homme et de la femme s'interalimentent presque toujours.

e) L'infantilisme chez les deux

Évidemment, en dehors des spécificités propres à l'un et à l'autre, chacun peut et a aussi souvent recours à la spécificité adverse, c'est-à-dire à l'*infantilisme de déresponsabilisation* pour la femme et à l'*infantilisme de nécessité* pour l'homme.

— Lorsqu'on trouve chez les deux membres du couple l'*infantilisme de nécessité*, le couple peut très bien « fonctionner » de façon tout à fait satisfaisante. Certes, il ne trouvera pas en lui-même la force de déployer des audaces d'évolution, mais il s'efforcera de préserver le petit cocon douillet (mais aussi symbiotique, hélas !) qui lui permettra de traverser les années sans grand dommage. Notons cependant que si l'un des deux conjoints décide pour une raison ou une autre de mettre fin à son infantilisme (échecs cuisants à répétition, prise de conscience...), une remise en cause de l'autre s'imposera forcément puisque tous deux ne pourront plus communiquer de la même manière.

— En revanche, lorsqu'on trouve chez les deux membres du couple l'*infantilisme de déresponsabilisation*, les conséquen-

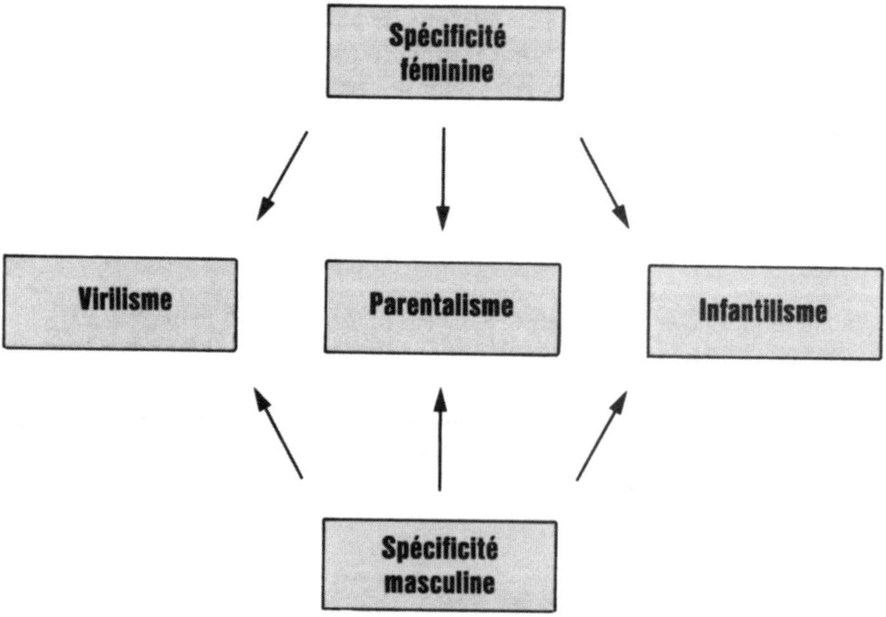

Le processus de l'infantilisme.

ces apparaissent souvent beaucoup plus lourdes, voire tragiques, surtout si des enfants vivent avec eux. En effet, dans un tel type de couple la femme comme l'homme développant des attitudes de fuite l'un par rapport à l'autre, le foyer conjugal et familial est déserté au profit de l'extérieur. Au demeurant, il n'est pas rare alors de voir l'enfant adopter la position d'adulte laissée libre par les deux parents déresponsabilisés.

*
* *

Retenons d'abord :

— Que l'infantilisme de commande sert à la femme à se soustraire à son rôle féminin qu'elle ne sait généralement pas comment assumer.

— Que l'infantilisme de déresponsabilisation permet à l'homme de se soustraire à sa responsabilité conjugale.

— Qu'il s'agit pour tous deux d'une *attitude de fuite.*

Comprenons que le moyen de « self-defense » que constitue notre infantilisme grève lourdement et notre personnalité (qui apparaît tronquée) et notre vie de couple (qui ne trouve pas son émancipation).

Attention ! Ne versons pas dans l'extrême inverse et ne pensons pas qu'il faille éliminer toute expression ludique de notre vie à deux. Le jeu constitue le meilleur réservoir de compréhension mutuelle et de communication entre les deux membres du couple. Usons-en donc pleinement. Prêtons seulement attention à ne pas l'utiliser en compensation d'une carence de personnalité.

S'il est vrai qu'au départ les attitudes infantilistes peuvent paraître *fraîches* et *innocentes*, comprenons que **ce type d'attitudes contient une bonne part de névrose**. Prenons donc conscience de la forme d'infantilisme qui nous est propre et travaillons à nous en défaire.

Paradoxalement, si nous ne savons pas par où aborder notre infantilisme ni de quel côté y remédier, observons les enfants. Eux savent souvent mieux que nous, adultes, et avec beaucoup plus de naturel, concilier rôle ludique et responsabilisation !

CHAPITRE VIII

Les avatars du discours

1. Faut-il tout dire ?

Cette partie de moi-même ne lui appartient pas et ne pourrait que lui faire du mal.

a) Transparence ou incontinence ?

La communication au sein du couple est fonction d'une foule de paramètres. Tous, cependant, ont une nécessité commune : la **juste mesure**. Or, cette juste mesure est extrêmement délicate à réaliser car, d'une part elle n'est pas fixe mais fluctuante et, d'autre part, elle est fortement fonction de notre propre subjectivité.

Certains, bien que loin de vouloir *tout dire* à l'autre, ont le pénible défaut — sous prétexte de « communication » — de submerger littéralement leur compagnon ou leur compagne de doutes existentiels à la limite du supportable : « *Mais à quoi sert le mariage (ou la fidélité, ou la vie...) ?* », « *Ne vaudrait-il pas mieux en finir une fois pour toutes ?* »...

D'autres sont d'avis que dans un couple il faut *tout se dire*. Forts de ce principe, il n'est pas rare qu'ils assènent les plus violents chocs émotionnels et affectifs à leur compagnon ou à leur compagne alors qu'ils auraient probablement pu les lui éviter en adoptant une politique plus circonspecte, plus « éclairée » (1).

Alors, est-il bon ou non de *tout se dire* dans un couple et que signifie ce fameux *tout* ?

A priori, ce type de comportement ne laisse pas de rappeler les attitudes scolaires de notre enfance, lorsque nous nous jurions entre « meilleurs amis » de *tout* nous dire. Ce *tout*, qui touchait le *bon* sans jamais effleurer le *mauvais*, était plus destiné à nous rassurer sur notre propre compte qu'à nous confronter à la vérité la plus crue.

Il faut bien convenir qu'à l'âge adulte nos velléités de *tout se dire* ressortent la plupart du temps d'arrière-pensées similaires certes, mais contraires. En effet, lorsque adulte nous évoquons l'éventualité de *tout dire à l'autre*, il s'agit davantage de la « confession », non de bonnes mais de mauvaises pensées ou de mauvaises actions réciproques (au sens religieux du terme), que d'une véritable transparence de nos faits et gestes (2).

Ce serait une hypocrisie, un mensonge ou pour le moins une erreur que de prétendre pouvoir *tout* dire à l'autre, de même qu'il serait une erreur de penser qu'on n'a personnellement aucun secret vis-à-vis de soi-même. En effet, nombre de nos pensées, surtout lorsqu'elles s'avèrent trop dérangeantes (car trop négatives, trop agressives, trop immorales, trop perverses...) passent par le filtre de notre inconscient et y restent retenues. En d'autres termes, elles sont refoulées. On pourrait appeler ce côté négatif de nous-même l' « ombre ».

Chacun de nous porte en lui un côté *ombre* de même que chacun de nous porte en lui un côté *lumineux*. Le côté *lumineux* peut être assimilé au « bien » et le côté *ombre* au « mal ».

---

1. On pourrait rapprocher cette attitude d'un autre type de comportement que nous avons déjà eu le loisir d'étudier dans *Vivre mieux : mode d'emploi* (Dangles) : la franchise. A ce propos, nous soulignions qu'il convenait de se méfier d'un interlocuteur commençant son propos par « *Je vais être franc avec vous...* », une telle attitude sous-tendant la plupart du temps une politique de reproches à peine masquée.

2. Souvent, au demeurant, cette « confession » à l'autre n'est pas tant faite pour servir notre image de *mari irréprochable* ou de *femme parfaite* que pour nous débarrasser nous-même d'un sentiment de culpabilité ou pour faire pression sur l'autre.

Chacun de nous porte en lui
un côté « lumineux » assimilé au « bien », et un côté « ombre »
assimilé au « mal ».

Il nous arrive tous de traverser des périodes de doute, d'incertitude, d'embarras, d'irrésolution, de même que nous vivons parfois des phases vitales infructueuses, inappropriées, inadéquates ou incompatibles avec notre vie de couple. Ces hésitations ontologiques, ces actes inefficaces sont le plus fréquemment dus à deux types de facteurs. Ils peuvent provenir :

— De coups de cafard ou de crises de pessimisme (tout nous paraît bête, dénué de sens).

— D'un besoin irréfléchi, inconscient, presque pulsionnel de vivre également suivant notre ombre. C'est ce que nous pourrions appeler le côté « fangeux » de notre personnalité.

b) Des pensées « exonérées de droits de douane »

Cependant, de telles pensées ou de tels états ontologiques sont tout à fait épiphénoménaux. En d'autres termes il ne s'agit pas de pensées volontaires et réfléchies, mais de pensées ou d'états provisoires n'ayant la plupart du temps aucun rapport avec notre pensée ou avec notre action constante.

Le problème est que lorsque nous exprimons de telles pensées à notre compagnon ou à notre compagne, celui-ci (ne connaissant pas la genèse de notre cheminement ontologique) les reçoit de façon totalement subjective et les ordonne dans sa pensée constante, c'est-à-dire par rapport à l'ensemble de l' « histoire » qu'il vit avec nous. On peut aisément imaginer combien la verbalisation de tels états d'âme peut déstabiliser l'autre dans son image du couple. Alors, convient-il d'en conclure qu'il faut avoir recours au mensonge ?

Le problème ne se pose pas en ces termes. Il faut comprendre que certaines de nos pensées nous appartiennent trop intimement, sont trop étroitement liées au tohu-bohu de notre monde intérieur pour qu'elles puissent être exprimées telles quelles à l'autre. Lorsqu'elles émergent en nous, ces pensées doivent donc, à notre sens, faire l'objet d'une « *exonération de droits de douane* », en d'autres termes être retenues plutôt qu'exprimées (3).

*

* *

Le fait de *tout dire* ne constitue pas, loin s'en faut, une solution miracle. Notre compagnon ou notre compagne éprouve (comme nous-même) un besoin constant d'être rassuré dans sa relation à nous. Ne l'utilisons pas comme une poubelle dans laquelle nous pourrons déverser nos angoisses ontologiques et notre « fange » existentielle personnelle.

— Ne confondons pas « *transparence de personnalité* » et « *incontinence de la pensée* ». Ce n'est pas parce qu'on veut être « vrai » qu'il faut tout dévoiler.

— Efforçons-nous de faire le tri entre nos « *pensées épiphénoménales* » (qui n'auront plus aucune importance

3. Attention, cela ne peut évidemment s'appliquer qu'à des couples « normalement » problématisés. Il ne faudrait pas élever l' « *exonération de droits de douane* » pour certaines pensées au rang de politique de vie permanente. Il y a une différence entre pratiquer l' « exonération » et la « fraude constante » !

demain ou la semaine prochaine) et notre « *pensée constante* ». N'hésitons pas à accorder aux premières l'estampille « *exonérées de droits de douane* ».

— Si notre besoin de verbaliser nos angoisses ontologiques ou notre « fange » existentielle est trop fort, tournons-nous vers une personne extérieure (4) non impliquée. Cela évitera bien des souffrances à celui ou celle qui partage notre vie.

2. Concordance de point de vue et divergence d'avis

Ce n'est pas parce qu'on est d'accord sur les bienfaits de la danse qu'on aime personnellement danser.

a) D'accord ou d'accord à demi ?

Nombre de couples, particulièrement ceux tendant à la symbiose, pensent non seulement qu'il faut *tout se dire* mais aussi *tout partager* de façon égale. Tant qu'il s'agit des responsabilités, des tâches ménagères, des amis, des sorties, cela ne pose pas grand problème, mais certains voudraient que ce partage soit plus absolu encore et qu'il inclue également tous nos avis, nos conceptions, nos convictions... bref, toutes nos pensées.

S'il est vrai que des points de vue concordants sur nombre d'aspects de la vie contribuent grandement à la bonne marche de notre couple, il ne faudrait pourtant pas croire qu'une identité de vues, d'opinions, de pensées ou de goûts soit en toutes circonstances de mise.

Plus nos points de vue se rapprochent, plus notre couple s'avère constructif car nos efforts peuvent aller dans le même sens. Cependant, une telle concordance d'opinions pourrait nous

4. Par exemple vers une personne de notre sphère relationnelle (ami, proche parent), ou vers un spécialiste (psychothérapeute, psychanalyste, etc.).

On peut être d'accord sur les bienfaits de la danse, mais tendre personnellement à y préférer d'autres activités.

conduire à en déduire que si nous sommes du même avis c'est que nous pensons la même chose. Cela n'est pas tout à fait juste ; avouons-le, c'est même carrément faux. Pour illustrer notre propos, prenons un exemple :

Le couple Dupont est marié depuis plus de huit ans. L'un des loisirs favoris de Mme Dupont est la danse et son mari y souscrit pleinement.

Un jour, le fil d'une discussion les conduit à s'exprimer de façon plus différenciée sur cette activité et M. Dupont confie à son épouse que s'il est entièrement d'accord sur les bienfaits de la danse, il tendrait personnellement à y préférer d'autres activités. Cela provoque une certaine consternation chez Mme Dupont, car cette idée n'avait jamais véritablement effleuré son esprit. Elle se sent profondément chagrinée, comme si au travers de ce différend mis à jour quelque chose d'important s'était rompu.

Si l'on analyse cette situation, on s'aperçoit que rien n'a changé dans les sentiments de M. Dupont ou dans ses conceptions. En fait, ce qui se trouve rompu, c'est l'illusion de Mme Dupont, l'illusion que *concordance de pensée* était forcément synonyme de *communauté d'avis*.

Bien qu'il n'y paraisse rien, ce genre de différends intervient très fréquemment dans nos vies de couple. La croyance en l'autre est constituée d'un certain nombre de fils et de particules tous et toutes teintés de notre subjectivité ; c'est pourquoi, lorsque nous découvrons qu'une chose n'est pas vécue par l'autre de la manière dont nous l'imaginions (dans notre exemple, M. Dupont appréciait certes la danse, mais n'y goûtait pas), nous nous sentons trahi par lui et ressentons une certaine cassure dans notre relation de couple. Les couples symbiotiques sont particulièrement sensibles à cet état de chose. Et c'est précisément ce qui conduit le compagnon ou la compagne (ou les deux) à ne rien vouloir changer par peur du risque que *ça change* et que ce ne soit plus jamais *comme avant*.

b) Concordances ou concessions ?

Entretenir des harmonies de points de vue au sein de notre couple est évidemment une belle et bonne chose, mais ne tombons pas dans l'exagération. Comprenons que **toutes les concordances forcées de points de vue finissent par constituer des concessions**, insignifiantes prises isolément peut-être, mais lourdes à porter dans l'ensemble et au total inutiles.

Nous possédons tous notre propre perception, notre propre approche, notre propre expérience des choses de la vie. Laissons toutes ces sensibilités qui résonnent en notre for intérieur résonner également dans notre couple. Comprenons que les différences de points de vue ne nuisent jamais à notre couple mais l'enrichissent au contraire.

Si, enfin, nous faisons partie des couples symbiotiques, vérifions si nous ne sommes pas en train de confondre *concordance de points de vue* et *communion de pensée absolue*. Si c'est le cas, libérons notre couple de ce poids inutile.

3. Champs de bataille secondaires, médisance et clichés

Original, ça veut dire « en accord avec soi-même ».

a) Des sujets de conversation

Parmi les avatars du discours, il convient d'en nommer trois autres : les *champs de bataille secondaires*, la *médisance* et les *clichés*. En effet, lorsqu'un couple est engoncé dans la routine et qu'il se trouve problématisé, ou lorsqu'il s'est construit sur des bases carentielles (peur de la vie, angoisse de la solitude...), la communication tend à se dégrader et le discours spontané, créatif et critique tend également à disparaître au profit de divers succédanés. Quand il faut meubler les silences, les vides d'idées, les absences d'imagination, on parle. Mais de quoi parle-t-on ?

— Les **champs de bataille secondaires** : nous avons vu au chapitre *La désencontre* que les champs de bataille secondaires au sein du couple étaient alimentés par toutes les disputes stériles, les luttes intestines et les détails insignifiants auxquels nous conférons une importance suprême. Mais ces champs de bataille secondaires ne se limitent pas aux seules actions de « guéguerre » réciproques que nous nous livrons au sein du couple ; on les retrouve également sur le plan des idées et du discours. Ainsi, nombre de couples problématisés tendent à communiquer sur ce mode en réduisant le discours aux uniques questions du ménage (quand, comment faut-il passer l'aspirateur ou nettoyer les vitres, ou changer les draps ?), ou de la cuisine (qu'acheter, où, quand, comment, sous quelle forme...), etc.

— La **médisance** : en dehors des pensées et des idées relevant des champs de bataille secondaires, les couples problématisés peuvent ensuite avoir recours à la médisance et à la calomnie. Quelle différence convient-il d'établir entre les deux ? La **médisance** est un propos malveillant se basant sur des faits supposés justes (par exemple : « *M. Dupont a acheté une superbe voiture mais il n'a pas d'argent pour mettre de l'essence dedans !* »), tandis que la **calomnie** se base sur des faits que nous savons pertinemment faux *(« Je suis sûr que Mme Durant entretient une relation avec le boucher du coin ! »).*

Sur un plan psychologique, la médisance intervient pour compenser tous nos sentiments d'incertitude, d'infériorité, d'insuffisance, d'échec, etc. En effet, médire suppose qu'on fasse un arrêt sur image, qu'on s'occupe des affaires des autres, qu'on suppute, qu'on décortique et qu'on oublie — ce faisant — de s'occuper de soi-même. Avouons-le, la médisance constitue la part principale de nos discussions ordinaires. Si nous n'en sommes pas persuadés, observons-nous au cours d'un seul repas, écoutons les discours qui y sont tenus et nous serons rapidement fixés.

— Les **clichés** correspondent à toutes les idées reçues et à toutes les « désinformations » que nous pouvons récolter dans notre environnement et dans les médias (radios, télévisions, magazines, journaux...), avec ce qu'ils peuvent comporter de pire et que nous rapportons dans notre couple comme s'il s'agissait de vérités premières.

— Le **travail** : outre les trois avatars du discours que nous venons de mentionner, il convient de nommer ce dernier. Le discours sur le travail occupe une place un peu particulière, en ce sens qu'il est manié de deux façons.

Il y a ceux qui font obstruction totale sur la verbalisation des événements survenant dans la vie professionnelle et ceux qui, à l'opposé, lui consentent une telle place qu'elle occulte tous les autres thèmes. A notre avis, ni un extrême ni l'autre ne sont souhaitables. La vie de couple doit être faite de partage, d'échange, et il ne devrait pas exister un seul thème « tabou ». L'échange de points de vue sur notre activité professionnelle s'avère souvent extrêmement fécond car il nous permet de mieux cerner les questions ou les difficultés vitales rencontrées. En outre, il entre — à notre sens — dans une politique de transparence fort profitable pour l'un et l'autre membre du couple. En revanche, il ne faut pas le laisser tenir une place trop dominante dans nos échanges, car il nous fixe trop exclusivement sur nous-même et sa rengaine étouffe vite les autres domaines vitaux extérieurs qui pourraient être abordés.

b) Un piteux état des mots

Lorsque nous arguons du piteux état du discours au sein du couple, nombreux sont ceux qui, se sentant mis au pied du mur, contre-attaquent de façon virulente en opposant l'éventualité d'un « intellectualisme » du discours du couple : « *Moi, je ne sais pas employer les grands mots, je n'ai pas appris à philosopher !* » Mais l'alternative se pose-t-elle véritablement en ces termes ? Le dilemme entre *vide de communication* et *intellectualisme* de nos propos est-il vraiment aussi tranché et rédhibitoire ?

Certes non ! Mais encore faudrait-il que nous ayons de nous-même une autre image, une image plus différenciée des possibilités et des limites de nos dialogues et de nos échanges.

*

* *

— Les discours relevant des *champs de bataille secondaires* occultent les vraies questions auxquelles l'homme et la femme « modernes » devraient normalement se confronter. Ils sont une armure superflue qui nous empêche de voir plus loin.

— Les *clichés* que nous véhiculons, bien que rassurants dans la mesure où ils correspondent à des préjugés communs à l'ensemble de la collectivité, ne nous permettent en aucune façon de comprendre correctement le monde dans lequel nous vivons car ils nous contraignent à penser en termes de stéréotypes.

— La *médisance*, enfin, est probablement la plus stérile des trois. Elle est du temps jeté par la fenêtre, un regard « carentiel » jeté sur le monde des autres dont nous tendons trop facilement à oublier que nous faisons nous-même partie.

Champs de bataille secondaires, clichés et médisance, ces trois avatars sont si inhérents à notre discours quotidien qu'ils font figure de seconde nature. Et pourtant, tel un arsenic, ce

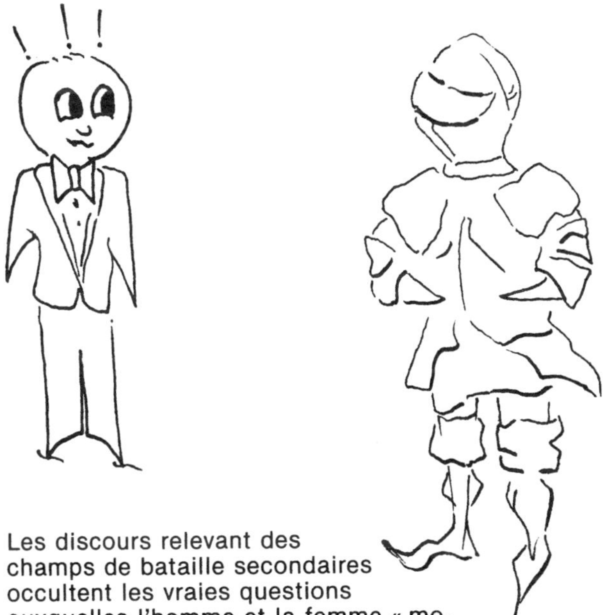

Les discours relevant des champs de bataille secondaires occultent les vraies questions auxquelles l'homme et la femme « modernes » devraient se confronter. Ils sont une armure superflue qui nous empêche de voir plus loin.

redoutable « trio » propage aussi imperceptiblement que sûrement la mort tranquille de nos couples ébahis d'un silence pourtant coupable.

c) Réapprendre à parler

Concédons-le : il nous arrive à tous, qui que nous soyons, d'avoir recours aux champs de bataille secondaires, à la médisance et aux clichés, de même qu'il nous arrive à tous de parler de notre travail. Et il est bon que ces discussions aient lieu, car elles agissent comme une sorte de « soupape de dégagement » de toutes les tensions, de tous les stress et de toutes les frustrations que notre vie privée, sociale et professionnelle nous conduit à subir. Mais comprenons que tous ces thèmes sont des thèmes de *décompression* et non des thèmes *tremplins*. En d'autres termes, si leur pouvoir cathartique, leur pouvoir d'*évacuation* est évident, s'ils nous permettent de nous « vider », ils ne nous permettent en aucune façon de nous « remplir ».

Il nous faut donc avoir recours dans la plus large mesure du possible à d'autres sources de dialogues, d'échanges ; opter pour des discussions non seulement *compensatoires, évacuatoires,* mais aussi *édifiantes* au sens propre du terme (5).

Comment reconnaître un thème « édifiant » d'un autre ? A titre d'exemple, nous pourrions citer tous ceux pouvant nous fournir une **image « constructive »** du monde, des gens, de notre environnement, tous ceux concernant les questions relevant de l'*existence* (éducation, préservation de la nature, progrès techniques, humains...), bref, tous ceux nous permettant de **mieux comprendre l'humain** que nous sommes et le monde dans lequel il vit.

Où trouver de tels thèmes ? A notre avis, l'actualité — tant locale, que nationale ou internationale — est généralement si brûlante que nous pourrions en discuter et la commenter des journées entières. Mais nous pouvons tout aussi bien trouver matière à discussion passionnante et enrichissante dans une question soulevée par un enfant, un problème rencontré par un voisin, un incident vécu par une personne de notre entourage, etc.

*
* *

— Comprenons que la discussion des « choses » de notre environnement n'est pas réservée à une caste triée sur le volet. Ce n'est pas parce que nous sommes ouvrier, agriculteur, mécanicien, vendeur ou employé de banque que nous devons nous forcer à « bêtifier » tous nos points de vue, tous nos dialogues, tous nos échanges. De même, il ne faudrait pas croire que le fait d'appartenir à une classe aisée ou en vue soit un passeport pour des discussions plus vraies et plus authentiques.

5. Édifiant : du latin *aedificare* (bâtir) ; par extension, qui porte à réfléchir, qui instruit.

— Cantonnons dans des limites raisonnables les discussions *compensatoires* et *évacuatoires* et apprenons à développer les discussions *édifiantes*.

— Efforçons-nous de recourir à des thèmes « tremplins » dans la plus large mesure du possible.

— Abandonnons l'idée que toute discussion implique nécessairement un « intellectualisme » qui nous ferait défaut.

— Ayons une image un peu plus positive de nous-même et de nos possibilités de verbalisation.

— Essayons de mettre du positif dans notre regard sur les choses et les gens.

*

* *

Notons enfin que le domaine du *mot* n'est pas l'exclusive de la femme de même que celui de l'*action* n'est pas celle de l'homme. Mon expérience psychothérapique m'autorise à penser que les hommes ont **un certain retard à combler** par rapport aux femmes dans leur « aptitude » à dialoguer. Ils doivent donc, à mon sens, se montrer particulièrement vigilants et abandonner l'idée que l'autoritarisme pourrait remplacer l'aptitude au dialogue.

4. Le discours et l'acte

Art du discours n'est pas art de l'action.

a) Discours productif et discours inductif

Un autre point se trouvant à la base de nombre de nos mésententes réside dans notre difficulté à apprécier la véracité du discours de l'autre :

— En temps ordinaire, lorsque nous vivons en bonne harmonie, notre discours et nos actes sont intimement mêlés, voire même sont identiques. Si, par exemple, nous exprimons notre intention de nous inscrire à la chorale (ou à la cinémathèque, à un cours d'anglais...) à la rentrée, cette intention va tout naturellement trouver sa concrétisation.

— Lorsque l'harmonie régnante est moins bonne, la réalisation concrète de nos actes tend à s'éloigner sensiblement du discours tenu. Ainsi notre désir de nous inscrire à la chorale, à la cinémathèque ou au cours d'anglais, pourrait n'être qu'une « réaction d'échappement » à une situation de couple un peu tendue. La plupart du temps, dès lors que l'harmonie est retrouvée, cette intention passe à un second rang, voire est reléguée aux oubliettes.

— Lorsque enfin notre couple n'est plus que dissensions et conflits, le discours et les actes semblent totalement opposés. Ainsi, la décision de s'inscrire à la chorale, à la cinémathèque ou à un cours d'anglais n'a plus aucun rapport avec une intention véritable mais apparaît comme une tentative d'en imposer à l'autre par une action originale, voire de l'intimider : *« Mais moi alors, que vais-je faire ? »*

Cela nous conduit à la constatation suivante : plus la situation de couple est harmonieuse, plus l'acte suit de près le discours. En revanche, **plus la situation est tendue, plus grande est la distance entre notre discours et nos actes**. Parfois, au demeurant, cette distance entre discours et actes est si grande que ces derniers n'arrivent jamais à concrétisation.

Mais ce phénomène de hiatus entre *discours* et *actes* s'accompagne généralement d'une autre constante de nature paradoxale. En effet, plus il y a mésentente dans le couple, plus il y a focalisation d'écoute. En d'autres termes, **moins on s' « entend » et plus on s' « écoute »**, plus on décrypte, plus on analyse. Évidemment, cette écoute attentive n'est pas *globale* mais *sélective*. Elle ne concerne pas ce qui pourrait rapprocher davantage, réconcilier, réharmoniser, mais ce qui pourrait atteindre ou blesser plus encore. Le moindre mot, la moindre allusion seront relevés et érigés en vérité nouvelle dont il faudra dorénavant tenir compte pour toute la vie future.

Sur le moment, vus de l'intérieur de tels discours ont de

quoi inquiéter. Tout ce qui est dit par l'autre apparaît comme tout à fait véridique et authentique et nous ne doutons nullement des actes qui suivront *(« S'il a dit cela, c'est qu'il va le faire »).* Cela provoque bien sûr en nous un monde d'incertitude qui ne laisse pas de nous insécuriser et de nous angoisser. Nous nous sentons soudain seul face au danger de la « grande vie » et du « grand monde » comme si nous étions en pleine forêt vierge.

Pourtant, si nous pouvions prendre un peu de distance face à la situation conflictuelle, si nous pouvions voir les choses non plus de l'intérieur mais *de l'extérieur*, nous nous apercevrions combien une telle distorsion du discours comporte d'invraisemblance.

b) Des ultimatums intenables

Il advient parfois que le discours soit véritablement impossible à faire suivre d'actes, tant il serait difficile à réaliser. C'est le cas de nos « ultimatums intenables ». En effet, dans les situations de crise de couple, la spirale de nos discours dénués de sens et d'effets nous conduit parfois à *surenchérir* jusqu'à en exprimer des intentions d'actes que nous savons nous-même parfaitement intenables car impossibles à suivre à la lettre. Tout le monde connaît les « *Puisque c'est comme ça, je ne te demanderai plus rien* », les « *Je ne monterai plus jamais dans ta voiture !* », les « *Je ne te dirai plus rien !* », les « *Je ne te ferai plus jamais confiance !* »...

Évidemment, une fois de tels ultimatums ou de telles « fusées de représailles » lancés, il est bien difficile de revenir dessus. C'est comme si nous avions claqué un peu trop précipitamment la porte et que nous nous retrouvions soudain dehors, bien ennuyé à l'idée qu'il va falloir à un instant ou à un autre sonner et revenir à une position plus conciliante et en tout cas moins tranchée.

*

* *

Une fois les ultimatums lancés, il est bien difficile de revenir dessus. C'est comme si nous avions claqué la porte un peu trop précipitamment et que nous nous retrouvions soudain dehors, bien ennuyé à l'idée qu'il va falloir revenir à une position plus conciliante.

— Retenons que plus notre couple est harmonieux, plus notre discours est immédiatement *productif*, c'est-à-dire suivi d'effets. En revanche, moins notre couple est harmonieux, plus le discours est *inductif*, c'est-à-dire destiné non à *agir* soi-même mais à *faire réagir* l'autre.

— Comprenons que lorsque nous sommes en plein conflit, le discours de l'autre ne peut pas être un discours de « paix » mais ne peut être qu'un **discours de « guerre »**. Un tel discours n'a évidemment aucun rapport avec la réalité. Ne jugeons donc pas la situation en fonction de ce qui est dit sur le moment. Tâchons de prendre un minimum de recul et de retrouver le plus vite possible notre capacité d'analyse et notre bon sens : « *Il a dit qu'il me ferait enlever les enfants, mais est-ce autorisé par la loi ?* », « *Elle a dit qu'elle allait prendre un amant, mais un amant se trouve-t-il sous le pied d'un cheval ?* »...

— Efforçons-nous, dans la plus large mesure du possible, d'éviter les « ultimatums intenables » : ils sont extrêmement corrosifs pour notre image de nous-même et nous entament dans notre propre crédibilité.

QUATRIÈME PARTIE

Le couple tel qu'il s'affronte

CHAPITRE IX

Les conflits dans le couple

1. Existe-t-il une spécificité féminine et masculine ?

Pas symétrique, réciproque !

a) Une double nature

Pour bien saisir la dynamique des différentes crises du couple et leur gestion, il va maintenant nous falloir répondre en préambule à la question de savoir s'il existe une psychologie spécifiquement féminine et une autre spécifiquement masculine. Le lecteur pourrait être surpris que cette question ne vienne que maintenant sur le tapis et n'ait pas plutôt été abordée au début de cet ouvrage. Il existe à cela deux raisons :

— La première est que nous ne désirions pas faire dépendre les problèmes que posent les mésententes dans le couple d'une simple opposition sexiste, mais voulions insister sur la contribution avant tout *personnelle* de chacun de nous, homme ou femme, à leur genèse.

— La seconde est que nous ne souhaitions pas que le lecteur ou la lectrice se risque à quelque conclusion hâtive et par trop réductrice *(« C'est dans la nature des femmes ! » ou « Il n'y a rien à faire, les hommes sont tous comme ça ! »)* sur des questions qui n'engagent pas tant l'opposition des sexes que la personnalité tout entière de chaque individu vivant en couple.

Les critères d'éducation traditionnels tendant à faire accroire que les petites filles doivent être éduquées en *filles* (jeux de poupées, de dînette...) et les petits garçons en *garçons* (jeux militaires, armes en tout genre...) sont à la base de toutes les conceptions indifférenciées et maladroites débouchant sur les « clivages » habituels entre les hommes et les femmes. L'on veut des hommes qui soient des hommes et des femmes qui soient des femmes. A cet effet, les filles sont éduquées à la gentillesse, au sourire, à l'obéissance, à la discrétion, aux bonnes manières... bref à tout ce qui peut renforcer leur futur rôle d'*harmonisatrices,* de *médiatrices* et, au-delà, leur rôle de *séductrices,* tandis que les garçons se voient plutôt élevés en rivaux, en concurrents, en gagneurs, bref en *conquérants.*

Mais de telles conceptions ne retiennent que l'opposition homme/femme (traduisez dominant/dominé !) et ne prennent nullement en compte la double spécificité existant en chacun de nous. Car en effet, loin d'être seulement *homme* et seulement *femme,* chacun et chacune de nous possède en lui ou en elle une « *double nature unifiée* (1) », c'est-à-dire une bipolarité masculin/féminin. En d'autres termes, tout homme — qu'il

En vertu de sa « double nature unifiée », tout homme porte en lui une part de « féminité » et toute femme porte en elle une part de « masculinité ».

1. Nous devons cette expression à l'écrivain allemand Goethe. On retrouve au demeurant cette conception dans le Yin-Yang chinois. Je renvoie, par ailleurs, le lecteur à ma note de bas de page n° 1 du chapitre *La désencontre,* à propos de la conception de Platon sur cette question.

s'en rende compte ou non — porte en lui une part de « féminité » dans sa « masculinité », de même que toute femme porte une part de « masculinité » dans sa « féminité » (2).

b) Le clivage de l'éducation

Nos systèmes d'éducation de type patriarcal nous conduisent à refouler cette double nature résidant en chacun de nous et à adopter des positions typiquement masculines pour les hommes (machisme, phallocratisme, autoritarisme...) et typiquement féminines pour les femmes (soumission, harmonisation...). Ce n'est donc pas la « nature » de l'homme qui crée la spécificité masculine ou la « nature » de la femme qui crée la spécificité féminine, mais le mode de société et de culture dans lequel nous vivons et les types d'éducation employés.

Il va sans dire que *tant* les hommes *que* les femmes souffrent dans leur être profond de ce clivage masculin/féminin qui leur interdit de vivre leur « double nature ». En effet, même si la souffrance des femmes face à cette situation peut paraître plus évidente et plus justifiée que celle des hommes (car le patriarcat favorise de façon éhontée l'homme au détriment de la femme), il ne faudrait pas croire que ces derniers n'en subissent pas les conséquences. L'incapacité à exprimer leurs sentiments, leurs émotions, leurs états d'âme, leurs pensées profondes, la difficulté à se laisser aller au repos, au loisir, l'opposition fréquente à tout travail de connaissance de soi et d'autrui, à toute velléité d'introspection, à tout effort culturel approfondi ne sont que les symptômes les plus criants d'une absence de l'homme de lui-même.

Tandis, donc, que sur un plan fondamentalement humain « sommeille » en l'homme sa « double nature unifiée », l'éducation traditionnelle prônée par la société tend à accentuer sa spécificité intrinsèque. A un tel état de choses, la femme, elle,

2. Le « Maître de Zurich », Carl Gustav Jung appelle cela « *animus* » et « *anima* ». L'*animus* est l'archétype masculin chez la femme, l'*anima* l'archétype féminin chez l'homme.

se voit souvent contrainte de réagir en négligeant ou en chassant sa féminité au profit d'attitudes plus viriles.

Évidemment, il serait réductionniste de ne vouloir voir en la femme qu'une « harmoniste » à tout va et en l'homme qu'un « macho » patenté. Tous les caractères étant dans la nature, toutes les nuances se retrouvent en chacun de nous et l'on trouve aussi bien aujourd'hui des « machottes » chez les femmes que des « harmonistes » chez les hommes.

Il n'en reste pas moins vrai que c'est précisément à partir de telles attitudes d' « *absence de lui-même* » pour l'homme et de défense de sa spécificité pour la femme que s'articule tout le « crescendo » de l'expression des mésententes s'instaurant au sein du couple : plaintes, querelles, disputes, conflits, crises... tels en sont les principaux degrés. Observons-les tour à tour.

2. De la plainte à la querelle (3)

« Maintenant, je ne pourrais plus me passer de dire ce qui ne va pas. »

a) Comment naissent nos querelles ?

Dans la vie quotidienne de notre couple, nous recherchons une certaine harmonie. Celle-ci s'instaure de façon naturelle lorsque nous sommes *en phase :* les activités se partagent, les idées se complètent, les tâches se divisent intuitivement, les cœurs résonnent à l'unisson. Dans ces moments, nous avons le sentiment de faire *un* avec l'autre.

D'autres fois, l'harmonie n'est pas immédiatement présente et il nous faut l'instaurer en toute conscience. C'est notre position d'adulte qui nous fait « apprécier » la situation et garder

3. Il est intéressant de souligner que le mot querelle provient du latin *querrella* signifiant « plainte », « lamentation ».

en nous telle réflexion ou telle remarque afin de ne pas alourdir l'atmosphère.

D'autres fois encore, nous ne nous sentons absolument pas en phase avec l'autre et tout ce qui provient de lui (sa présence physique, son allure, ses attitudes, ses habitudes, sa voix...) est vécu comme irritant et il nous faut faire un véritable effort pour conserver notre calme et préserver l'harmonie. Cette irritation que nous ressentons peut provenir soit de nous (nous nous sommes levé du mauvais pied, nous avons des soucis dans le travail, un ou une amie nous a déçu...), soit de l'autre (car il traverse lui-même le même genre de mauvaise passe).

Généralement, lorsque nous sentons l'ambiance « négative » que nous faisons (ou que l'autre fait) peser sur l'harmonie du couple, nous établissons une distance toute provisoire entre nous et lui (ou lui et nous) en vaquant par exemple à une occupation personnelle ou en prétextant une course afin de *décharger* l'atmosphère. Mais lorsque tous deux se sentent irrités, ou lorsque l'irritation de l'un déclenche celle de l'autre, les « électricités » s'entrechoquent et il n'est pas rare que cela fasse alors des « étincelles ».

C'est la plupart du temps dans ces moments que les « *imperceptibles impolitesses* » se mettent à pleuvoir au sein du couple. En réalité, il ne faut pas grand-chose : un geste non fini, une phrase entrecoupée, une question laissée en suspens, une passivité ostensible, une négligence ponctuelle, un sous-entendu... bref n'importe quelle situation qui pourrait être vécue en temps ordinaire comme une vétille, pour que soit touchée la corde sensible de l'autre et que se déclenche son irritation.

Nous connaissons tous, merveilleusement bien, hélas ! les cordes sensibles de notre compagnon ou de notre compagne et, au moment précis où il nous faudrait justement les oublier, elles nous reviennent traîtreusement en mémoire et s'affichent presque contre notre volonté sur nos lèvres.

Face à ce qui est vécu comme une « estocade » nous pouvons, suivant notre personnalité, réagir de différentes manières, plus ou moins aimables ou plus ou moins incisives. C'est ce que nous allons voir maintenant.

b) La dynamique de la querelle

> *« Si je ne m'affirme pas assez dans ma volonté, elle ne me prend pas au sérieux. »*

La querelle comporte trois paliers principaux allant *crescendo :* ravaler notre mal-vécu de l'instant, réagir par la plainte et réagir par la querelle.

Ravaler notre mal-vécu de l'instant : bien que ne ressortant visiblement pas de la querelle, puisqu'il s'agit d'une *« absence de verbalisation »,* ce premier palier n'en constitue pas moins l'étape préparatoire. Le but recherché est, de toute évidence, de préserver l'harmonie régnant au sein du couple en renonçant à un différend qui pourrait nous apparaître « justifié ». Son inconvénient réside dans le fait que les affects qui ont été refoulés vont s'amalgamer progressivement avec tous les précédents et risquent de produire une espèce de rancœur qui va jouer le rôle de véritable poison du couple.

Réagir par la plainte : la plainte est une attitude réactionnelle à laquelle nous recourons lorsque nous ressentons de façon par trop criante le sentiment d'être injustement traité (manque de respect, manque d'égards, négligence manifeste vis-à-vis de nous...). Son but essentiel est donc de provoquer une redéfinition de la situation relationnelle afin de nous voir mieux considéré. Son inconvénient réside dans le fait que celui qui la pratique passe pour un geignard et un éternel insatisfait.

Réagir par la querelle : la querelle se situe entre la plainte et la dispute. Nous y avons recours lorsque nos plaintes sont restées trop longtemps sans effet. Son inconvénient réside dans le fait que celui qui cherche querelle passe généralement pour un trouble-fête et un « déclencheur » de conflit, ce qui entraîne chez lui un mauvais « sentiment de soi » et un sentiment de culpabilité.

En règle générale, la plainte comme la querelle sont rarement entendues comme elles devraient l'être, le « plaintif » et le « querelleur » n'étant la plupart du temps pas pris au sérieux.

Cela a pour effet d'instaurer chez ces personnes trois sentiments de type négatif :

— Un **sentiment de frustration :** la personne ne parvenant pas à se faire entendre, il ne peut y avoir d'effet cathartique.

— Un **sentiment d'impuissance :** incapacité à résoudre les problèmes qui se posent.

— Un **sentiment de honte :** sentiment d'être l'empêcheur de tourner en rond.

Pour bien nous pénétrer de ce type de situation, prenons un exemple : Mme Desjardin a demandé à son époux de commander un catalogue auprès de son entreprise pour les cadeaux de fin d'année. Son mari a promis de s'en occuper dès que l'occasion s'y prêterait. A plusieurs reprises, elle a patiemment réitéré sa demande, mais en vain. Au fil des jours, Mme Desjardin en vient à adopter des attitudes plaintives face à la négligence de son mari. Comme rien ne semble y faire, un soir, au dîner, elle prend prétexte d'une futilité et entre en querelle avec lui.

Là, nous disposons de deux scénarios possibles :

— Soit M. Desjardin prend soudainement conscience de la négligence qu'il affichait à l'égard de sa femme et la querelle engagée par son épouse aura servi à quelque chose.

— Soit la querelle déclenchée par Mme Desjardin n'est « pas entendue » par son mari, mais est utilisée comme prétexte à dispute, et la spirale des reproches et des remarques blessantes s'amplifiera.

Évidemment, tous les scénarios ne se déroulent pas aussi clairement. Ainsi, il advient souvent que, lassé de ne pas être entendu dans les demandes concernant ses besoins fondamentaux, le compagnon ou la compagne finisse par ne plus verbaliser clairement ses positions ou ses demandes, qu'il s'habitue à demeurer en permanence dans la plainte ou dans la querelle et ne sache plus s'exprimer que sur ce mode. Ce genre de politique de vie est bien sûr erroné, la plainte ou la querelle ne devant être que des positions provisoires.

La querelle n'a de sens que dans la mesure où elle conduit le compagnon et la compagne à une nouvelle compréhension du problème qui s'en trouvait à l'origine. Si elle se déroule convenablement, elle débouchera sur une discussion plus ou moins longue et fournie qui permettra à chacun de s'exprimer et de vivre l'effet bienfaisant et cathartique du dialogue. Dans la mesure où elle est suivie de ce genre d'effets, on pourra donc considérer que la querelle est la *dispute des gens intelligents.*

3. De la querelle à la dispute défensive (4)

Chacun pour soi !

a) Se décharger de ses affects

S'il est vrai qu'au départ l'étymologie (du latin *disputare*) apparente la dispute à une « discussion », son sens a bien changé et l'on tend aujourd'hui davantage à l'assimiler à un violent différend qu'à un dialogue cordial.

La dispute défensive vient en droite ligne de la querelle dont elle est l'extension obligée lorsque aucun changement n'a pu se faire sentir.

Comme son nom l'indique, elle est destinée à nous permettre de nous « défendre » lorsque nous nous sentons mis en danger par l'autre dans notre spécificité même. Elle est généralement déclenchée par une exaspération, une forte contrariété ou une vive frustration. Elle est une perte de sang-froid, une rage, une sorte d' « hystérisation » nécessaire pour faire passer le message lorsque ni la discussion, ni la plainte, ni la querelle n'ont porté leurs fruits. Elle est donc une réaction psychique nous mettant « *hors de nous-même* » pour nous préserver nous-même.

4. Nous l'avons appelée « défensive » pour bien la différencier d'un autre type de dispute que nous aborderons dans les pages suivantes avec la « personnalité belliqueuse ».

Tandis que la querelle avait pour objet de réagir en toute conscience contre des négligences ou des injustices perpétrées par l'autre à notre encontre, la dispute défensive a pour objet d'abréagir tous les affects négatifs provenant de notre narcissisme meurtri et qui produisent le *dystress* (5), en d'autres termes, de nous lessiver du stress négatif accumulé par la frustration endurée.

Le véhicule de la dispute défensive est la **colère.** S'il nous fallait en donner une définition succincte, nous dirions qu'elle est un état d'excitation dans lequel nous laissons exploser notre affect et qui nous permet, passant d'un *état de soi* à un état *hors soi,* d'exprimer ce que nous ne parviendrions pas à dire dans des circonstances normales. La colère possède donc un effet cathartique dans la mesure où elle permet à celui qui s'y plonge de se décharger de ses affects.

b) La scène de ménage : une explosion salutaire

La dispute et la colère sont les deux ingrédients idéals de ce qu'on appelle communément la « scène de ménage », dispute que nous provoquons en toute connaissance de cause et que nous alimentons par la colère pour amener notre compagnon ou notre compagne à écouter ce qu'il persiste à ne pas vouloir entendre.

Ainsi, pour reprendre le second scénario de l'histoire du couple Desjardin, la querelle provoquée par Mme Desjardin n'ayant pas porté ses fruits, cette dernière s'est énervée et est « sortie de ses gonds » devant l'indifférence affectée par son mari, profitant de la dynamique ainsi créée pour déclencher une « scène de ménage » afin de se faire entendre de lui.

Mais la dispute, la colère et la scène de ménage sont loin de ne comporter que des côtés positifs. En effet, dans cet état, il peut nous arriver d'exprimer des griefs qui « dépassent » notre

5. La psychologie distingue un stress négatif (appelé *dystress*) et un stress positif (appelé *eustress*).

La dispute et la colère sont les deux ingrédients de la scène de ménage.

pensée ou qui ne correspondent tout simplement pas à ce que nous ressentons réellement. Cependant, une fois lancé il est bien difficile de revenir sur ce qui a été dit et les cicatrices resteront parfois indélébiles. En outre, comme nous le verrons plus loin, les effets néfastes de nos disputes se font également ressentir sur le plan psychosomatique (6).

*
* *

Comme la plainte et la querelle, la dispute défensive ne doit être qu'une situation provisoire à laquelle il ne convient d'avoir recours qu'en cas d'urgence. Ne confondons pas vivre *une* dispute et *vivre dans* la dispute. Dès qu'elle n'a plus lieu d'être, efforçons-nous d'en sortir le plus vite possible afin de retrouver une politique de coopération et de solidarité vis-à-vis de notre compagnon ou de notre compagne.

6. Psychosomatique : se dit des affections organiques dont les causes sont liées à des facteurs non physiques, mais psychiques ou conflictuels.

4. De la dispute défensive au conflit

Sauve qui peut !

S'il est vrai que la plupart des disputes rencontrées au sein de nos couples tournent autour de petits détails et de champs de bataille secondaires, il n'en est pas moins exact que les enjeux peuvent aussi s'avérer plus importants ou plus décisifs. Au demeurant, il n'est pas rare que ce soient précisément les minimes objets de disputes qui fassent éclater au grand jour les problèmes, les dissensions ou les conflits les plus fondamentaux.

Ainsi, pour reprendre l'exemple du couple Desjardin, la querelle à propos du catalogue s'étant transformée en dispute puis en scène de ménage, et un mot en entraînant un autre, Mme Desjardin peut fort bien avoir profité de l'occasion pour exprimer à son mari son désintérêt croissant pour la maison et son intention de reprendre son ancien travail d'infirmière.

M. Desjardin, foncièrement contre le fait de mettre les enfants encore en bas âge à la crèche, va très mal réagir à cette nouvelle qu'il ressent comme une menace directe pour l'équilibre de son foyer et de ses enfants, et entrer en « conflit » avec sa femme pour qu'elle revienne sur cette décision péremptoire. Mme Desjardin, de son côté, adoptera une position ferme en arguant de son propre droit à une vie sociale et professionnelle. Ainsi, progressivement, un *conflit va se nouer* entre ces deux personnes campant sur leurs positions respectives. Les petits ruisseaux font les grandes rivières !

Dans cet exemple, nous constatons clairement qu'il ne s'agit plus d'une question d'*écoute,* mais de deux *positions de principe* entre le compagnon et la compagne.

Il existe pour l'essentiel trois façons de dénouer un conflit : la force, la négociation et l'entremise d'une tierce personne (proche famille, ami intime, voire psychothérapeute...). Au demeurant, il n'est pas rare que l'un et l'autre recourent aux trois méthodes pour parvenir à leurs fins.

En règle générale, on tentera d'abord d'employer la force (intimidation), puis viendra l'entremise de personnes extérieures. Ce n'est qu'après épuisement de ces deux méthodes que le compagnon et la compagne se tourneront l'un vers l'autre pour tenter de *négocier un dénouement* du conflit.

5. Du conflit à la crise (7)

Entre ne rien dire et tout casser, il y a un juste milieu.

a) Une vie à reconquérir

Si un dénouement ne peut être trouvé au conflit, le couple va entrer dans la phase ultime de la « crise ». Ce qui différencie cette phase des précédentes, c'est que dans la « crise » l'enjeu ne se situe plus dans un *contentieux passé* à régler, mais dans les *perspectives concernant l'avenir.*

Lorsque notre couple a vécu durant des années sur ses « lauriers », lorsque notre compagnon (ou notre compagne) et nous-même avons pris l'habitude de ne pas voir plus loin que le « bout de notre nez », la crise qui vient nous prendre de plein fouet est ressentie comme un véritable drame. Une telle perception des choses tient à deux faits :

— D'une part, la situation de crise est vécue si directement, avec une si grande proximité, que nous ne disposons ni du recul intellectuel, ni de la distance émotionnelle suffisante pour comprendre correctement et objectivement ce qui se passe.

— D'autre part, nous tendons à interpréter ce qui survient non en fonction de la situation de crise telle qu'elle se présente sur le moment, mais en fonction des paramètres intimes et amoureux qui se trouvaient en vigueur *avant* que la crise n'éclate. En d'autres termes, nous tentons d'appréhender les faits et gestes

7. Nous renvoyons le lecteur à notre ouvrage *Vivre mieux : mode d'emploi. Comment surmonter crises et déprimes et décider d'être heureux,* dans lequel le phénomène de la crise a été largement analysé.

de notre compagnon (ou de notre compagne) comme s'il nous était acquis alors qu'il ne l'est plus. Pourquoi ne l'est-il plus ? Parce que nous n'avons plus affaire à la même personne. Expliquons-nous :

b) Une divergence d'intérêts

Au moment de la crise, les deux personnalités que constituent notre compagnon (ou notre compagne) et nous-même ne sont plus *en phase.* Les mêmes difficultés ne sont plus rencontrées, les mêmes valeurs ne sont plus défendues, les mêmes buts ne sont plus poursuivis : l'un recherche la proximité et l'autre la fuite, l'un voudrait parler et l'autre observe le silence, l'un voudrait aimer et l'autre n'éprouve qu'amertume et rancœur.

Mais au-delà d'un tel état de fait et, peut-être plus déséquilibrant encore, au travers de la personne amoureuse qu'on ne reconnaît plus, **c'est nous-même que nous ne reconnaissons plus dans ses yeux.** Nous pensions être « *l'objet lumineux* » de son amour et nous nous apercevons qu'elle serait capable de nous mépriser ou de nous haïr. On constate ici combien, lorsqu'une crise éclate, les intérêts des deux parties peuvent soudainement diverger et combien les rapports de force peuvent glisser dans une direction inattendue et s'en trouver modifiés.

Si nous pouvions nous risquer à une comparaison avec une infraction au code de la route, nous dirions qu'il ne s'agit plus ici de savoir si le compagnon ou la compagne va écoper d'une amende et de quel montant, mais de se rendre à l'évidence qu'il va falloir, bon gré mal gré, qu'il ou elle se présente à nouveau à l'examen du « permis de conduire ».

Et c'est en effet ce à quoi doit aboutir une crise conjugale : **réexaminer l'ensemble des valeurs** plus ou moins erronées, carentielles ou inadéquates qui sous-tendent la vie de couple (8).

Pour reprendre une fois encore l'exemple de la famille Desjardin, il est possible que l'incident du catalogue ayant conduit

8. Le lecteur fidèle se souviendra que le mot crise vient du grec *khrisis* signifiant « en examen ».

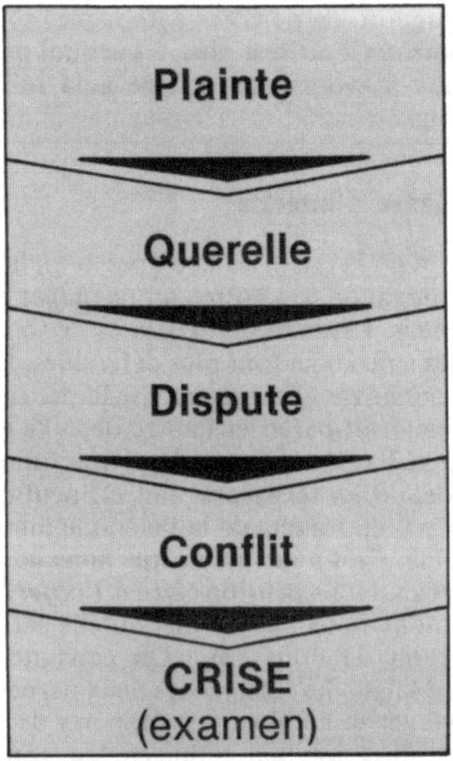

au conflit à propos de la reprise de travail de Mme Desjardin débouche finalement sur une véritable crise de couple. En l'occurrence, il ne s'agit pas pour Mme Desjardin de désinvestir son couple, de « désaimer » son mari ou de se désintéresser de ses enfants, mais de redéterminer la direction d'ensemble qu'elle souhaite conférer à sa vie, de telle sorte qu'elle ne se sente pas lésée du seul fait de son appartenance au sexe féminin.

Pour ce qui est de M. Desjardin, il est possible que cette crise de couple l'ait fortement ébranlé dans ses certitudes patriarcales et qu'ayant frôlé une rupture, cette situation le conduise à découvrir sa femme sous un angle plus valorisant et que son amour et son admiration pour elle s'en trouvent renforcés.

Avec le recul de l'analyse, nous pouvons constater que loin d'être une catastrophe définitive, une crise — bien que fortement déséquilibrante — peut s'avérer fort salutaire pour un couple lorsque le compagnon et la compagne se sont engoncés dans les crinolines d'un quotidien sans valeurs suffisantes et sans perspectives concrètes de lendemains.

Plainte :	Attitude réactionnelle face au sentiment d'être injustement traité.
Querelles :	Réagir consciemment contre négligences et injustices.
Dispute défensive :	Abréagir tous les affects négatifs produisant un *dystress.*
Colère :	Explosion de notre affect. Passage d'un état de *soi* à un état de *hors soi.*
Scène de ménage :	Dispute alimentée par la colère.
Conflit :	Défense de deux positions de principe.
La crise :	Réexamen de l'ensemble des valeurs plus ou moins erronées, carentielles ou inadéquates qui sous-tendent notre couple.

6. Conflit et relation

C'est dans le couple que les difficultés relationnelles sont le plus difficile à surmonter.

a) Un manque d'intelligence relationnelle

Tout le monde sait qu'une vie de couple est faite de hauts et de bas. S'il est vrai que les couples vivant une vie épanouie et évolutive ne sont pas rarissimes, il faut bien convenir que lorsque nous regardons autour de nous, rares sont ceux dont nous pourrions affirmer qu'ils pourraient servir de modèle. Et, en effet, à notre sens, le couple est trop souvent le lieu de toutes les blessures, de tous les déchirements, de toutes les mutilations, de toutes les meurtrissures, de tous les assassinats. Pourtant, pris intrinsèquement, ces hommes et ces femmes s'entre-déchirant en couple sont des personnes estimables : elles ont un bon fond, un certain sens des réalités, une vision souvent humaniste de la vie. Alors, à quoi un tel état de chose tient-il ?

Nos disputes et nos conflits sont, pour l'essentiel, dus à notre *manque d'intelligence relationnelle* qui s'articule pour l'essentiel sur nos attentes de gâterie, nos attitudes concurrentielles, nos tendances autistes et égoïstes.

b) Nos attentes de gâterie

En dehors de ce que nous avons déjà pu exprimer dans un autre contexte à propos de la gâterie (voir chapitre II, paragraphe 2c), il convient de préciser ce qui suit :

S'étayant sur des reliquats d'enfance n'ayant plus rien à voir avec l'adulte que nous sommes, nos **attentes de gâterie** produisent un véritable « carnage » dans notre vie affective et ruinent toutes nos velléités de bon sens. Ce fléau touche toutes les couches de la société, toutes les classes, toutes les professions. Aucun d'entre nous — homme ou femme — n'est susceptible d'être épargné ; nul ne saurait y échapper. D'elles dépend donc, quelles que soient notre richesse matérielle ou notre position sociale (ministre, homme ou femme d'affaires, fonctionnaire, commerçant ou commerçante, paysanne ou ouvrier agricole), notre capacité personnelle au bonheur amoureux adulte.

Comment se traduisent dans notre vie quotidienne nos attentes de gâterie ? Par exemple, dans l'attente que l'autre **propose** à notre place (organisation de la prochaine sortie, de la prochaine invitation, du prochain week-end, des prochaines vacances...), ou encore qu'il **agisse** pour nous (prendre rendez-vous chez le dentiste, s'occuper de notre courrier personnel...), ou encore qu'il **décide** pour nous (de l'opportunité de régler un différend avec un collègue, d'acheter un nouveau costume), etc. Chacun ayant une façon bien particulière de se faire gâter, nous pourrions poursuivre cette liste à l'infini.

Le dépassement de la tendance à la gâterie constitue en fait la **véritable épreuve de tout candidat à la vie de couple.** C'est elle qui révèle si nous avons « liquidé » notre Œdipe (9) ou si nous baignons encore pleinement dedans.

La tendance à la gâterie constitue la véritable épreuve à toute candidature à la vie de couple.

9. En psychanalyse, la relation œdipienne est la relation amoureuse exclusive que le petit garçon veut vivre à l'égard de sa mère et la petite fille à l'égard de son père. Elle s'accompagne d'une position de rivalité à l'égard du parent du même sexe.

c) Nos positions concurrentielles

Le second volet de notre manque d'intelligence relationnelle réside dans notre tendance exagérée à la concurrence et à la rivalité.

Vivant dans un monde qui s'articule sur la violence et l'agressivité, sur le pouvoir individuel, la domination, l'inégalité des chances, l'injustice... nous tendons tous, plus ou moins consciemment, à développer des attitudes concurrentielles et personnalistes. Ces attitudes se retrouvent bien évidemment à tous les niveaux de notre vie, y compris à celui de notre couple.

La personnalité concurrente tend à partager le monde entre les *forts* (qu'on adule) et les *faibles* (qu'on dédaigne). Dans le couple, c'est généralement la femme qui sera assimilée au faible et l'homme au fort.

Évidemment, la concurrence n'est pas toujours une qualité humaine fondamentalement négative ; tout dépend des valeurs qui l'accompagnent. Nous devons lutter pour remporter des succès, travailler pour nous élever autant que faire se peut dans la hiérarchie sociale, déployer des efforts pour occuper des fonctions et des responsabilités intéressantes.

Mais s'il est vrai que la concurrence peut être considérée comme une forme d'émulation dans le domaine du travail, il est loin d'en être de même dans la vie amoureuse qui, elle, s'axe au contraire sur les nécessités d'une véritable coopération entre le compagnon et la compagne.

Comment nos attitudes concurrentielles se traduisent-elles concrètement dans notre vie de couple ? Par exemple, par nos comportements jaloux et exclusifs *(« Tu ne dois avoir d'yeux que pour moi ! »),* par nos attitudes d'infériorisation ou de rejet de l'autre *(« Tu as de la chance d'être tombé sur moi ! », « Tu es toujours à la traîne ! », « Tu es incapable de comprendre quoi que ce soit ! »...),* ou encore par les risques que nous lui faisons encourir pour bien lui montrer ses limites (sport à outrance, travail exagéré...), etc.

A notre avis, la concurrence au sein d'un couple ne peut être positive que lorsqu'elle s'inscrit non dans ce qui risque de nous opposer, mais dans ce qui est susceptible de nous *complémentariser,* par exemple dans tous nos efforts visant à éliminer nos idées préconçues et nos préjugés, dans toutes nos tendances d'évolution et de développement de notre personnalité, dans toutes nos soifs d'une meilleure connaissance de nous-même et des autres... bref, dans tout ce qui peut contribuer à notre orgueil intellectuel, moral et éthique.

d) Nos tendances autistes et égoïstes

Le troisième volet de notre manque d'intelligence relationnelle au sein du couple réside dans nos tendances « autistes » et « égoïstes ». Que signifient en l'occurrence ces termes ?

— Par **tendances autistes** nous entendons toutes les tendances que nous pouvons développer dans notre couple lorsque nous ne vivons que *par* et *pour* nous-même, sans tenir compte le moins du monde de la présence et de l'existence de l'autre (10).

— Par **tendances égoïstes** nous entendons toutes les tendances visant à faire de nous le *centre du monde* (11). Il s'agit de toutes les attitudes contribuant à nous conférer une suprême valeur et à reléguer l'autre dans un rôle « subalterne ».

Nos tendances autistes se traduisent donc par une absence de perception du monde d'autrui, tandis que nos tendances égoïstes se traduisent par une place démesurément privilégiée que nous pensons pouvoir nous octroyer au sein de la communauté humaine.

Contrairement à ce que nous pourrions penser, ces deux redoutables tendances que représentent l'autisme et l'égoïsme se retrouvent dans d'innombrables couples, et nous ferions bien de vérifier si notre propre couple n'en est pas lui-même infesté.

*

* *

10. Autiste vient du grec *autos,* signifiant soi-même.
11. Égoïste vient du latin *ego,* signifiant « moi ».

— Si nous voulons améliorer notre vie de couple, il nous faut repenser notre vie d'adulte et apprendre à mieux maîtriser nos attentes de gâterie et nos comportements concurrentiels.

— Pour cela, comprenons qu'une vie d'adulte n'a pas pour finalité les seules situations de gâterie ou de rivalité.

— Apprenons à développer un monde relationnel et sentimental plus large et plus riche qui tienne compte de notre propre personne, bien sûr, mais aussi de celle de notre compagnon ou de notre compagne.

— Apprenons à davantage vivre sur le mode *relationnel* que sur celui des *envies éphémères*.

7. La personnalité belliqueuse

« Je veux, j'exige, il faut ! »

a) Le recours à la « terreur »

Nous avons passé en revue les quelques types de différends produisant « mésentente » dans le couple et avons analysé leur dynamique. Mais il advient parfois — encore trop souvent, hélas ! — que certains d'entre nous n'aient aucune idée de l'existence même de ce genre de dynamique et qu'ils vivent le couple non comme un lieu de communication et d'échange privilégié, mais comme un **véritable champ de bataille** au sein duquel les affrontements les plus rustres et les plus primaires pourront avoir lieu sous l'œil interdit et médusé du marquis de Sade et du chevalier Masoch (12).

Disons-le d'emblée, cette façon d'envisager la vie de couple est celle des faux forts, c'est-à-dire des faibles : ceux et celles qui ont recours à la force et à la terreur, car ils ne se sentent

12. Le marquis de Sade (1740-1814) était connu pour ses jeux d'amour cruels. Moins célèbre, le chevalier aristocrate Sacher-Masoch (1836-1895), écrivain également, a donné son nom au masochisme.

pas de taille à régler les problèmes comme le ferait une personne équilibrée et douée d'un minimum de « sens relationnel ». Observons de plus près ce genre de comportement, ne serait-ce que pour nous préserver de l'idée d'y avoir nous-même un jour recours.

Ce qui distingue ce type d'individus, c'est qu'ils vivent la vie en général et le couple en particulier comme un lieu exclusif de concurrence, de rivalité et de compétition. Tous leurs efforts sont tournés vers la « victoire ». *« Gagner, vaincre, anéantir, inféoder coûte que coûte »,* telle pourrait être leur devise. Toute rencontre avec autrui est assimilée à une bataille à livrer et toute discussion avec leur compagnon ou leur compagne à une dispute devant être « emportée ». Pour ce faire, tout est bon : manipulation, téléguidage, chantage aveugle, terrorisme psychologique sont le pain quotidien de ce type de personne, quand ce n'est pas tout simplement la violence physique et les coups (13).

b) Les « ayatollah » du couple

L'attitude belliqueuse est le comportement habituel de ceux qui ne savent pas *verbaliser sereinement* les choses. Pour eux, la finalité de toute discussion n'est pas de parvenir à une meilleure compréhension d'un problème ou d'une situation, mais de blesser l'autre au plus profond de lui-même. Le dialogue, l'échange étant vécus comme une « menace » pour leur hégémonie, ils éviteront toute communication authentique et préféreront imposer de façon agressive et violente des positions unilatérales et arbitraires. A cet effet, les armes les plus mesquines pourront être utilisées : insinuations, contrariétés, méchancetés, manque de respect, cynisme, sarcasmes... bref, toutes les blessures pouvant entamer la dignité de l'autre.

Ce type de comportement, concédons-le, se rencontre beaucoup plus fréquemment chez l'homme que chez la femme.

13. Voir dans *Vivre sa vie* (paragraphe 7 : « Le terrorisme psychologique »).

Les « ayatollah » du couple.

Disons-le sans détour, il est la plus flagrante expression de l'homme névrosé vivant dans une société et dans un milieu tout à la fois imbécilisant, déresponsabilisant, patriarcal et machiste.

Ne voulant pas fournir à ces individus d'armes psychologiques supplémentaires pour briser davantage encore le compagnon ou la compagne partageant cette triste vie, nous n'en dirons pas davantage ici.

— Que le belliqueux sache pourtant que son attitude soi-disant *forte* n'est que la traduction d'énormes sentiments d'infériorité, de préjugés massifs et d'une incapacité à régenter sa propre vie.

— Qu'il comprenne aussi qu'il est le premier à payer ses attitudes belliqueuses. En effet, par les tensions nerveuses et les stress auxquels il se soumet, il perturbe gravement sa santé psychique et son équilibre nerveux.

— Qu'il prenne enfin conscience qu'en poursuivant sa politique d'oppression, il s'empêche toute évolution sociale, professionnelle et amoureuse.

Que la personne subissant les sévices psychologiques ou physiques de ce type d'individus sache qu'il existe de nombreuses associations d'aide et de soutien (S.O.S. écoute, S.O.S. femmes battues...) auxquelles elle peut gratuitement avoir recours.

8. Les répercussions psychosomatiques de nos escalades conflictuelles

« Quand je vais bien, il est méchant ; quand je vais mal, il s'occupe de moi. »

« Pourtant, s'il était gentil avec moi quand je vais bien, je n'aurais pas besoin d'aller mal. »

a) L'inscription des problèmes dans notre corps

Nous avons passé en revue et analysé dans les derniers chapitres les différentes sortes de courroux que nous pouvions vivre au sein de notre couple. Nous avons vu avec la « *personnalité belliqueuse* » que le crescendo de nos humeurs pouvait nous conduire aux emportements paroxistiques les plus aberrants et les plus névrotiques.

Cependant, il est une chose que nous avons mentionnée de façon trop superficielle et qui mérite un certain détour : il s'agit de ce que la médecine moderne nomme prudemment les « *affections psychosomatiques* ». La *vox populi* connaît bien ces affections ; au demeurant, certaines sont même passées dans le langage courant : ne dit-on pas que telle obligation nous « *gonfle* », telle perspective nous « *donne des boutons* », telle remarque nous « *ulcère* » ?

Un livre entier ne suffirait pas à exposer cette très difficile

L'inscription de nos problèmes dans notre corps.

question, mais qu'il nous soit néanmoins permis d'attirer l'attention du lecteur et de la lectrice sur l'**incidence psychosomatique** de nos querelles, de nos disputes et de nos crises.

La vie de l'homme dans nos sociétés dites « évoluées » se caractérise par des pressions et des tensions de toutes sortes auxquelles nous pouvons difficilement nous soustraire. Notre rythme de vie est scandé par des obligations professionnelles (fatigue des transports en commun, stress de la rentabilité, de la concurrence, de la rivalité...) et des contingences sociales (meilleure habitation, meilleure voiture, meilleure école pour les enfants...) de plus en plus accaparantes, de sorte que le foyer familial, lorsqu'il n'est pas trop contaminé par la télévision, apparaît comme l'un des derniers bastions où le compagnon et la compagne peuvent encore se retirer pour reprendre leur souffle et panser leurs blessures.

Mais lorsqu'un couple traverse une crise grave ou vit en difficulté constante, lorsque trop de disputes et de conflits « gangrènent » la solidarité de fait qui devrait régner au sein du foyer, ce dernier bastion cesse d'être une « place forte » nous préservant d'une certaine *extériorité* stressante, et devient le lieu des traîtrises les plus consommées.

Tandis que le couple devrait être la source de toutes les alliances, de toutes les solidarités, de tous les amours, il devient alors, hélas ! celui de toutes les hypocrisies, de toutes les lâchetés et de tous les abandons. Les répercussions morales et émotionnelles de ces « traîtrises » sont si redoutables qu'elles en arrivent même à **affecter notre santé physique.**

b) Le prix des maux

Dès lors qu'un individu souffre dans son esprit ou dans son émotion, son corps « enregistre ». En effet, aucun de nos emportements, de nos irritations, de nos énervements, de nos colères ne sont « gratuits ». Que nous nous en rendions compte ou non, notre corps les comptabilise et il advient toujours un moment où il nous faut payer l'addition : même la peau la plus saine peut déclencher des éruptions désagréables, l'estomac le plus « bétonné » finir par produire un ulcère, le cœur le plus solide manifester des palpitations inquiétantes...

Bien sûr, un tel état de chose ne ressort évidemment pas exclusivement de nos conflits de couple et de nos scènes de ménage. Il existe en chacun de nous un *terrain,* une *prédisposition* plus ou moins évidente à ce genre de manifestations physiques. Cependant, de même qu'il est loisible d'affirmer que tout *dystress* (14) produit un effet sur notre corps, de même peut-on alléguer que tout conflit ou toute crise de couple influence notre santé physique.

Évidemment, notre vie quotidienne est infiltrée par tant de névroses invisibles que nous ne nous apercevons la plupart du temps même pas du lien pouvant exister entre notre « style de vie conjugal » et notre santé physique. Nous courons donc chez notre médecin traitant et, lorsque celui-ci se risque à mention-

14. Rappelons-le le *dystress* est un stress négatif.

ner le lien pouvant exister entre notre état *physique* et notre état *psychologique,* nous nous sentons déçu qu'il n'ait rien trouvé de plus « tangible » dans son diagnostic et tendons même à ne pas le prendre au sérieux, mettant ainsi en doute la compétence même dudit spécialiste : « *Pensez, Docteur, j'ai toujours vécu comme ça et je me suis toujours porté comme un charme ; il doit donc y avoir autre chose !* »

En dehors de toute question « esthétique » (15), nos escalades conflictuelles se paient de la manière suivante :

— **Pour la personnalité tendant à la soumission :** toute insécurité affective profonde, tout besoin d'affection ou d'amour non gratifié, toute crainte d'abandon et de « désamour », toute déception, privation, déplaisir ou humiliation, toute inhibition, toute rumination ou angoisse intérieure, toute émotion violente pourra se traduire sur le plan psychosomatique par des affections plus ou moins marquantes et douloureuses.

— **Pour la personnalité tendant à l'agressivité :** toute tendance à la vindicte, à l'agressivité, à la vocifération, aux hurlements, aux emportements physiques, à la violence, aux crises de rage, à la domination, à la rivalité à outrance, à l'inféodation de l'autre, etc., comporte le même genre de risques.

Voici une courte liste des affections psychosomatiques que les uns comme les autres sont susceptibles de rencontrer : sudation excessive, chute des cheveux, pleurs incontrôlés, tétanie (tremblements), insomnies, migraines, douleurs de gorge, éruptions cutanées, hypertension artérielle, palpitations, etc.

Dans d'autres registres : ballonnements, vomissements, brûlures gastriques, diarrhée ou constipation, colites, troubles urinaires, problèmes de menstruations, etc.

Dans le domaine de la sexualité : anorgasmie ou vaginisme (difficultés de pénétration) chez la femme, incapacité d'érection, éjaculation précoce chez l'homme, etc.

---

15. Nos colères nous enlaidissent toujours (mâchoires serrées, front plissé, tics, rictus...). Que ceux et celles qui n'en sont pas persuadés se regardent dans de tels moments dans un miroir !

— Comme nous pouvons le constater, les manifestations psychosomatiques de nos problèmes conjugaux et de nos mésententes sont nombreuses. Quelle que soit notre robustesse, ne croyons pas que nous puissions en être exempt.

— Comprenons que ce ne sont pas tant les quelques grands conflits fondamentaux rencontrés au cours de notre vie qui alimentent notre champ psychosomatique et qui corrodent notre capital santé, que les mille petites émotions négatives répétées, les mille colères implosées et explosées, bref, les mille conflits et soucis quotidiens qui seraient la plupart du temps aisément évitables si seulement nous prenions davantage conscience de notre dignité d'homme et de femme.

— Enfin, il n'est pas négligeable de souligner qu'il existe un effet pervers dans nos manifestations psychosomatiques puisque, entamant notre santé, elles altèrent notre humeur et nous rendent plus susceptible, donc plus querelleur.

9. Le « terme » de nos conflits

Se taire, comme les armes à la guerre se taisent, faute de munitions.

L'une des questions qui nous reste maintenant à traiter est de savoir comment mettre un terme à la situation de dispute, de conflit ou de crise que nous avons déclenchée, car il arrive forcément un moment où il faut *déposer les armes.* Cette question est beaucoup plus importante qu'il n'y paraît car d'elle dépendra le « style » de notre relation à venir : soit nos efforts déboucheront sur des perspectives fructueuses, soit ils n'auront été qu'un coup d'épée dans l'eau.

Il faut, hélas ! concéder que nos disputes relèvent généralement de la seconde situation. Pourquoi ? Car la plupart d'entre nous sont incapables — faute d'avoir appris — de gérer de façon fructueuse la fin d'un conflit. Nous allons, dans un premier temps, examiner les façons erronées de gérer la fin d'une dispute ou d'un conflit puis, dans un second, tenter de définir quelques éléments pouvant contribuer à des solutions efficaces et fructueuses.

a) La cour des miracles

La plus inefficace façon de régler un conflit réside certainement dans l'agression et l'inféodation de l'un, et dans la contre-agression et la soumission de l'autre. Il s'agit là de toute évidence de la politique de la *personnalité belliqueuse* que nous avons évoquée précédemment. Il faut malheureusement reconnaître que cette forme d'affrontement final reste couramment employée, surtout par les hommes. S'il nous fallait l'expliquer, c'est pour l'essentiel dans nos deux mille ans de christianisme qu'il faudrait aller y chercher une réponse (16). Toutes les idées préconçues du style : « *Pour le meilleur et pour le pire* », « *Qui aime bien châtie bien* »... viennent alimenter ce type de relation sadomasochiste qui fait davantage penser à la « cour des miracles » qu'à une relation amoureuse aspirant à une **certaine ambition humaine.**

Il est clair qu'ici rien n'aura été retiré de la dispute si ce n'est, éventuellement, la possibilité d'avoir pu évacuer un certain « fiel » en « *relâchant la soupape* ». Les reproches se seront faits plus amers, les meurtrissures plus profondes, les désespoirs plus achevés encore.

Il apparaît bien difficile de donner ici quelques conseils succincts à l'agresseur et à l'inféodé, car leur relation de type sadomasochiste est certainement liée à l'éducation autoritaire qu'ils ont reçue depuis leur plus tendre enfance et plonge dans les racines même de leur personnalité.

Que le compagnon (ou la compagne) faisant subir à l'autre son agressivité et son hégémonie sache que s'il « s'acharne » sur l'autre, il finira certes par extirper de lui le discours qu'il

16. Dans son évangile, saint Paul n'exprime-t-il pas lui-même : « *Que la femme soit soumise à l'homme.* »

souhaite entendre, mais il ne devra pas s'étonner si ses faits et ses actes ne correspondent pas au discours tenu.

Que la compagne (ou le compagnon) subissant ce genre d'autorité sache que personne n'a le droit d'*abîmer* sa vie. **Il existe tellement de personnes qui sont prêtes à nous aimer, qu'il est dommage de rester avec quelqu'un qui ne nous aime pas !**

b) Le repli silencieux

A l'opposé de la situation que nous venons d'examiner — heureusement finalement assez peu fréquente (17) — existe un autre type de comportement conduisant à l' « avortement » systématique de la dispute ou du conflit : il s'agit de la *mise sous silence.* La tension s'est produite, la dispute ou le conflit a eu lieu, les reproches ont été adressés, les menaces éventuellement proférées et puis... Et puis un silence ouaté s'est établi, on s'est replié dignement sur soi-même, on s'est épié pendant un certain temps, on s'est poliment ignoré, on a provisoirement banni la sexualité, puis la vie a repris son cours jusqu'à ce qu'un événement extérieur (invitation, réception, voyage, problème avec les enfants...) vienne mettre un terme à cette vaine et inutile tension. Se rappelle-t-on seulement pourquoi l'on était « *parti en guerre* » ? La plupart du temps, même pas.

Mais ces non-dit, ces non-résolus, ces non-dénoués, ces non-conclus sont autant d'imperceptibles affects qui vont venir alimenter notre rancœur et vider notre sentiment amoureux. On a failli résoudre, mais on a éludé.

c) La méthode de l'oreiller

Nombre d'entre nous pensent que la meilleure manière d'apporter un terme à une dispute ou un conflit est de se « réunir » dans la sexualité. Évidemment, l'obscurité est propice

17. Il n'en reste pas moins vrai que d'après des statistiques récentes effectuées en France une femme sur dix était battue par son mari.

au rapprochement : on a moins peur d'avoir honte, de passer pour un faible. On se rassure en se disant que « *l'esprit est fort mais que la chair est faible* », en d'autres termes que si l'on a été vaincu côté cœur on n'a pas pour autant perdu la partie sur le plan des idées qu'on défendait. Mais s'il est vrai que, adouci par le bien-être physique ressenti après l'union sexuelle, nous nous trouvons davantage disposé à écouter ce que nous refusions d'entendre auparavant, les concessions réalisées concernent souvent plus les questions satellites que l'objet de la dispute ou du conflit lui-même.

La méthode de l'oreiller ne règle pas les problèmes, elle les déplace seulement dans le temps. Tôt ou tard, il faudra bien aborder ou réaborder franchement la question préoccupante qui avait été le point de départ de la dispute ou du conflit.

Ainsi, pour reprendre une dernière fois l'exemple du couple Desjardin, si tous deux se réconcilient sur l'oreiller, la question fondamentale de la reprise de son activité professionnelle par Mme Desjardin ne sera pas réglée pour autant. En effet, dans l'esprit de M. Desjardin, le fait d'avoir fait l'amour avec sa femme sera interprété comme : « *Si elle a fait l'amour avec moi, c'est qu'elle est disposée à abandonner son idée de travail* », tandis que dans l'esprit de son épouse, le fait de s'unir par la chair avec son mari pourra signifier : « *Si je fais un geste vers lui, peut-être assouplira-t-il sa position.* »

*
* *

S'il est vrai que la « méthode de l'oreiller » peut avoir du bon (en nous empêchant, par exemple, d'aller plus loin dans l'escalade de nos bêtises et de nos méchancetés), ne croyons pas qu'elle règle les conflits pour autant. Lorsque nous y avons recours, efforçons-nous donc de ne pas *enterrer* le différend qui nous avait conduit à monter aux créneaux, mais profitons de la proximité retrouvée pour le réaborder à froid un peu plus tard.

d) Les discussions nocturnes interminables

Proche de la méthode de l'oreiller, existe une autre façon erronée de mettre un terme à nos disputes ou à nos conflits : il s'agit des interminables discussions nocturnes. En effet, il advient souvent que le lit, au lieu d'être réservé au sommeil et à l'amour, soit utilisé comme « centre stratégique » à partir duquel le compagnon et la compagne vont tenter, chacun de leur côté, de « négocier » (quand ce n'est pas de « fomenter ») des tactiques politiques visant à rallier l'autre à leur point de vue, comptant sur l'effet anesthésique de la nuit noire et du silence. Ces discussions — qui perdurent généralement jusqu'à une heure fort avancée de la nuit — ne constituent cependant pas de véritables tentatives de dialogue, mais apparaissent la plupart du temps comme des *monologues réciproques.* La discussion s'arrête faute d' « adversaire », l'un ou l'autre ayant été saisi par le sommeil et s'étant endormi.

Il est vrai que ces discussions nocturnes constituent souvent la seule façon de « contraindre » le compagnon (ou la compagne) à la parole lorsqu'il a, durant la journée, recours à tous les moyens pour s'y soustraire. Mais comprenons qu'elles débouchent rarement sur un vrai dialogue. En tout cas, restreignons-les à un laps de temps assez court. A notre avis, au-delà d'une demi-heure ou trois quarts d'heure, les arguments se répètent et ne servent plus à rien.

e) La distance interposée

Plutôt que d'avoir recours aux méthodes qui ont été abordées jusqu'à présent, nous pouvons envisager des manières plus actives et plus efficaces pour amorcer la fin d'une dispute ou d'un conflit. Deux d'entre elles nous semblent particulièrement intelligentes : il s'agit du pli fermé et de la communication téléphonique.

— Le **pli fermé :** lorsque nous ne parvenons pas à nous faire entendre de notre compagnon ou de notre compagne, nous pouvons tenter de « *faire passer le message* » en couchant par écrit ce que nous ne parvenons pas à lui exprimer verbalement. Cette méthode comporte trois avantages principaux :

D'abord, elle nous permet de prendre un peu de distance par rapport à notre différend et de faire le tri de nos griefs, laissant ainsi de côté toute une série de champs de bataille secondaires qui nous porteraient à en rire nous-même si nous les voyions écrits noir sur blanc.

Ensuite, elle saisit l'autre dans un moment de solitude (donc dans un moment où ses défenses se trouvent abattues), ce qui le portera à considérer avec plus de recul et de sérénité l'objet du différend. En outre, les mots écrits pénètrent toujours mieux l'esprit de celui qui les lit puisqu'il peut y revenir plusieurs fois.

Enfin, il est indéniable qu'un « pli fermé » confère toujours un côté de gravité à la situation vécue : « *Pourquoi cette lettre ?* », « *N'ai-je pas été trop loin ?* », « *Est-ce une lettre de rupture ?* »...

Le pli fermé et la communication téléphonique sont des méthodes de transition pour amorcer un dénouement du conflit, mais elles devront être relayées par une discussion en tête-à-tête.

— La **communication téléphonique** est la seconde manière d'amorcer la fin d'une dispute ou d'un conflit. Le téléphone comporte l'avantage de nous placer tous deux sur un terrain neutre : nous sommes dans notre « élément », notre compagnon (ou notre compagne) dans le sien. Toutes les « étincelles » qui pourraient jaillir du fait de notre proximité trop immédiate se trouvent ainsi beaucoup mieux « contenues ». Nous savons (et l'autre le sait en même temps que nous) qu'à n'importe quel moment nous pouvons, de notre propre gré, mettre un terme à la discussion si nous nous sentons trop violemment attaqué. Cette latitude de faits et de gestes nous permet de nous laisser aller et d'abattre nombre de nos défenses que nous continuerions d'ériger si nous étions l'un face à l'autre.

Au demeurant, il nous est aussi loisible d'avoir recours à l'une et à l'autre manière. Par exemple, en glissant un pli fermé dans la poche ou dans le sac de notre compagnon ou de notre compagne, puis en l'appelant au téléphone quelques heures plus tard.

Ces deux manières de faire sont certainement beaucoup plus efficaces que celles qui ont été mentionnées précédemment. N'y ayons cependant pas recours de façon systématique. Comprenons qu'il ne s'agit là que de *méthodes de transition* pour « amorcer » un dénouement de la dispute ou du conflit. Dans tous les cas elles devront nécessairement être relayées ensuite par une discussion en tête-à-tête.

f) Gérer la fin du conflit

Si nous souhaitons comprendre et régler « en adulte » notre dispute ou notre conflit, nous devons nous efforcer de suivre le cheminement passant par les sept *acceptations* suivantes :

1. **Accepter** l'existence même du conflit, en d'autres termes ne pas jouer la politique de l'autruche.

2. **Accepter** provisoirement qu'il y ait conflit, c'est-à-dire accepter que nous puissions temporairement tenir le rôle du « méchant », ou être « désaimé » par l'autre.

3. **Accepter** que nous puissions ressentir en nous une certaine colère. La colère confère de la valeur à ce que nous défendons. Elle valorise aussi ce que nous représentons. Cependant, nous pouvons vivre notre colère (en la verbalisant par les mots, par exemple) sans pour autant éclabousser tout le monde comme le ferait un enfant en mal de gâterie.

4. **Accepter** de chercher nos propres points de repère par rapport à ce conflit en nous posant des questions telles que : *« Est-ce que je me trouve sur un champ de bataille primaire ou secondaire ? », « Quelle importance cette question aura-t-elle dans six mois, dans un an ? ».*

5. **Accepter** d'ouvrir la discussion, par exemple en envisageant que ce soit nous qui puissions faire le premier pas vers l'autre, ou encore en en choisissant le moment adéquat (il n'est pas certain que les embouteillages de sortie du bureau ou de sortie d'école soient le meilleur moment pour entamer le dialogue).

6. **Accepter** de parler le langage « Je » et non le langage « Tu ». Exprimer comment nous ressentons nous-même les choses sans faire intervenir la personne de l'autre. Par exemple, exprimer : « *Je ne parviens pas à te faire comprendre ce que je veux dire* » et non « *Tu ne comprends jamais rien !* ».

7. **Accepter** qu'il n'y ait pas un perdant et un gagnant, mais deux gagnants. Pour cela, il faut avant tout comprendre que **ce n'est pas forcément celui qui déclenche le conflit qui en est à l'origine**. Un conflit nécessite deux incompréhensions et non une seule. Il nous faut ensuite éviter de tomber dans des situations de rivalité qui nous conduiraient à vouloir frustrer ou punir l'autre.

g) Possibilités et limites du conflit de couple

Nous l'avons vu, comme dans les autres domaines vitaux la vie à deux nous conduit nécessairement à vivre certaines tensions, certaines colères, certaines crises. Tous ces conflits ne sont pas inutiles : ils nous permettent, puisque nous ne le faisons pas nous-même de notre plein gré, de re-situer de loin en loin nos engagements et de vérifier si nous ne faisons pas fausse route dans nos valeurs et nos choix de vie. Le conflit de couple est donc une sorte d' « accident » (18) que nous faisons survenir pour que les choses bougent.

Mais attention ! il ne faudrait pas utiliser le lieu du couple pour abréagir toutes nos incapacités de vie et toutes nos frustrations. En ce sens, le couple pourrait être comparé au port d'attache d'un vaisseau : il s'y réfugie certes lorsque les éléments extérieurs se déchaînent ou lorsque les avaries qu'il a essuyées doivent être réparées, mais il y vient surtout et essentiellement pour décharger tous les trésors qu'il a récoltés au cours de ses voyages. Car le propre du navire, c'est avant tout d'aller à la découverte de nouvelles richesses et de nouvelles connaissances et de les rapporter à son port d'attache. Il en va de même pour notre couple : **l'accident fait partie de son parcours mais ne constitue en aucun cas sa raison d'être.**

18. En latin classique, *accidentis* désignait un événement heureux *ou* malheureux qui survenait de façon fortuite. Peut-être est-ce ce qui faisait dire à James Joyce que « *l'accident est la porte vers l'avenir* » ?

CHAPITRE X

Enfants et parents face aux mésententes dans le couple

Maintenant est venu le moment d'envisager le rôle des enfants et des parents dans les mésententes de couple.

Si nous nous sommes permis de laisser à part ces deux questions, ce n'est certainement pas du fait d'une ignorance ou d'une sous-estimation de leur rôle et de leur interaction au sein de la famille mais, ainsi que nous l'avancions en préambule du présent ouvrage, aux fins d'une meilleure compréhension des implications avant tout « personnelles » de chacun d'entre nous dans nos mésententes de couple, en d'autres termes des *limites de notre propre personnalité.*

Entrons maintenant de plain-pied dans ces deux brûlantes questions.

1. L'enfant préservé

Une mésentente muette.

a) Harmonies, harmonie

Tous les couples vivant une relation amoureuse « normale » savent combien les enfants peuvent influencer leur vie conjugale.

Ce jeu s'exerce la plupart du temps de façon positive, les enfants servant de « thermostat » face aux variations de la chaleur amoureuse de la vie du couple.

Lorsque la pression monte légèrement entre le père et la mère, elle se voit « détournée » vers l'enfant qui joue alors le rôle de relais sur lequel les émotions positives peuvent converger et transiter en attendant qu'une normalité de sentiment se rétablisse entre le compagnon et la compagne. Lorsqu'elle tend à monter davantage, elle est court-circuitée, la présence de l'enfant empêchant généralement toute dispute virulente.

L'une des préoccupations majeures des parents est de préserver l'équilibre psychique et affectif de leur enfant. A cet effet, ils s'efforcent de contenir leurs dissensions et leurs différends, de sorte à ne pas produire d'éclaboussures intempestives qui pourraient venir insécuriser leur progéniture. Qui s'en plaindrait, qui trouverait à y redire ?

Mais il advient parfois que les parents exagèrent véritablement cette tendance et que, petit à petit, la préservation de l'équilibre de l'enfant se trouve supplantée par un **besoin compulsionnel de faire régner l'harmonie** tout court. Ils désamorcent alors le plus petit désaccord, le moindre différend, la plus légère dispute. Tout doit se passer dans le calme, tout doit être mis en œuvre pour préserver l'harmonie. Dès qu'une pensée tente de s'évader, dès qu'un avis diffère, dès qu'un point de vue s'écarte un tant soit peu de la « convention d'harmonie », il se voit immédiatement réprouvé et condamné à être étouffé dans la ouate de la discrétion parfaite et du silence le plus entendu.

Qu'advient-il des irritations, des énervements, des exaspérations ? Où les emportements, les indignations et les courroux passent-ils ? Que deviennent les rages, les fureurs, les révoltes ? Réprimés, comprimés, supprimés, enfouis... Savoir-vivre oblige !

Mais les parents se sont-ils seulement interrogés sur la question de savoir comment l'enfant se situe face à ce mur de la bonne conduite en société familiale, comment il *ressent* et comprend ce monde d'harmonie qui lui est proposé, voire imposé ?

b) L'harmonie à tout prix

Nul ne le contestera : l'enfant a besoin d'harmonie, mais pas d'*harmonie à tout prix !* Que les parents s'en rendent compte ou non, l'enfant possède en lui une « intuition sensible » qui lui permet de détecter les désaccords et les conflits parentaux. En effet, même s'il le passe sous silence — le plus souvent par pudeur — l'enfant perçoit très bien lorsque les parents ne sont pas *en phase*, même s'ils miment un « *tout va pour le mieux dans le meilleur des mondes* (1) ».

A quoi s'en rend-il compte ? A l'image d'ensemble que donnent d'eux-mêmes le père et la mère. Sont-ils engagés dans la vie, sont-ils ouverts aux responsabilités sociales ? De façon plus intrinsèque, paraissent-ils en accord avec eux-mêmes. Leurs gestes et leurs actes semblent-ils découler de leur discours ou existe-t-il un hiatus (2) ?

L'harmonie est un facteur d'équilibre fondamental pour la bonne croissance d'un enfant, mais ne confondons pas *harmonie* et *harmonie à tout prix*. L'*harmonie à tout prix* est un processus qui, loin de faciliter la vie de l'enfant, la lui complique au contraire, car manquant de modèles d'identification il ne peut acquérir l'image personnelle du futur homme ou de la future femme qui aura à se battre pour vivre un couple digne de ce nom.

La « culture » d'une *harmonie à tout prix* pour le bien de l'enfant correspond-elle à ses futurs besoins vitaux ? Rien n'est moins sûr ; en tout cas, qu'il nous soit permis d'en douter. Pourquoi ? Car la personnalité humaine est un tout, une unité, une entité. Elle n'est jamais ni complètement ordonnée, ni complètement chaotique. Ne vouloir montrer à l'enfant qu'une vie « harmonisée » reviendrait à ne pas prendre en compte la multiplicité et la diversité de la vie humaine à laquelle il aura à se confronter dans sa vie d'adulte.

1. Nous avons emprunté cette phrase à Voltaire *(Candide)*.
2. Un enfant peut-il vraiment croire que tout va bien lorsqu'un père et une mère passent leur temps à somatiser dans les maladies les plus diverses ?

— Si nous faisons partie des couples « hyper-harmonisateurs », comprenons que même si notre attitude face à notre enfant part d'un bon fond, elle n'est ni un service que nous lui rendons, ni un service que nous rendons à notre couple.

— Au lieu de passer notre temps à « arrondir » des angles qui ont pour nature d'être « pointus », apprenons donc à envisager la vie sous le signe d'une complémentarité dynamique et synergétique.

— Sans tomber dans l'opposition systématique, enrichissons-nous de nos différences, même s'il nous faut parfois les défendre ardemment.

— Le plus beau cadeau que nous puissions faire à l'enfant né de nous est de lui donner à vivre l'expression harmonieuse de nos différences auxquelles il pourra s'identifier pour vivre sa propre multiplicité ontologique. Cela lui évitera de se sentir coupable face à ses propres sentiments et à ses propres humeurs.

2. L'enfant déifié

Les enfants, ce ciment que certains fabriquent pendant vingt ans pour colmater leurs propres failles.

a) Prétexte, prétextes

Trop souvent, hélas ! prétexte est pris sur le dos des enfants pour justifier ou avaliser les situations de couple les plus injustifiables et les plus aberrantes. Cela est pour l'essentiel dû au fait que nombre d'entre nous ne construisent pas leur vie autour de conceptions et de projets de vie *propres* (aspirations professionnelles, philosophie de la vie...), mais attendent que leur union et les enfants qui en naîtront leur en fournissent une.

Et en effet, le pas est aisément franchi qui mène chacun d'entre nous à confondre les « événements » ponctuant la vie de couple (mariage, naissance des enfants...) à la vie elle-même.

Grave erreur qui se paie après quelque temps de vie commune, lorsque nous commençons de nous sentir déçu de notre compagnon ou de notre compagne, et restreint par la présence des enfants.

Mais ce qui est fait est fait ; des engagements ont été pris vis-à-vis de l'autre, des êtres sont nés de cette union, et l'horizon d'une vie décidée, choisie et voulue en toute conscience s'éloigne au fur et à mesure que les contingences se font plus précises et plus pressantes, que l'étau de la vie quotidienne se resserre davantage. Le fantôme de la rancœur guette à la fenêtre, prêt à s'abattre sur le coupable trop consentant que fut celui

Le fantôme de la rancœur guette à la fenêtre, prêt à s'abattre sur le coupable !

ou celle dont on attendit en vain l'étincelle de vie qui pourtant nous faisait à nous-même défaut.

On s'efforce donc de vivre sans trop s'interroger, tout en ressentant confusément en soi que quelque chose d'autre devrait bien exister quelque part qui rende toute cette vie plus sensée. Oui, un sens de la vie qui nous guide dans nos options, dans nos décisions, dans nos actes. Mais comment un tel sens de la vie pourrait-il bien surgir s'il n'existe pas en nous ?

On s'en crée donc un : on s'investira dans la vie des enfants à défaut de s'investir dans sa propre vie. Et petit à petit, ces êtres nés de l'union (amoureuse ou non) vont se voir conférer un rôle démesuré, allant jusqu'à dépasser cette union même, reléguée d'un seul coup au rang d'accessoire. L'enfant, point sur le « i » du couple, est devenu « i » à part entière. A partir de cet instant les enjeux changent. Le compagnon et la compagne ne sont plus *sujets* opérant au sein de la cellule familiale, mais *accessoires* actifs « satellisés » autour de leur progéniture.

b) Un code de conduite progénital

L'on peut s'imaginer de combien de frustrations et de sentiments d'insuffisance personnelle s'accompagne une telle satellisation. Mais, sens de la vie oblige, on extrait et on idéalise la fonction parentale. Telle un totem, celle-ci se voit offrir les renoncements et les autosacrifices les plus poussés et les plus indifférenciés. Dorénavant, le nouveau dieu portera le nom *Enfant*. Tout passera par lui. Il sera vénéré à toute heure du jour et de la nuit ; sur son autel seront déposés privations, abnégations, dévouements, désintérêts et abandon de soi.

La *vérité de vie* du compagnon et de la compagne se trouve donc effacée au profit de la *vérité progénitale*. En d'autres termes, c'est l'enfant qui, dorénavant, sera le critère de *vérité de base* de toute chose relevant du couple.

Dès lors, le sens de la vie du compagnon et de la compagne (ou de l'un des deux seulement) ne sera plus axé sur une intelligence personnelle, mais sur un « mode de conduite progénital ». Ce code, fondé pour l'essentiel sur les préceptes familiaux provenant de l'éducation parentale vécue respectivement par l'un et l'autre, fera figure de vérité, donc de commandement. Là résident pour la majeure partie les conflits qui alimenteront la vie du couple (que convient-il de faire ou de ne pas faire, de manger ou de ne pas manger, de dire ou de ne pas dire, etc. ?). Partant de telles prémisses, tout commandement enfreint par l'un ou l'autre des deux parents pourra être et sera sanctionné par une remontrance, par une remise en place ou par une remarque désagréable ou désobligeante.

La boucle est bouclée : on s'est découvert un but dans la vie, on s'est trouvé un instrument de pouvoir, **on s'est inventé un moyen de vivre.**

c) Quand l'enfant perd ses références

Mais, vit-on pour autant ? Et puis, s'est-on seulement préoccupé de savoir si le sacrifice et le renoncement des parents remplissaient véritablement les besoins de l'enfant ?

Il est permis d'en douter car, plus que d'une position de Dieu intouchable, adulé et adoré — qu'il ne pourra de toute manière jamais tenir plus tard, dans sa vie en société — l'enfant, pour évoluer et devenir grand, a besoin d'images d'identification concrètes, originales, solides, plausibles. Or, lorsque nous vivons non notre propre vie mais au travers de celle des autres, nous nous trouvons soumis — que nous nous en rendions compte ou non — à nombre d'angoisses et de stress que nous répercutons inconsciemment sur notre progéniture. Toutes ces inquiétudes face à une vie non vécue et non maîtrisée se voient transférées sur l'enfant qui développe tout à la fois des attitudes d'orgueil (folies des grandeurs du Dieu intouchable) et d'angoisse (attitudes timorées et méfiantes).

On peut s'imaginer combien de telles attitudes peuvent handicaper l'enfant tant dans sa perception du monde environnant que sur le plan relationnel car, toute extériorité apparaissant comme hostile et dangereuse, il tendra à mettre en place un mécanisme de protection et de défense le conduisant inévitablement à l'isolement.

Le meilleur service que des parents puissent rendre à un enfant est de vivre non *au travers* mais *devant* lui. Comment ? Par exemple en lui montrant comment on empoigne la vie, comment on va la conquérir, comment l'effort nous permet de donner corps à nos projets, comment on surmonte les difficultés et on surpasse les échecs... bref, **comment on construit une vie.**

3. L'enfant accusé

Haro sur le plus faible !

a) Un bon alibi

Dans un couple, lorsque le compagnon et la compagne souhaitent avoir un enfant, celui-ci est attendu avec la plus vive impatience et, lorsqu'il est enfin là, leur vie se trouve comme enrichie par cette présence supplémentaire. Tout devient différent ; les formes, les couleurs, les mots, les gestes prennent soudain une autre dimension. Une pure merveille !

Mais il advient parfois que les choses ne se déroulent pas de façon aussi idéale et que l'enfant soit l'enjeu de profondes mésententes au sein du couple. Les raisons en sont généralement les suivantes : l'enfant n'était voulu ni par le compagnon ni par la compagne ou n'était voulu que par l'un des deux, il arrive à un moment inopportun (en raison de nombreuses autres difficultés que traverse le couple) ou encore il se révèle être un enfant plus « difficile » que ce à quoi l'on s'attendait (pleurs incessants, maladies fréquentes, caractère colérique...).

Toutes ces raisons — et bien d'autres encore — conduisent le compagnon et la compagne d'une part à se désolidariser et à se culpabiliser (réciproquement), culpabilisations qui débouchent immanquablement sur des disputes et des conflits et, d'autre part, à invectiver et à agresser l'enfant qui de toute évidence ne répond jamais, quoi qu'il fasse, à leur attente (3). Mais la faute en incombe-t-elle véritablement à l'enfant ou ne ressort-elle pas plutôt de l'attitude vitale des parents ?

Il faut savoir qu'au-delà de l'évidence même des raisons que nous avons invoquées précédemment pour justifier les disputes ayant trait aux enfants, existent des raisons structurelles plus profondes relevant de notre propre personne. Expliquons-nous : en chacun de nous résonnent trois instances : l'instance *individu* (femme/homme), l'instance *couple* (compagne/compagnon) et l'instance *parent* (mère/père).

— **L'instance « individu » :** dans la vie — assez névrotique (4) il faut bien le concéder — que nous menons quotidiennement, il apparaît souvent très difficile de trouver un accord avec nous-même. Nos goûts, nos idées, nos choix, nos options, nos objectifs de vie — quand seulement nous en possédons — sont l'objet des paradoxes et des contradictions les plus étonnants. Nous désirons certaines choses sans vraiment les vouloir, prenons des décisions à l'opposé de nos convictions, exprimons des sentiments qui sont tout le contraire de ce que nous ressentons... bref, avouons-le, paradoxalement il est assez pénible de vivre avec nous-même.

— **L'instance « couple » :** quoi qu'il en soit, la plupart d'entre nous souhaitent dépasser le stade de la stricte individua-

3. Nous ne pouvons, hélas ! pas analyser ici de façon détaillée cette brûlante question, car elle déborderait par trop de notre propos sur les mésententes dans le couple. Au demeurant, ce ne sont pas quelques pages mais un livre entier qu'il conviendrait d'y consacrer.

4. Que le lecteur ne se sente pas agressé par ce terme de « névrotique », mais je pars du principe que vivant dans une société névrosée puisque dominée par la violence, le pouvoir, la rivalité, le profit à tout prix... nous ne pouvons pas nous-même être « sain ». Par ailleurs, Freud ne disait-il pas lui-même : « *L'humanité tout entière devrait être mon client.* »

lité pour jouir des quelques bonheurs que la vie nous concède. Notre évolution vitale nous conduit alors à adjoindre à notre individualité le « corollaire (5) » que représente l'instance « couple ».

C'est souvent au sein de cette instance que nous commençons à nous « éduquer » au métier d'adulte et que, nous défaisant des dernières scories de l'enfance, nous apprenons à véritablement *partager* avec autrui. Certains, cependant, ne parviennent pas à surmonter ce cap et passent leur temps à se « limer » dans leur vie de couple sans jamais parvenir à s'accorder.

— **L'instance « parent » :** face aux difficultés de s'accorder avec soi-même et avec l'autre, nombre d'entre nous tendent à penser que la présence d'un enfant au sein du couple pourrait modifier favorablement leur équilibre relationnel et adjoignent donc à leur « couple » le « corollaire » supplémentaire que constitue l'instance du « parent ».

Il est vrai que, souvent, la présence de l'enfant va conduire le compagnon et la compagne à s'éduquer là où ils refusaient de le faire auparavant et que leur vie de couple va s'en trouver améliorée. Mais il faut bien convenir que très souvent aussi, leurs velléités d'auto-éducation retombent à plat après quelque temps et que l'horizon de leur vie de couple s'obscurcit davantage au fur et à mesure que l'enfant grandit.

Dans ce cas-là, loin d'accéder à l'unité synthétisante *individu/couple/parent*, ils tendent à négliger ou à supprimer leur instance « couple » et à régresser de façon plus ou moins égoïste ou autiste vers l'instance « individu », transformant ainsi le lieu de vie du couple et de la famille en un champ de bataille perpétuel où des individualités s'affrontent et se déchirent. **Le lieu du couple se trouve ainsi vidé de sa signification première**, le « compagnon » et la « compagne » ne devenant plus — hygiène sexuelle oblige ! — que des « camarades » occasionnels (6).

5. Corollaire : du latin *corollarium* (petite couronne).

6. Il est intéressant de noter que le « compagnon » (*panis* = pain) est celui avec qui l'on partage le pain ; le « camarade » (de l'allemand *kammer* = chambre), celui avec qui l'on partage la chambre.

b) L'enfant : l'enjeu central des mésententes dans le couple

Dans un tel contexte, on s'imagine aisément combien l'enfant peut devenir à tout moment l'enjeu central des mésententes au sein du couple. Tout ce qu'il fait ou ne fait pas peut servir de déclencheur à une discorde ou à une brouille. Pour l'essentiel, les disputes porteront cependant sur trois faits :

— On n'est jamais d'accord sur les modes d'éducation à utiliser avec l'enfant : « *Il n'a pas à faire ceci ou cela !* »

— On n'est jamais d'accord entre nous : « *Tu es trop sévère (ou trop doux) avec lui !* »

— On cherche un prétexte de dispute : « *Pourquoi est-ce que tu le regardes comme ça ?* »

*
* *

La lecture de ces lignes a, il convient de le concéder, de quoi émouvoir. Plus d'un lecteur ou d'une lectrice s'en sentira « révolté ». Pourtant, il ne faudrait pas croire que les couples fonctionnant sur ce schéma soient aussi rares que nous pourrions le penser. Nous rencontrons fréquemment de tels cas en psychothérapie, et ce, dans tous les niveaux socioprofessionnels.

Il n'en reste pas moins vrai que de telles mésententes dans le couple sont **dramatiques**, car elles entraînent dans leur sillage des enfants qui ne sont en fait que *coupables d'exister.*

— Que les hommes et les femmes rencontrant les difficultés que nous venons d'évoquer prennent avant tout conscience de la véritable « détresse psychologique » dans laquelle ils se trouvent baignés.

— Qu'ils comprennent également que l'enfant n'est souvent qu'un alibi derrière lequel ils se réfugient pour compenser un manque de courage face à la vie.

— Qu'ils comprennent enfin que d'autres alternatives, autrement plus riches et plus fécondes, existent pour se sentir vivre et exister.

4. L'enfant de l'autre

Quand les cigognes passent...

Il est un autre problème auquel, compte tenu des divorces et des remariages fréquents, de très nombreux couples ont à se confronter : l'enfant de l'autre. Par « enfant de l'autre » nous entendons l'enfant issu d'un premier mariage ou d'une première union se trouvant vivre avec un père ou une mère qui s'en est vu confié la garde et qui, décidant de « refaire sa vie », l'implique dans cette nouvelle union.

S'il est vrai qu'une telle union supporte souvent fort bien ces enfants tombés — de façon impromptue — d'un *vol de cigognes* (7), il n'en est pas moins exact que les girons (8) sur lesquels ils « atterrissent » ne sont pas toujours les plus doux ni les plus accueillants. Les problèmes de mésentente que soulève une telle cohabitation sont si nombreux qu'un ouvrage entier ne suffirait probablement pas pour répondre à cette difficile question. Quoi qu'il en soit, essayons malgré tout d'en esquisser quelques grandes lignes. La présence de l'enfant de l'autre au sein du couple est un problème qui touche tout à la fois le passé et le présent.

a) Le passé

En temps ordinaire, lorsqu'un homme et une femme se rencontrent, ils découvrent l'un et l'autre un univers qui leur était jusqu'à présent inconnu. Certes, on sait bien que cet univers existait déjà, mais c'est un peu comme s'il n'avait été foulé par aucun pied depuis les temps les plus reculés, en d'autres termes comme s'il était « vierge ». On subodore bien sûr qu'il y a eu

7. La cigogne est réputée, dans certaines régions « apporter » les enfants. Cela s'explique par le fait que le retour de ces oiseaux migrateurs correspond au réveil de la nature.

8. Le « giron » est la partie du corps se situant entre la ceinture et les genoux lorsque nous nous trouvons assis.

quelqu'un avant, mais ce quelqu'un, dans la mesure où il y a eu rupture, c'est un peu comme s'il avait appartenu à une autre époque, à un autre monde, bref comme s'il n'avait jamais vraiment existé.

Bien qu'arrivant dans le nouveau couple avec un certain héritage du passé *(« Mon ex-épouse ne mettait pas de noix de muscade dans la purée », « Mon ex-époux savait bricoler ! »...)*, le compagnon et la compagne peuvent projeter et construire à deux l'histoire neuve de leur avenir.

Mais il en va tout à fait différemment lorsque l'un d'entre eux arrive dans le couple avec sa progéniture en guise de « bagages ». Là, pas question de monde vierge ni d'univers nouveau. L'enfant est présent, corps et âme, indubitable témoin ranimant le souvenir des anciens fantômes du passé et empêchant tout processus de « virginisation » de la relation nouvelle. Impossible de faire comme s'il n'existait pas. Il est là, « moitié » de l'un, mais pas (ou pas tout à fait) moitié de l'autre.

b) Une moitié qui fait défaut

Là précisément réside le second problème que pose la présence de l'enfant de l'autre dans un nouveau couple. En effet, l'enfant « moitié de soi » confère au *vrai père* ou à la *vraie mère* une sorte d'identité supplémentaire par rapport au *parent d'accueil*. Cette identité supplémentaire est constituée d'une part par la « tranche » de vie passée vécue d'un côté et non de l'autre et, d'autre part, par la proximité et par la solidarité supplémentaire qui a pu résulter de la période incertaine, difficile et douloureuse que l'enfant et le parent ont traversée ensemble et qui fait figure de parcours « initiatique » (9). En d'autres termes, il existe donc une relation antérieure privilégiée présente en l'un des deux membres du couple et qui fait défaut à l'autre.

9. En terme symbolique, un *parcours initiatique* est un cheminement difficile, malaisé et parfois ressenti douloureusement à l'issu duquel la personne est admise dans un groupe donné. Ainsi, lorsque les enfants jouent à faire « frères de sang », ils préfigurent un phénomène initiatique destiné à les rendre plus proches et plus solidaires.

Mais au-delà de ce « temps relationnel » et de cette « solidarité initiatique » supplémentaires, existe bien évidemment le « sentiment amoureux » qui a pu naturellement croître tant chez l'enfant que chez le parent au fil des jours, des mois et des années, sentiment qui se trouve davantage encore renforcé lorsque des influences œdipiennes viennent s'en mêler (10).

Concrètement, un tel état de fait se traduira par des souvenirs, des connivences, des complicités dont l'autre ne fait pas partie et qui seront vécus par lui comme des marques de désolidarisation caractérisées.

Quoi que le *parent d'accueil* fasse, il ne pourra jamais rattraper ce retard relationnel, solidaire et amoureux dont l'ont devancé le *vrai parent* et l'enfant en un temps où son existence n'était même pas pressentie. Au demeurant, cela s'avérera plus vrai encore si le couple parent-enfant a vécu en symbiose pendant une longue période.

Le sentiment amoureux, qui a pu croître au fil des mois et des années entre le parent et l'enfant, se trouve encore davantage renforcé lorsque des influences œdipiennes viennent s'en mêler.

10. Par *influences œdipiennes*, nous entendons la relation amoureuse privilégiée régnant entre une mère et son fils ou un père et sa fille, et qui tend à exclure le parent du sexe opposé vécu comme un rival.

c) Le présent

Le compagnon ou la compagne — témoin forcé de cette relation privilégiée — va réagir en développant des sentiments de rivalité et de jalousie plus ou moins forts et contester toutes les tentatives d'exclusion dont il se sentira faire l'objet.

De son côté l'enfant, tout à la fois insécurisé par la rupture, la séparation et le divorce de ses *vrais* parents et par ce *parent d'accueil* visiblement incompréhensif, tendra naturellement à développer un surinvestissement affectif au profit du parent avec lequel il est resté et vivra le *parent d'accueil* comme un rival potentiel. Ce sentiment sera d'autant plus renforcé que le *vrai parent*, souvent culpabilisé d'avoir dû faire essuyer un échec familial à l'enfant, tendra à le surprotéger et à l'autoriser implicitement à rejeter le *parent d'accueil.*

Ce sentiment de rivalité réciproque entre l'enfant et le *parent d'accueil* est généralement temporisé par le *vrai parent* mais, dans les faits, lorsqu'un parti devra être pris, c'est la plupart du temps celui de l'enfant qui le sera. Un tel parti pris (particulièrement lorsque le *vrai parent* manque de psychologie, de finesse et d'intuition relationnelle) sera alors vécu par le *parent d'accueil* comme une désolidarisation de fait et générera, comme on peut se l'imaginer, des réactions violentes et des conflits chaque fois qu'il se sentira menacé, désavoué, désolidarisé dans sa relation amoureuse.

d) Le veto d'amour

Mais au-delà de ces problèmes — somme toute compréhensibles tant du point de vue du *parent d'accueil* que de celui de l'enfant — existe une autre difficulté qui, elle, apparaît beaucoup plus étonnante et paradoxale. Il s'agit du « veto d'amour » que le vrai parent fait parfois subir au *parent d'accueil.* Expliquons-nous :

Nous avons vu que le *parent d'accueil* entrait dans sa nouvelle vie de couple avec un handicap relationnel et émotionnel assez important par rapport au *vrai parent*. Il n'est pas rare cependant que le *parent d'accueil* tente de combler ce « déficit » et qu'il veuille s'investir honnêtement et sincèrement dans une relation émotionnelle et amoureuse plus directe avec l'enfant.

Dans un tel cas, la relation se bâtit, non plus « au travers » du *vrai parent* servant habituellement de référence en toute chose, y compris en amour, mais « parallèlement » à lui. Paradoxalement, un tel état de chose est alors souvent mal vécu par le *vrai parent*. Craignant inconsciemment de se voir désinvesti amoureusement par l'enfant au profit de son nouveau compagnon ou de sa nouvelle compagne, il réagit par des tentatives de récupération plus ou moins avouables, ne reculant devant ni dispute ni conflit pour récupérer son « ouaille » convoitée.

*
* *

On le voit, la question de l'intégration de l'enfant de l'autre dans le couple est bien délicate à maîtriser. Elle est l'enjeu de bien des mésententes et de bien des conflits. Parfois c'est un manque, d'autres fois c'est un trop-plein d'amour et d'intérêt du *parent d'accueil* pour l'enfant qui engendre la discorde.

— Que **le « vrai parent »** sache que la supériorité de fait que lui procure consciemment ou inconsciemment la présence de l'enfant ne devrait jamais être utilisée à l'encontre de son compagnon ou de sa compagne. La « loi du plus grand nombre » ne saurait s'appliquer ici.

— Qu'il prenne conscience et garde toujours en mémoire le caractère résolument généreux de la démarche de l'autre et les problèmes qui en découlent pour lui.

— Qu'il s'efforce enfin de ne pas mettre d'obstacle à l'établissement d'une relation correcte entre son enfant et le *parent d'accueil*.

— Que **le « parent d'accueil »**, lui, se souvienne qu'en nouant une relation avec son futur compagnon ou sa future compagne, il emportait un *enfant de l'autre* dans le lot, un « forfait » en quelque sorte.

— Qu'il comprenne qu'il n'est pas nécessaire (et impossible de toute manière) de rattraper le temps vécu précédemment par le *vrai parent* et l'enfant.

— Que **tous deux** prennent conscience de la leçon extraordinaire d'amour et de tolérance que peut constituer un enfant pour l'un et l'autre.

5. L'enfant, balancier du couple

Ils étaient moins mère et père que femme et homme, mais ils avaient un rayonnement de femme et d'homme dans lequel les enfants étaient heureux.

S'il est vrai que l'enfant joue dans nos couples les rôles de compensation que nous venons d'étudier dans les quelques derniers paragraphes, le lecteur serait en droit de se demander s'il ne conviendrait pas mieux de se passer de mettre des enfants au monde. Loin de nous cette pensée (11) ! En dehors de la nécessité humaine et universelle de préserver les « générations » à venir et de la légitimité même du désir de créer un foyer, nous pensons que l'enfant a entièrement sa raison d'être dans la vie de couple, mais elle ne réside pas forcément là où certains pourraient le penser.

Nous l'avons dit, à notre avis le mariage et les enfants constituent des « événements » marquant le cours de notre vie, mais ils ne sauraient constituer « le sens de la vie » lui-même. En revanche, l'unité synthétisante *individualité/couple/parent* potentiellement présente en chacun d'entre nous est tout à fait susceptible de jouer le rôle de « véhicule » de notre sens de la vie.

---

11. Encore que lorsqu'on voit combien certains enfants sont écrasés par le poids des névroses de leurs géniteurs (je dis *géniteurs* car on ne peut raisonnablement parler d'*éducateurs*), on se demande si de tels individus ne feraient pas mieux d'éviter d'engendrer des enfants.

Au lieu de mésuser de la présence des enfants pour détourner sur eux nos affects émanant de nos frustrations et de nos sentiments d'incapacité, prenons d'eux ce qu'ils sont prêts à nous offrir.

La proximité et le partage de leur vie et de leurs préoccupations sont matière à d'ineffables leçons de vie. Car, que nous nous en rendions compte ou non, **l'enfant est moins névrosé que l'adulte**. Du fait de son jeune âge, il n'a pas encore été réduit par le moule dans lequel nous poussent de gré ou de force les contingences quotidiennes de la vie d'adulte. L'esprit ludique, l'audace, la flexibilité, l'ouverture, l'aptitude à apprendre sont encore à l'ordre du jour chez l'enfant tandis que l'adulte, lui, se trouve déjà engoncé dans ses interdits sociaux, ses préjugés restrictifs, ses idées fixes et dans la couardise ambiante propre à notre société névrosée et névrosante.

Loin de n'alimenter que nos querelles et nos disputes intestines, l'enfant a donc un rôle non négligeable à jouer dans notre vie individuelle et dans notre vie de couple. Au demeurant, plutôt que de nous targuer d'*éduquer* les enfants, nous ferions mieux — dans bien des cas — d'*écouter* les **leçons de sagesse, de tolérance et de générosité** dont ils savent si bien faire preuve quand seulement les adultes les laissent en état de le faire.

6. La présence des parents (12)

Une certaine distance qui authentifie les rapports.

a) Quand l' « obligé » se fait « obligatoire »

Parmi les problèmes produisant mésentente dans le couple, il en est un autre qui, comme on peut s'en douter, occupe une position toute particulière : il s'agit de la présence et du

12. Nous avons choisi d'amalgamer le rôle des parents et des beaux-parents, les uns comme les autres intervenant potentiellement au sein d'un couple.

rôle des parents du compagnon et de la compagne au sein du couple.

Avant que d'aller plus loin dans notre propos, revenons un instant sur ce qui a été dit dans le chapitre « *L'amour affectif* » et « *L'amour filial* ». Souvenons-nous : nous avons expliqué qu'il convenait de différencier l'amour « affectif » (c'est-à-dire l'attachement sentimental premier né de la relation entre le bébé, puis l'enfant et ses parents) de l'amour « filial » (cette sorte d'amour « obligataire » tout à la fois faite de respect, de soumission et d'abnégation pour l'autorité parentale). Nous avons vu ensuite qu'en grandissant, les trois autres formes d'amour qu'étaient Éros, Philia et Agape venaient compléter l' « identité amoureuse » de l'enfant et que normalement, à l'époque de la puberté, l'amour filial devait quitter sa fonction prépondérante et se « transcender » au profit de ces trois formes d'amour.

*

* *

Mais il advient fréquemment que ce processus de transcendance ne puisse pas avoir lieu, soit que les parents aient gardé des rapports par trop tutélaires vis-à-vis de leur enfant, soit que celui-ci, se sentant incapable d'affronter le « grand monde », tende à vouloir prolonger une relation filiale contraignante et restrictive qui n'a plus lieu d'être depuis longtemps.

Dans un tel cas, tant que la seule personne de l'enfant se trouve engagée, cela ne prête pas encore trop à redire, mais lorsque perdure un tel état de chose alors qu'une vie de couple s'est instaurée par ailleurs, les conséquences qu'engendre l'exiguïté, voire l'*interpénétration relationnelle* entre les parents et l'enfant, apparaissent sous un jour souvent beaucoup plus décisif. Cette interpénétration parentale s'articule pour l'essentiel sur les quatre vecteurs suivants que l'on retrouve en général dans toute microsociété.

— **L'investissement « émotionnel »** se base d'une part, comme nous l'avons vu, sur des résurgences d'amour filial et, d'autre part, sur un « tribut » de reconnaissance que l'enfant se sent moralement contraint de verser aux parents qui lui ont donné la vie et qui l'ont élevé.

— **Les contingences « économiques »** concernent tous les services d' « argent » rendus par les parents à l'enfant dans les situations difficiles qu'il peut rencontrer. Ce seront aussi bien les mille petites dépenses d'habillement, d'ameublement, de frais de voiture, etc., que les investissements plus importants (achat d'un appartement ou d'une maison) qui seraient souvent irréalisables sans un apport financier de départ que seuls les parents peuvent — dans certains cas — procurer.

— **La « vie pratique »** recouvre, pour l'essentiel, tous les menus services que les parents sont à même de rendre à l'enfant du fait de leur plus grande disponibilité. Par exemple, aller chercher des papiers administratifs, venir à la maison pour ouvrir au plombier ou à l'installateur de téléphone, aller chercher les enfants à l'école, les garder pour un week-end... Ou encore les seconder dans certaines tâches ménagères (lavage, repassage, couture...), de bricolage (réparations diverses), de jardinage, etc.

— **La compensation relationnelle :** en dehors des services que peuvent rendre les parents tant sur le plan financier que sur le plan pratique, il est un autre vecteur contribuant fortement à vivifier l'interpénétration parentale au sein du couple : il s'agit de la compensation relationnelle à laquelle nous tendons tous à avoir recours lorsque notre champ vital conjugal s'avère symbiotique et exigu. En effet, nombre d'entre nous — se sentant incapables de rayonner socialement et d'établir des relations interpersonnelles correctes au sein d'un monde relationnel privé et « choisi » spécialement par eux (connaissances, amitiés...) — restreignent leurs échanges sociaux à la seule sphère parentale. Il va sans dire que si un tel champ relationnel procure à l'enfant un sentiment de sécurité et d'affection *(« Je suis au moins sûr que mes parents me sont acquis ! »),* il ne va pas sans conférer auxdits parents un rôle par trop démesuré.

b) Un manteau chaud mais étroit

Le lecteur qui se trouve être « parent » lui-même pourrait se sentir accusé par les propos qui viennent d'être tenus car, en effet, de prime abord, qu'y a-t-il de si négatif à soutenir les enfants, à les aider moralement, pratiquement et financièrement ? Quel « mal » y a-t-il à leur vouloir du « bien », à leur rendre service, à leur témoigner « concrètement » de l'amour ? A ces parents, je répondrais ceci : *« Vous avez tout à la fois raison et tort. »*

— **Raison** car il est vrai que dans une société qui tend toujours davantage à isoler l'individu, la famille représente un bastion non négligeable dans un désert relationnel qui va sans cesse croissant.

Raison aussi car, face à l'égoïsme ambiant et au manque de solidarité caractérisé auquel chacun de nous doit faire face, il peut apparaître plus qu'heureux que des parents — contrairement à beaucoup d'autres — puissent témoigner à leurs enfants des élans « gratuits » de générosité.

Raison enfin car la structure familiale ne comportant pas (loin s'en faut) que des côtés névrotiques, les parents peuvent fort bien trouver une certaine « place » au sein d'une « constellation familiale » dont ils ont été, à un moment, l'acteur privilégié.

— Mais **tort aussi** car, précisément, les élans de générosité des parents sont souvent moins « gratuits » qu'on pourrait l'imaginer.

Que les parents s'en rendent compte ou non, il reste la plupart du temps en eux le vœu inavoué de conserver certaines prérogatives d'autorité et de puissance face à un enfant qui a été le *leur* à une certaine époque, mais qu'ils sentent bien ne plus tout à fait leur appartenir aujourd'hui. En effet, cet enfant il faut maintenant le partager avec un compagnon ou une compagne qui n'est pas toujours, du moins croit-on, à la hauteur de celui qu'on eût espéré pour sa progéniture de choix.

Un tel partage ne va pas sans un sentiment de perte, surtout lorsque lesdits parents ont tout sacrifié, tout « misé sur un poulain » dont ils ignoraient, en fait, tout ou presque, si préoccupés qu'ils étaient à le voir grandir convenablement !

— D'un côté ils ont optimisé son style de vie, trouvé un équilibre correct (ce n'est ni un *voyou,* ni une *délurée*) ; reflétant une normalité réconfortante, il a poussé comme un bel arbre.

— D'un autre côté ils ont peaufiné son intégration en projetant sur lui leurs propres idées, leurs propres conceptions, leur propre philosophie de la vie. Ils ont quand il le fallait (et même souvent, hélas ! quand il ne le fallait pas), plus ou moins téléguidé ses choix pour qu'il reste dans la droite ligne de ce qu'ils pensaient être pour lui le meilleur.

Et il faudrait que tout cela se fit en pure perte, tout simplement car un étranger ou une étrangère (traduisez le « gendre » ou la « bru » (13)) est venu, tel un éléphant dans un magasin de porcelaine, avec des velléités incertaines, remettre en cause tout ce qu'ils avaient patiemment édifié ?

Des rapports de force s'établissent donc — presque imperceptiblement parfois, très autoritairement d'autres fois — entre les parents et leur progéniture, rapports qui vont s'articuler sur des mauvaises consciences, des culpabilités et des remords tous plus invincibles les uns que les autres tant ils plongent dans la sensibilité *charnelle* et *filiale* de l'enfant. Celui-ci se sent alors pris entre deux feux : d'une part son compagnon ou sa compagne réclame un droit à l'autodétermination du couple, d'autre part les parents revendiquent la légitimité de l'influence qu'ils ont toujours exercée sur leur « ouaille ».

Il n'en faut pas plus pour « envenimer » une relation de couple et engendrer des querelles, des disputes et des mésententes sans fin. Toute visite impromptue, tout coup de téléphone, tout service rendu à l'enfant (ou au petit-enfant) sera vécu par le compagnon ou la compagne comme une *incursion* dans sa vie de couple, tandis que toute tentative de distance, de recul ou de silence émanant de sa part sera interprétée comme autant

13. Quel vilain mot que celui-ci ! Au demeurant, il s'écrivait jadis « brut ». Son étymologie lui vient en fait du francique *brud* (fiancée).

d'interdits, de « diktats » ou d' « ukases » par les parents frustrés de leur progéniture.

Il est vrai que les parents — particulièrement lorsque existent des petits-enfants — tendent à envahir de façon parfois insupportable le foyer familial de leurs enfants. Mais sommes-nous bien certain que cet envahissement ne relève toujours que d'eux ? N'y participons-nous pas souvent pour une large mesure sans même nous en rendre compte ? Sommes-nous certain d'user de la psychologie la plus adéquate pour faire respecter notre relation de couple en même temps que pour respecter nous-même la relation privilégiée que les parents sont, d'une certaine façon, en droit d'attendre de leurs enfants ? Il faut bien admettre que non.

c) Affection rime avec discrétion

En effet, dans toute interpénétration parents/enfant, il convient de distinguer le parent *volontairement incurseur* du parent *incurseur malgré lui,* c'est-à-dire que nous laissons nous-même devenir envahissant.

Cet envahissement peut se faire au sein même du foyer familial (parents mésusant du fait qu'ils possèdent les clés de l'appartement, décidant de ce que le couple a à faire ou à ne pas faire...), ou sur un plan plus extérieur (par exemple contrainte de téléphoner matin *et* soir à heure fixe, sept jours sur sept, même si l'on n'a rien à se dire, dîner ensemble systématiquement tous les dimanches (14)...).

De telles attitudes symptomatiques ressortent de toute évidence d'une absence de mise au point réciproque conduisant à une conception erronée de la relation parents/enfant telle que les uns et les autres seraient en droit de l'attendre. Ni les parents ni le couple ne savent précisément quelle attitude adopter les uns vis-à-vis des autres. A notre avis, la relation entre les parents et l'enfant devrait s'articuler sur les concepts suivants :

14. Je n'exagère pas. Il s'agit ici de deux cas véridiques que j'ai pu rencontrer en psychothérapie.

— **Côté enfant :**

Le compagnon et la compagne doivent s'efforcer d'organiser de façon plus dynamique et plus directive les relations qu'ils entretiennent avec leurs parents et beaux-parents respectifs. Pour cela, ils doivent d'abord apprendre à ne plus voir en eux l'autorité parentale d'antan. Ils doivent ensuite leur montrer plus clairement où se situe la *sphère intouchable du couple* et où se situe la *sphère familiale d'ensemble* au sein de laquelle ils sont susceptibles d'être accueillis.

Parallèlement, il faut cependant aussi montrer aux parents qu'ils existent encore pour leur enfant, qu'ils sont importants et utiles afin qu'ils se sentent faire partie du même univers. Si d'emblée une place leur est assurée, ils n'auront pas à craindre que quelque chose leur soit enlevé et ils vivront ce couple émanant de leur enfant comme un gain supplémentaire s'inscrivant naturellement dans leur vie. Cela permettra alors aux parents de régler d'eux-mêmes leur attitude dans la vie et face au couple de leur enfant.

Enfin, et peut-être surtout, les enfants doivent s'efforcer de ne pas cantonner les parents dans un statut particulier qui risquerait de leur conférer un rôle de « vieux » mais de les traiter en tant que « personnes du monde (15) », en les intégrant dans le « tissu social » qui est le leur (par exemple en les unissant à un groupe d'amis à l'occasion d'un dîner ou d'une promenade en montagne, en les conviant à venir passer un moment à notre club de loisir ou de sport (16)...).

Il est certain qu'avec de telles prémisses un autre type de relation, plus ouvert, plus transparent, plus respectueux aussi, pourra s'instaurer entre le *couple des parents* et le *couple des enfants.*

---

15. J'ai déjà eu recours à cette expression dans *Vivre sa vie* (paragraphe n° 4 : « Les parents ») : « *Face à cet homme du monde et à cette femme du monde, ne réagissons plus en tant que* " leur " *enfant mais en tant qu'* " enfant du monde ". »

16. Faisons l'expérience à l'occasion, et nous constaterons que les amis, contrairement à ce qu'on pourrait penser, loin de rejeter nos parents, sont aux petits soins avec eux.

— **Côté parents :**

Les parents, eux, doivent impérativement se reconfirmer dans leur rôle social propre. En clair, cela veut dire qu'ils ne peuvent pas, ne *doivent* pas orienter leur vie sur la seule source sociale et relationnelle que constituent les enfants. Quel que soit leur âge, ils ont une vie propre à assumer (17). Pour ce faire, ils doivent s'ouvrir vers l'extérieur, ne pas perdre de vue la nécessité d'entretenir leurs anciennes amitiés et se laisser la possibilité de s'en faire d'autres, et surtout abandonner le préjugé ridicule, injuste et blessant, consistant à considérer les gens de leur âge comme des vieux qu'on ne saurait fréquenter.

d) La question du parent seul

La question du parent seul, c'est-à-dire du parent dont le conjoint a disparu (divorce, décès...), demande une approche plus différenciée.

S'il est vrai que l'essentiel de la problématique de l'interpénétration parents/enfant se retrouve au niveau du parent seul (nécessité, malgré tout, d'une vie extérieure sociale et d'activités diverses), la psychologie de cette relation est différente de celle des parents vivant encore en couple, d'une part car le parent se trouve souvent beaucoup plus isolé et, d'autre part, car l'enfant développe davantage de sentiments de culpabilité et de mauvaise conscience vis-à-vis de lui.

— Si le « parent seul » souhaite trouver un mode de vie et de rencontre « acceptable » face au couple de son enfant, il doit tout à la fois faire preuve de réserve afin de ne pas « gêner », et d'une certaine « humilité » pour accepter de bonne grâce le rôle de « pièce rapportée » que sa situation particulière lui confère. En effet, trop souvent le parent, par *peur de déranger,* adopte certaines attitudes de refus (en particulier refus de toute relation informelle) qui finissent réellement par « déran-

17. Nous ne parlons bien sûr pas ici des parents très avancés en âge (on parle de « cinquième âge ») ou handicapés qui, eux, nécessitent des soins plus particuliers.

ger », à force précisément de ne pas vouloir « déranger ». De telles attitudes de refus rendent plus difficiles encore les relations entre lui et l'enfant, car ce dernier ne sait jamais sur quel pied danser vis-à-vis de lui : s'agit-il véritablement d'un désir de faire autre chose ou s'agit-il d'une attitude autosacrificielle émanant d'une crainte de « déranger » ?

— Que l'enfant, de son côté, comprenne que lorsque le couple des parents est amputé de l'un d'entre eux, l'identité sociale du parent restant se trouve en quelque sorte modifiée. Une intégration naturelle, mais plus « ciblée », du parent restant pourra aider celui-ci à suppléer son sentiment de carence d'identité et lui conférera le sentiment d'avoir encore un rôle à jouer dans la société.

*
* *

— A une époque où la notion de constellation familiale tend à se restreindre au profit d'une conception plus nucléaire (18), les parents ont indéniablement un rôle à jouer dans la vie de leurs enfants. Mais ce rôle ne peut être celui de parents revendiquant un « *droit de cuissage filial* ».

— S'ils veulent améliorer leur relation avec les enfants et leur éviter bien des querelles et des conflits, les parents (comme les enfants au demeurant) doivent apprendre à mesu-

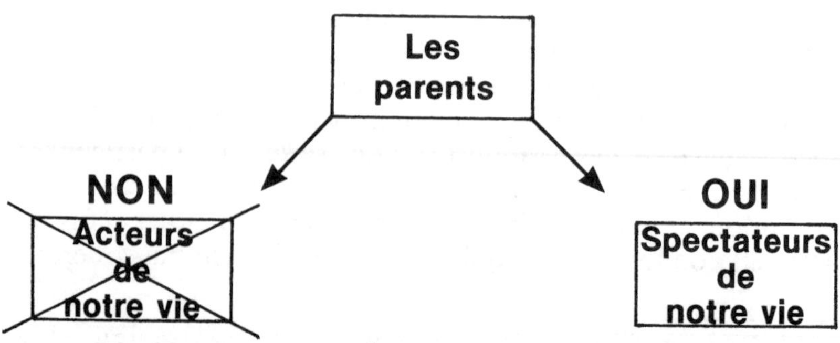

18. Nucléaire vient du latin *nucleus* (noyau).

rer toute l'étendue de la fine différence résidant entre une affection qu'on voudrait *prévenante* et une affection qui se fait véritablement *intervenante* (19).

— Que parents et enfants comprennent qu'une fois adulte, nul ne peut ni ne doit jamais laisser les autres devenir acteurs de sa propre vie. Tout au plus peut-il leur conférer le rôle de « spectateurs ». De même, l'homme et la femme du monde que représentent nos parents devraient éviter, dans la plus large mesure du possible, de devenir acteurs de la vie d'un couple qui n'est pas le leur.

---

19. Cette question a été abordée dans un autre contexte dans *Vivre sa vie* (paragraphe n° 16 : « Attention prévenante et attention intervenante »). Nous invitons le lecteur à s'y reporter.

CINQUIÈME PARTIE

Le couple retrouvé

CHAPITRE XI

Réapprendre le couple

1. Un « présent positif constructif pluriel »

Nous en arrivons maintenant à la dernière partie de notre propos. Récapitulons :

Nous avons commencé par relever les attitudes et les comportements personnels ainsi que les éléments extérieurs qui pouvaient constituer un frein à notre vie de couple. Pour ce faire, nous avons analysé les différents terrains participant de nos mésententes, nous efforçant d'en distinguer les âpretés et les faiblesses. Nous nous sommes ensuite penché sur les questions ayant trait à la sexualité et à l'amour. Après cela, nous avons analysé la structure des conflits, esquissant le rôle que pouvaient y tenir nos enfants et nos parents.

L'idée principale qui est ressortie de notre étude était que les limites de notre couple correspondaient pour l'essentiel à notre propre « *plafond de compréhension* », en d'autres termes aux limites de notre propre personnalité.

Nous aimerions maintenant esquisser ce que peut véritablement représenter un couple lorsqu'un compagnon et une compagne décident de le conjuguer non plus au « *passé négatif agressif singulier* » mais au « *présent positif constructif pluriel* ». Il est vrai qu'un tel mode et un tel temps nécessitent des qualités que nous ne possédons pas toujours en totalité ; néanmoins, comme nous allons le voir, elles sont souvent moins difficiles à acquérir que nous pourrions l'imaginer.

Mais avant toute chose, il est une question tout à fait concrète à laquelle il nous faut répondre en préambule, à savoir : « *Est-il véritablement possible de changer nos comportements au sein du couple ?* » C'est donc par cette question que nous allons commencer.

2. Est-il possible de changer notre comportement ?

On commet tous des erreurs dans la vie, mais la vraie erreur c'est de rester dans l'erreur.

a) Une géométrie plus que variable

L'une des questions revenant fréquemment en consultation psychothérapique est de savoir s'il est vrai que chacun de nous possède définitivement son propre caractère, sa propre « nature » ou si nous pouvons en changer et, si c'est le cas, comment un tel changement peut s'opérer (1). Cette question vaut bien sûr pour tous les domaines vitaux, mais elle nous intéresse au tout premier plan pour notre vie de couple. Car en effet, comment pourrait-il y avoir *remèdes* à nos mésententes s'il n'y a pas *changement* ?

A notre avis, il convient d'emblée d'apporter deux réponses à cette question :

— La première est que la vie en société nous oblige, que nous nous en rendions compte ou non, à changer, à modifier, à rectifier notre « naturel » lorsque celui-ci se révèle inadéquat pour faire face aux contingences professionnelles, relationnelles et amoureuses que pose précisément la vie humaine.

1. J'invite le lecteur qui voudrait disposer d'une première base pour réfléchir à son propre changement, à réaliser le test de personnalité qui figure à la fin de *Etre ou ne pas*... (Dangles ; épuisé).

— La seconde tient en ce que si la vie peut *aigrir* un caractère, il n'y a aucune raison pour que le phénomène inverse ne puisse pas se produire et qu'un caractère ne puisse pas s'*illuminer*. En d'autres termes, il est loisible d'affirmer que si la vie influe sur notre caractère dans un sens négatif, il n'y a aucune raison pour qu'elle ne puisse pas agir dans un sens positif.

En fait, ce que nous appelons « caractère » s'articule autour de notre identité intrinsèque, de notre propre histoire individuelle, des différentes situations produites, des personnes rencontrées, du milieu fréquenté... bref, de tout ce que nous pourrions appeler notre environnement social.

Notre caractère s'exprime principalement de deux façons : l'une *motionnelle,* l'autre *naturelle.*

— Son **expression motionnelle** s'applique à tous les champs de bataille que nous pouvons rencontrer ou instaurer nous-même. Elle se traduit par toutes les situations dans lesquelles nous avons recours au système lapidaire incontrôlé de nos « envies » et de nos « non-envies ». Elle correspond à cette partie non apprivoisée, non éduquée de nous-même qui nous échappe et qui fait notre malheur.

— Son **expression naturelle,** elle, réside dans le caractère flexible que nous sommes susceptible de développer en nous auto-éduquant afin de faire de nous un « homme du monde » et une « femme du monde » actifs et évolutifs. Nous l'appelons *naturelle* car il est dans la « nature » de l'homme de grandir, de progresser, d'évoluer et de s'éduquer.

Il ne tient qu'à nous de mettre notre caractère *motionnel* en veilleuse et d'éduquer notre caractère *naturel.* C'est précisément dans cette éducation que réside notre capacité au changement.

b) La force d'inertie du couple

Mais il nous faut ici émettre une réserve. En effet, il ne faudrait pas s'attendre à ce qu'un tel changement intervienne en quelques heures ou en quelques jours. Nos rôles carentiels et inadaptés s'étant profondément inscrits dans notre personnalité quotidienne, ce ne sont pas quelques « bonnes résolutions » rapides qui pourront changer ce que nous avons instauré au fil des mois et des années. Cela s'explique par la force d'inertie dont notre couple fait l'objet.

Qu'entendons-nous par force d'inertie du couple ? C'est ce que d'aucuns appellent « *le poids des habitudes* » : l'ensemble des mille problèmes non résolus, des mille carences cachées, des mille imperceptibles impolitesses commises.

S'il nous fallait expliquer la force d'inertie d'un couple en difficulté, nous la comparerions à celle d'un navire. Expliquons-nous : s'il est vrai que sur une automobile les roues répondent immédiatement à la manœuvre du conducteur, il n'en va pas de même pour un bateau. En effet, la force d'inertie dont il est l'objet est telle qu'un certain temps s'avère nécessaire avant que le virage ne soit effectivement amorcé (2).

Il en va de même pour notre couple. Il nous faut savoir que si nous voulons imprimer un « virage » à notre vie conjugale, l'effort ne produira pas son effet sur-le-champ, mais seulement quelque temps après. Ne montrons donc pas trop d'impatience et donnons à notre couple le temps d'amorcer sa nouvelle dynamique.

*

* *

— Cessons de prendre prétexte de notre *nature,* de notre *tempérament* ou de notre *caractère* pour arranger, maquiller, truquer la vie afin de la rendre comme nous voudrions qu'elle soit dans notre « principe d'envie ».

---

2. C'est pourquoi les personnes qui désirent apprendre à manœuvrer un bateau éprouvent tant de difficultés au début. En effet, il leur faut un certain temps d'apprentissage pour s'habituer à « anticiper » le mouvement qu'elles veulent lui donner. Le novice qui navigue au large peut avoir l'impression de maintenir un cap constant, mais il lui suffit de se retourner et d'observer le sillage laissé par son embarcation pour constater la multitude de zigzags qu'elle a pu faire à son insu.

— Soyons persuadé que quels que soient notre caractère, notre tempérament et notre naturel, il est possible d'agir sur eux et de les modifier. N'ayons cure des défenseurs d'un « *naturel* » qui serait sensé « *revenir au galop* ». Occupons-nous de notre propre « naturel ». Au lieu de le chasser, apprivoisons-le, prodiguons-lui les soins qu'il nécessite et nous constaterons que notre caractère, tout en perdant son âpreté ou son agressivité maladive, n'en prendra que plus de poids.

Une telle éducation, un tel apprivoisement passent certes par nos faits et gestes, mais ils passent aussi et avant tout par nos mots et par nos paroles. Nous allons maintenant nous pencher sur cette question.

3. Ce que parler veut dire

Un humus.

a) A quoi sert de parler ?

Ainsi que nous l'avons vu dans les chapitres consacrés aux problèmes de communication, nombre d'entre nous, au fil des années, perdent de vue la nécessité de parler ensemble. Ils échangent des mots, utilisent des codes de mots, mais ils ne *dialoguent* pas entre eux.

Certes, il nous arrive tous, à l'occasion, de vouloir « jeter l'éponge », rongés que nous sommes par la conviction que la discussion ne sert finalement à rien, sinon qu'à envenimer les choses. Cependant, une fois la mauvaise humeur passée, nous avons tôt fait de ré-entamer le dialogue et de retrouver la proximité amoureuse.

Alors, en quoi réside l'utilité de nos discussions de couple ?

A notre avis, elles se situent au moins sur trois plans. Elles permettent :

1. Une perception plus juste de nous-même (et, par conséquent, de l'autre).

2. Une vision plus correcte de la réalité.

3. Une « résolution » plus ciblée et plus déterminée de nos options de vie de couple.

Reprenons tour à tour ces trois points :

— Une **perception plus juste de nous-même :** que nous nous en rendions compte ou non, la discussion produit sur nous un effet « cathartique (3) ». C'est comme si nous « lessivions » la situation dans laquelle nous nous trouvons engoncé. Cela nous permet de prendre un certain recul par rapport au différend, au problème ou au conflit qui nous préoccupe et nous ramène aux questions fondamentales que nous avons perdues de vue : *« Qui suis-je par rapport à mon compagnon ou à ma compagne ? », « Qu'est-ce que je représente pour lui ? », « Qui est-il lui-même et que représente-t-il pour moi ? »,* etc.

— Une **vision plus correcte de la réalité :** en même temps qu'elle nous permet de retrouver le *sens de nous-même* et le *sens de l'autre,* la discussion nous conduit à remettre les choses à leur « vraie place » : notre compagnon (ou notre compagne) cesse d'être assimilé à une division romaine prête à tout saccager sur son passage, et redevient un « partenaire » avec lequel il est possible de dialoguer pour trouver une solution. A partir du moment où nous retrouvons en l'autre non plus un ennemi mais un interlocuteur, nous pouvons réenvisager la vie à deux avec un certain optimisme et nous réintégrons le « but premier » de notre couple.

D'un point de vue psychologique, cela s'explique par le fait que lorsque nous sommes en situation problématique ou conflictuelle avec notre compagnon ou notre compagne, nous

3. Rappelons que « cathartique » vient du mot grec *catharsis* (purification). Nous devons ce mot à Aristote qui, le premier en Occident, a remarqué l'effet « purificateur » que pouvait avoir sur le public la représentation de drames théâtraux. De même, la verbalisation de nos points de vue, de nos idées ou de nos affects provoque-t-elle sur nous un effet cathartique. C'est sur ce principe que s'articule, entre autres, la psychothérapie analytique.

ne percevons plus l'ensemble de la situation, mais sommes gouverné par notre « perception subjective ». Cette perception subjective est, nous le savons, fortement influencée, non par des conceptions réalitaires mais par notre principe d'envie, lui-même lié à nos attentes de privilèges ou de gâterie.

La discussion, en nous permettant de prendre en compte l'existence de l'autre, va nous conduire à céder du terrain face à notre « *principe d'envie/pas envie* » et à reprendre pied dans la réalité (4).

— Une **résolution plus ciblée de nos options de vie de couple :** le troisième et dernier plan sur lequel agit la discussion est celui de notre propre « détermination » face à l'avenir. En effet, une fois notre perception subjective « lessivée », une fois notre Moi retrouvé, une fois réapparue une vision claire de la réalité, nous pouvons recommencer à penser à nous-même et à notre couple en terme de devenir **voulu** et non de devenir **subi.** Devenir immédiat aussi bien que devenir plus lointain : tout à l'heure, demain, la semaine prochaine, l'année prochaine, plus tard... reprennent une dimension « palpable », de sorte que réapparaît pour nous la possibilité de nous inscrire dans une ligne de pensée et de vie davantage en accord avec nos aspirations profondes et notre volonté d'avancer (5).

b) Les conditions d'un bon dialogue

Nous voyons donc à l'analyse combien la discussion, même si elle semble fastidieuse et inutile au premier abord, se révèle

4. Ces processus ont été abordés de façon détaillée dans notre ouvrage *Vivre mieux : mode d'emploi* (paragraphes « Principe de plaisir et principe de réalité » et « Réalité et vérité »).

5. Je n'ai rien inventé ici de bien nouveau. Le célèbre écrivain allemand Goethe (1749-1832) avait déjà formulé ce principe dans son ouvrage : *Les Affinités électives,* de la façon suivante : « *A vrai dire, toutes ces réflexions, toutes ces discussions ne servent à rien* (découragement), *pourtant, c'est en discutant que j'ai fini par me connaître* (1 : connaissance de nous-même), *par sentir de manière définitive ce à quoi je dois me résoudre* (2 : principe de réalité), *ce à quoi je suis résolu* (3 : principe de détermination). »

importante pour notre vie de couple. Cependant, le triple bénéfice de la discussion ne pourra se faire sentir qu'à deux conditions :

— La première est que, bien évidemment, une telle discussion à deux n'aura de sens que si nous souhaitons entamer un dialogue *vrai* et *sincère.* Dans le cas contraire, c'est-à-dire s'il n'y a que *monologues bilatéraux* et reproches, les choses pourront être discutées et rediscutées pendant des mois et des années sans que rien ne change.

— La seconde est que, comme nous l'avons vu dans le chapitre précédent, les effets de la discussion n'étant pas forcément immédiats, nous devons nous montrer patient et ne pas jeter l'éponge trop tôt.

*

* *

Concédons-le : parler, discuter, dialoguer, échanger, communiquer ne sont pas chose facile, surtout dans le couple ! Le découragement nous guette si nous n'y prenons garde. Mais si nous parvenons à dépasser cette première phase de découragement, nous pourrons déboucher sur le monde de l'autre ce qui, du même coup, nous permettra de mieux refléter notre propre monde de valeur. Un tel état d'esprit nous conduira parallèlement à une vision plus réalitaire de ce que nous pouvons faire et ne pas faire. A partir de là nous pourrons réenvisager notre avenir de couple immédiat avec davantage de souveraineté et éventuellement corriger le tir, en d'autres termes, réviser nos options.

Attention ! Ne nous leurrons pas. Contrairement aux apparences, une telle attitude n'a rien à voir avec une politique de concessions. En effet, il ne s'agit pas de nous *plier* ou de nous *résigner* face à l'autre, mais de nous *résoudre* à un certain nombre de mesures plus en accord avec la réalité de notre couple.

Comprenons que discuter avec l'autre ne signifie pas vouloir avoir raison de lui mais rechercher une *politique commune* dans laquelle ses intérêts ne seront pas davantage mis en danger que les nôtres. Pour faciliter une telle recherche, nous pouvons mettre une corde de plus à notre arc en apprenant à vivre dans une certaine transparence. C'est de cette question que nous allons traiter maintenant.

4. Perestroïka et glasnost (6)

« Suis-je comme il me voit ? »

La politique mondiale de cette fin de siècle nous a livré deux mots, deux expressions qui, si elles nous viennent du « froid » ne nous en font pas moins « chaud » au cœur : *perestroïka* et *glasnost.* Nous serions fort avisé d'en prendre quelques leçons pour notre vie en général et pour notre vie de couple en particulier. Car, en effet, s'il est deux apprentissages majeurs que nous pourrions réaliser dans le domaine du couple, ce serait bien celui de la *détente* et celui de la *transparence.*

a) La détente

En politique, pour établir un climat de détente il convient avant tout de limiter les fronts et de réduire les armements. Comment s'y prend-on ? En usant d'emblée de toutes les possibilités diplomatiques.

Qu'est-ce que la « diplomatie » ? C'est l'art de se rapprocher de l'autre sans se perdre soi-même de vue, l'art de mettre en scène une situation qui ne lèse aucune des parties, l'art de créer les conditions pour qu'il y ait non un gagnant et un perdant mais deux gagnants.

Comment s'instaure un climat diplomatique ? En faisant entendre qu'un bon geste d'un côté (par exemple davantage de

6. Le mot « *perestroïka* » signifie détente et le mot « *glasnost* » transparence.

respect des droits de l'homme et de liberté) entraînerait un bon geste de l'autre (ouverture de négociations économiques importantes). Mais la question la plus cruciale reste évidemment de savoir *qui* amorcera le premier geste de détente.

Il en va strictement de même pour notre couple. Lorsque trop de dissensions ont eu lieu, que trop de délations et de trahisons ont été commises, que trop de rancœurs et de rancunes ont été accumulées, la guerre froide qui s'est installée a fait perdre de vue toute perspective de détente et de paix. Les positions respectives semblent si marquées, si tranchées et si définitives que la plupart du temps un geste concret et positif de notre part (ou de la part de l'autre) s'avère impossible car il serait immédiatement assimilé à un abandon de souveraineté, à une démission de l'essentiel, bref à une défaite.

Comment faire alors pour réamorcer un processus de détente véritable et durable ? Comment faire pour prendre conscience, pour réaliser, pour *comprendre* le climat aberrant dans lequel nous avons pu vivre sans presque même nous en rendre compte ?

b) La transparence de personnalité

A notre avis, un bon moyen « diplomatique » pour sortir de cette guerre de rancœur est d'apprendre à cultiver la transparence de personnalité. Nous disons qu'il s'agit d'un « moyen diplomatique » dans la mesure où la transparence est un geste pouvant aussi bien être interprété comme intentionné vers nous-même qu'intentionné vers l'autre (7). Ainsi, si l'un de nos amis nous téléphone et que nous savons que notre compagnon (ou notre compagne) qui se trouve dans la pièce d'à côté entend notre conversation, nous pouvons, au lieu de laisser planer autour de nos propos les mystères habituels propres à inquiéter l'autre,

7. Dans le même ordre d'idée, il est intéressant d'observer les gardes-frontières de deux pays mitoyens non « amis ». Les attitudes plus ou moins transparentes qu'ils affichent laissent deviner l'état actuel des rapports que les deux États entretiennent entre eux.

jouer la carte de la transparence et verbaliser dans un langage clair et non « codé » nos intentions et notre état d'esprit. Cette transparence de propos, bien que n'étant pas « officiellement » intentionnée vers notre compagnon ou notre compagne, lui profite malgré tout et contribue à instaurer un début de climat de détente au sein du couple.

De façon plus générale, la transparence est une disposition donnant à notre compagnon ou à notre compagne la possibilité de savoir à tout moment comment nous nous situons :

— D'une part par rapport à nous-même (quelles sont nos préoccupations, nos tracas, nos difficultés, mais aussi nos intentions, nos perspectives, nos déterminations, etc.).

— D'autre part par rapport à lui (comment nous le percevons, quelle est notre opinion de la relation vécue, quels sont les sentiments qui nous animent, etc.).

*
*   *

Si nous voulons contribuer de façon sensible à l'amélioration de notre vie de couple, il nous faut faire l'apprentissage de la transparence, car c'est à partir d'une telle attitude de vie que nous pourrons forger la confiance de base réciproque indispensable à une réharmonisation de notre couple.

Si nous adoptons une politique de vie transparente dans nos divers comportements quotidiens, notre conduite face à l'autre pourra alors faire figure de « miroir » au sein duquel pourra se créer une certaine *authenticité de couple.* Comment acquérir une telle transparence ?

En nous entraînant à décrypter les messages que nous voulons faire passer à l'autre, en apprenant à prendre du temps, à saisir les occasions pour mieux parler avec lui. Mais aussi et peut-être surtout, en apprenant à nous montrer *généreux* avec lui. Observons donc de plus près cette fameuse générosité et voyons ce que nous pourrons en tirer pour notre propre gouverne.

5. La générosité dans le couple

C'est à celui qui sait à aller vers celui qui ne sait pas.

a) Prendre et donner

La forme de « générosité » que nous voudrions évoquer ici n'a que peu de choses à voir avec la générosité telle que le public l'entend généralement et qui est la plupart du temps assimilée, il faut, hélas ! bien le concéder, à la « naïveté » la plus pure dont chacun préfère se garder. Non, la générosité dont nous souhaitons parler ici fait partie de ces « *aristocraties de l'âme* (8) » dont nous pouvons faire preuve lorsque, nous sentant un Moi fort et souverain, nous nous risquons à porter sur l'autre un œil autre que celui de la méfiance, de l'hypocrisie, de l'intrigue et de l'intérêt personnel.

Dans la vie de couple, nous disons d'une personne qu'elle est généreuse vis-à-vis de son compagnon (ou de sa compagne) lorsqu'elle lui consacre son temps, qu'elle est patiente, tolérante, à son écoute, qu'elle l'accepte malgré tous ses défauts... bref, lorsqu'elle se trouve en position de *donner*. Mais la générosité se limite-t-elle aux seules situations de *donner* ?

Si nous devions donner notre propre définition de la personne généreuse dans le couple, nous dirions qu'elle est celle tout autant capable de *donner* que de *prendre* (9).

Pourtant, la générosité ne se limite pas à cette seule dialectique. En effet, au-delà du *prendre* et du *donner* **c'est dans la**

8. Je dois cette belle expression au philosophe Nietzsche.

9. *Donner* et *prendre* ne sont pas choses si aisées que nous pourrions l'imaginer. Nous donnons généralement plus facilement que nous ne prenons ; cela tient au fait que celui qui prend se sent, d'une manière ou d'une autre, redevable de quelque chose, tandis que celui qui donne acquiert le sentiment de ne rien devoir à personne.

Nous avons pu écrire dans *Vivre mieux : mode d'emploi* que « *donner, était l'autre moitié de prendre* » (et *vice versa*). Ajoutons que les Chinois de la Chine ancienne prenaient d'une main et donnaient de l'autre, signifiant ainsi l'importance égale qu'ils accordaient aux deux gestes.

« coopération » que la générosité prend son véritable sens. Qu'entendons-nous par coopération ?

C'est la capacité, non seulement de faire *l'un pour l'autre,* mais de faire *ensemble.* C'est l'art d'ajouter les qualités de l'un à celles de l'autre, de les combiner, de les harmoniser, de les rendre synergiques.

La coopération est un moteur essentiel de la vie humaine. On en retrouve la nécessité à tous les niveaux de la vie de couple, tant à celui du dialogue qu'à celui de l'organisation quotidienne, qu'à celui de la répartition des tâches, qu'à celui de la sexualité.

b) Une générosité de soi, mais pas de n'importe quel « soi »

Mais *prendre, donner* et *coopérer* ne recouvrent pas encore la totalité du sens du mot « générosité » tel qu'il devrait être compris au sein d'un couple. En effet, la générosité dans notre couple doit aussi être un « **cadeau de soi** », mais pas de n'importe quel soi.

Il ne s'agit pas de faire don à l'autre d'un petit Moi inadapté, carentiel et névrotique, d'un Moi dominé par les plus divers complexes d'insuffisance et d'incapacité. Il ne s'agit pas plus de lui offrir un Moi froid, indifférent et insensible. Il ne s'agit pas davantage de lui imposer un Moi violent, autoritaire, calculateur, concurrentiel et jaloux.

Le don du Moi auquel nous pensons ici serait celui d'un Moi audacieux, souverain, transparent et flexible, un Moi ouvert sur son environnement social et affectif, un Moi tout à la fois ancré dans la réalité de la vie et tenant compte des possibilités insoupçonnées d'évolution.

Car en effet, la générosité la plus généreuse que nous puissions témoigner à notre compagnon ou à notre compagne réside dans notre désir d'*évoluer.* Quand nous disons « évoluer », nous entendons ici évoluer par rapport à nous-même, par rapport à notre propre image, à notre propre devenir sans toutefois le faire dépendre de l'autre ; en d'autres termes, il s'agit de souhaiter réaliser notre propre évolution pour nous-même puis, par

La générosité dans le couple doit aussi être un « cadeau de soi ». Nous pensons ici à un Moi audacieux, souverain, transparent et flexible.

ricochet, l'offrir à l'autre (10). Dans un tel contexte, notre générosité ne pourra que se répercuter favorablement sur le propre désir d'évolution de notre compagnon ou de notre compagne, préservant ainsi son autonomie et facilitant son épanouissement et son bonheur.

Mais au-delà de toutes les velléités d'évolution, de tous les cadeaux de communication, de toutes les transparences, de toutes les générosités, la grande question soulevée par notre vie de couple est et reste l'**amour.** L'amour, point sur le « i » et « i » lui-même, début et achèvement, prémisse et condition ultime de notre « *être ensemble* ». Cet amour, nous voulons lui donner le nom d' « amour courtois ».

10. Ainsi, une personne qui se soumet à un travail de psychothérapie analytique fait, à notre sens, un merveilleux cadeau à son compagnon (ou à sa compagne) car ce processus d'émancipation lui permet d'éviter de transférer sur lui un grand nombre de problèmes et de conflits.

6. L'amour courtois

Séduire l'autre, c'est lui prouver quotidiennement qu'on possède des qualités.

a) La « cour » et la « basse-cour »

Après tout ce que nous avons développé dans le corps de cet ouvrage au sujet de l'amour, le lecteur et la lectrice seraient en droit de se demander si l'essentiel n'a pas déjà été dit.

Et pourtant, non ! Car au-delà de l'amour « affectif » et de l'amour « filial », au-delà d'Éros, de Philia et d'Agape, existe une *autre* forme d'amour que nous n'avons pas encore évoquée bien qu'elle joue le rôle d'éminent « corrolaire » de toutes les autres : il s'agit de l'*amour courtois.* Ce terme, il faut en convenir, comporte un côté moyenâgeux et suranné ; on imagine volontiers d'aimables ménestrels allant chanter l'amour de château en château et il serait bien difficile à l'homme et à la femme d'aujourd'hui de s'identifier à de telles images d'Épinal.

Pourtant, la misère relationnelle et sentimentale régnant au sein de l'écrasante majorité des couples ne laisse pas de faire penser qu'aujourd'hui, la redécouverte d'un *amour courtois* s'avère tout aussi urgente que nécessaire, quitte à en « rafraîchir » la définition et à l'adapter à notre époque (11).

Pour différencier le concept d'*amour courtois* de toutes les autres façons plus ou moins névrotiques d'envisager l'amour, nous dirions qu'il est cette forme d'amour fondamentalement opposée à l'amour « basse-courtois », en d'autres termes l'amour pratiqué au sein de la « basse-cour » humaine. Et en effet, lorsque nous regardons autour de nous, force est de constater que les « usages amoureux » généralement en vigueur font davantage penser à des pratiques frustres, vulgaires, véna-

11. En fait, si l'on s'en tenait à une observation assez rigoureuse de l'amour courtois, force serait de constater qu'il se rapproche assez de l'ancienne conception spirituelle de l' « Agape » chrétien dont nous avons déjà parlé par ailleurs.

les, agressives et perverses, en d'autres termes à des « pratiques plébéiennes » qu'à des usages de la *cour* (12) tels que l'entregent, le respect, l'attention, la courtoisie et l'admiration.

b) Donner à l'autre le sentiment d'exister auprès de nous

S'il nous fallait proposer une approche contemporaine de l'*amour courtois* appliquée à la vie amoureuse du couple d'aujourd'hui, nous dirions qu'il s'agit d'un sentiment fondant naturellement en un seul « creuset » les formes d'amour et les « qualités » qui viennent d'être évoquées auxquelles viendraient s'ajouter une certaine **intelligence du cœur** et une certaine **ambition humaine.**

Une telle conception de l'amour courtois est-elle véritablement praticable ou convient-il de penser qu'il s'agit de beaux mots, de jolies phrases, de tournures d'esprit et d'emphases lyriques admirables certes, mais impossibles à traduire dans notre réalité quotidienne ?

A notre avis, et sans pour autant vouloir jouer les « Merlins » du couple (13), la pratique d'un tel amour ne ressort en rien de la fiction. Il ne tient qu'à nous d'ouvrir les yeux et de jeter un autre regard sur nos pratiques amoureuses.

Sachons cependant que si nous souhaitons accéder à cette forme d'amour, il nous faut apprendre à respecter trois impératifs de base :

— Éprouver le désir d'évoluer.
— Souhaiter acquérir une certaine « maîtrise » de notre vie.
— Accepter de vivre une vie professionnelle, sociale et sentimentale *active.*

---

12. Entendons-nous bien : lorsque je parle d'usages de la cour, ce n'est pas — loin s'en faut — à ceux des royautés dépravées et immorales auxquelles je pense, mais plutôt à ceux de la légende de la cour du roi Arthur où l'on s'efforçait de cultiver une certaine « *aristocratie de l'âme* ».

13. Rappelons que Merlin, dit l'Enchanteur, est le magicien des légendes celtiques et du cycle du roi Arthur.

A notre avis, et sans pour autant vouloir jouer les « Merlins » du couple, la pratique de l'*amour courtois* ne ressort en rien de la fiction.

Mais en fait, au-delà de ces impératifs en existe un autre, plus simple (trop simple peut-être ?), plus explicite, qui synthétise merveilleusement bien les trois autres : c'est notre **capacité d' « éducation ».**

Par « éducation », nous entendons ici la disposition à une certaine ouverture d'esprit et de cœur, à une certaine perméabilité aux enseignements constants que peuvent nous fournir la rencontre et la vie avec l'autre lorsque seulement nous parvenons à nous défaire de nos attitudes concurrentielles et méfiantes.

*

* *

— Quittons la basse-cour de nos échecs amoureux : cessons de jouer le faux compagnon idéal et la fausse compagne soumise (ou *vice versa*).

— Apprenons plutôt à insuffler à notre vie de couple une certaine « courtoisie ».

— Pour cela, apprenons à nous éduquer auprès de notre compagnon ou de notre compagne. Apprenons aussi à nous faire aimer de lui. Car aimer l'autre, qu'est-ce au demeurant si ce n'est lui donner le sentiment réconfortant d'exister auprès de nous ?

Conclusion

Nous avions, au début de notre ouvrage, convié le lecteur et la lectrice à « déposer » les armes et à s'installer pendant quelques soirées dans un fauteuil pour jeter un regard interrogatif sur leur vie en général et sur leur vie de couple en particulier. Il convient maintenant de conclure notre propos.

Il y aurait encore mille questions à évoquer, mais quand bien même aborderions-nous ces mille questions, mille autres surgiraient encore.

Ce livre n'a certes pu embrasser toutes les situations de couple pouvant se présenter dans la vie conjugale. Peut-être certains lecteurs et lectrices se sentiront-ils frustrés de ne pas y avoir trouvé *leur* cas particulier et personnel. Qu'ils m'en excusent ! Il m'a fallu faire des choix et tout choix implique que certaines options soient négligées, d'autres privilégiées. Au demeurant, notre intention n'était pas d'effectuer un relevé « topographique » de toutes les relations de couple — c'eût de toute façon été impossible — mais de faire toucher du doigt à chacun d'entre nous quelques constantes produisant presque infailliblement mésentente au sein du couple.

Que le lecteur et la lectrice se souviennent, avant de refermer ce livre, que toutes les grandes questions soulevées par l'âme humaine se retrouvant dans notre vie de couple, tous nos comportements personnels peuvent contribuer soit à son amélioration, soit à sa dégradation. Il ne tient qu'à nous d'agir en un sens ou en un autre.

Si notre couple se trouve actuellement en difficulté, rappelons-nous cependant que **tout ce qui a été noué peut être « dénoué ». Une crise de couple, tout pareil !**

*
* *

Notre vie de couple est précieuse, plus précieuse que nous l'imaginons souvent (1). C'est elle, pour l'essentiel, qui nous donne le courage de nos actions les plus éclatantes et de nos audaces les plus inespérées.

Nous l'avons dit : l'amour, comme le sens de la vie, ne se laisse pas définir. Mais à défaut de le définir, **nous pouvons aller vers ce qui va remplir notre vie d'amour.**

Telle la légende de Platon, efforçons-nous donc de retrouver cette autre moitié de nous-même qui, seule, peut nous révéler à nous-même.

1. Toutes les personnes en passe de rompre le savent fort bien et ressentent durement l'amputation de cette partie supplémentaire d'elles-mêmes dont elles ne soupçonnaient pas l'importance.

POSTFACE

Pour une écologie du couple

Vert dans le cœur !

A l'heure où les hommes s'aperçoivent que la planète Terre n'est pas intarrissable et que l'ozone de l'air est un bien précieux, à l'heure où l'on découvre que les ravages commis dans les forêts amazonienne et brésilienne — deux des derniers rares poumons de la terre — pourraient prendre une tournure dramatique pour l'ensemble de la planète, à l'heure où les dégâts produits par une industrialisation sauvage ne peuvent plus être ignorés d'aucun gouvernement, à l'heure où les « citoyens du monde » découvrent le mot *écologie,* obligés qu'ils sont d'en prendre conscience à leurs dépens, nous voudrions ici préciser ce qui suit.

L'écologie n'est pas uniquement une science traitant des rapports de l'homme avec la nature (1). C'est l'étude des rapports des hommes avec leur milieu naturel et ses possibilités d'amélioration. Par milieu naturel, il ne faut donc pas seulement comprendre l'environnement « naturel », mais l'ensemble des milieux dans lesquels l'homme vit et évolue. Quels sont ces milieux ? On en distingue trois principaux :

1. D'un point de vue étymologique, le mot « écologie » vient du grec *oikos* (signifiant maison) et *logos* (science).

— Le milieu de la nature environnante (mers, eaux et forêts...).

— Le milieu d'espace urbain et rural (villes, villages, rues, conditions de voisinage, habitations...).

— Le milieu « domestique » (couple, famille...).

S'il est vrai qu'on fait aujourd'hui fort cas des deux premiers, le milieu domestique, lui, est quasi totalement passé sous silence puisque ressortant pour l'essentiel de la sphère privée individuelle. Et en effet, il existe des ministères chargés de l'Environnement et de l'Habitat, mais de quel ministère ressort notre couple sinon du nôtre ? Au demeurant, l'on voit mal comment des services sociaux pourraient intervenir dans nos vies de couple sans grever dangereusement notre liberté individuelle.

Et pourtant, je considère qu'il faudrait qu'un ministère ou qu'un secrétariat d'État soit chargé — à titre préventif principalement — des affaires et des problèmes relevant spécifiquement de la vie du couple. Une telle prévention, qui ne viserait pas tant les adultes que les enfants d'âge scolaire, pourrait par exemple avoir lieu sous forme de séances de psychologie appliquée et de dynamique de groupe destinées à leur apprendre à coopérer et à *vivre ensemble.*

Je suis convaincu que si nous prenions davantage conscience de la nécessité d'une écologie du couple, un grand pas serait fait pour mieux intégrer les autres écologies. Et en effet, comment raisonnablement envisager que nous puissions attacher un intérêt réel et personnel à notre environnement écologique alors que nous ne sommes même pas en mesure de vivre dans un écosystème sentimental et conjugal donné ?

Sans attendre que les pouvoirs publics commencent à s'émouvoir de la sclérose conjugale ambiante, nous pouvons déjà commencer à inverser la tendance. **Des prises de conscience personnelles doivent intervenir en chacun de nous.** Pour ce faire, nous devons impérativement quitter nos attitudes « autistes » et retrouver nos marques sociales et humaines.

Il est vrai que notre vie en société tend à nous aliéner, ce n'est un secret pour personne. La promiscuité vécue au sein d'appartements trop étroits et trop contigus, la fatigue et la psychasthénie résultant d'un univers professionnel dévastateur, l'absence presque totale de toute perception poétique et ludique de la vie font de nous des machines à travailler, à aimer, à mourir. Nous l'avons dit, notre vie domestique (dans la mesure où elle n'est pas trop investie par l'hydre tentaculaire des mass media) est l'un des rares bastions restant à notre disposition pour panser nos plaies et pour partir à la reconquête d'une certaine humanité de la vie.

Quittons nos scaphandres, retournons vers l'autre et portons sur lui un nouveau regard. Un regard chargé de mots et d'attentions, un regard chargé d'amour et d'évolution, bref, un regard chargé d'une meilleure entente et d'un *mieux vivre ensemble*.

Quittons nos scaphandres...

Un dernier conseil : un milieu peut être pour chacun de nous porteur soit de progression, soit de régression. De même peut-il être porteur de valeurs évolutives à une certaine époque de notre vie et apparaître très régressif à une autre.

Certains milieux peuvent s'avérer extrêmement polluants et pollueurs. Observons donc celui dans lequel nous évoluons. S'il ne s'avère pas suffisamment évolutif pour nous et pour notre couple, changeons-en. Allons vers ceux qui, comme nous, veulent vivre un autre genre de relation, un autre genre de vie, bref un autre *devenir*.

On n'invente rien

Merci Mesdames et Messieurs

Alfred Adler : « Lorsque le garçon devient plus âgé, l'importance de sa masculinité lui est presque imposée comme un devoir. »

« L'amour et le mariage sont les réponses normales à la question sexuelle. Tout problème d'amour est un problème social, en ce sens que c'est une question de comportement vis-à-vis d'un autre être humain sexuellement attrayant. »

Ernest Aeppli : « Ils n'ont pas vécu comme des êtres indépendants, ils n'ont vécu que l'un pour l'autre dans ce monde dangereux où la mort a un tel pouvoir. C'est leur mariage qui est devenu une personnalité, ce n'était pas un d'eux... Aucun être humain n'a le droit de ne vivre que par rapport à un autre être. »

« Là où deux êtres humains essaient de faire pour le mieux dans leur mariage, l'échec de l'essai peut être considéré comme une souffrance, mais nullement comme une faute. »

Georges Bataille : « Essentiellement, l'amour élève le goût d'un être pour un autre à ce degré de tension où la privation éventuelle de la possession de l'autre — ou la perte de son amour — n'est pas ressentie moins durement qu'une menace de mort. »

« Tout d'abord, l'érotisme diffère de la sexualité des animaux en ce que la sexualité humaine est limitée par des interdits et que le domaine de l'érotisme est celui de la transgression de ces interdits. Le désir de l'érotisme est le désir qui triomphe de l'interdit. Il suppose l'opposition de l'homme à lui-même. »

« *Felix culpa* (heureuse faute). »

Charles Baudelaire :
« Là, tout n'est qu'ordre et beauté,
Luxe, calme et volupté. »

Simone de Beauvoir : « La plupart des femmes cependant ne comprennent pas les problèmes que pose leur désir de communication. »

« En vérité, si le cercle vicieux est si difficile à briser, c'est que les deux sexes sont chacun victimes à la foi de l'autre et de soi ; entre deux adversaires... un accord pourrait s'établir : d'autant que cette guerre ne profite à personne ; mais la complexité de toute cette affaire provient de ce que chaque camp est complice de son ennemi. »

« Ce que l'homme et la femme haïssent l'un chez l'autre, c'est l'échec éclatant de sa propre mauvaise foi et de sa propre lâcheté. »

Bernanos : « On n'a pas peur, on s'imagine qu'on a peur. »

« Quand les sages sont au bout de la sagesse, il faut donner la parole aux enfants. »

Bizet *(Carmen)* : « Si tu ne m'aimes pas, je t'aime. Mais si tu m'aimes, prends garde à toi ! »

Martin Buber : « Voici ce que de toi j'attendais enfin : la présence de Dieu dans tous les éléments. »

Chateaubriand : « La calomnie n'est pas l'accusation du calomnié, c'est l'excuse du calomniateur. »

Jean Cocteau : « Le verbe aimer est l'un des plus difficiles à conjuguer : son passé n'est pas simple, son présent n'est qu'indicatif et son futur toujours conditionnel. »

Confucius : « Nature qui l'emporte sur culture est frustre. Culture qui l'emporte sur nature est pédante. Seule leur combinaison harmonieuse donne l'homme de bien. »

« La jalousie est toujours excessive parce qu'elle s'affaire d'un passé qui n'aura jamais été présent et ne peut donc jamais se présenter ni laisser espérer la présentation, le présentement. »

Diderot et **Jacques le fataliste :** « C'est que, faute de savoir ce qui est écrit là-haut, on ne sait ni ce qu'on veut ni ce qu'on fait, et qu'on suit sa fantaisie qu'on appelle raison, ou sa raison qui n'est souvent qu'une dangereuse fantaisie qui tourne tantôt bien, tantôt mal. »

Dostoïevski : « L'essentiel maintenant, dit-il, est de savoir si j'ai bien calculé ce que je vais faire et si je suis prêt à en accepter toutes les conséquences. »

Mircea Eliade (citant les Fang de l'Afrique-Équatoriale) : « Dieu (Nzame) est en haut, l'homme en bas. Dieu c'est Dieu, l'homme c'est l'homme. Chacun chez soi, chacun en sa maison. »

Bruno Étienne : « Le dernier sursaut de celui qui est en perte d'identité est de produire encore un signe. »

Falconnet et **Lefaucheur :** « Par la libération de la femme, on aboutirait à la libération de l'homme, mais c'est justement ce qu'il craint. »

Sigmund Freud : « La jalousie appartient à ces états affectifs que l'on peut qualifier de normaux, au même titre que le deuil. »

« C'est un fait d'expérience quotidienne que la fidélité, surtout celle exigée dans le mariage, ne peut être maintenue que contre des tentations constantes. Celui qui dénie ces tentations ressent pourtant leur pression avec une telle force qu'il a volontiers recours à un mécanisme inconscient pour se soulager... en projetant ses propres impulsions à l'infidélité sur l'autre partie, à laquelle il doit fidélité. »

« Les usages sociaux ont tenu compte de cet état de chose... en permettant un certain jeu à l'envie de plaire de la femme mariée et à l'envie de conquérir de l'époux, dans l'espoir de drainer ainsi l'inexorable penchant à l'infidélité et de le rendre inoffensif. »

« A la fin, on doit commencer à aimer, pour ne pas tomber malade. »

Erich Fromm : « L'amour n'est pas affaire de hasard, de chance sur laquelle on " tombe " ou non, mais affaire d'art, de faculté, c'est-à-dire requérant connaissance et effort. »

« Le paradoxe de l'amour réside en ce que deux êtres deviennent un et cependant restent deux. »

« L'amour n'est pas un lieu de repos, mais un mouvement, une croissance, un travail réalisé en commun. »

Félix Gattari : « Les gestes, les paroles les plus simples, au sein d'un couple, dans la vie domestique, au travail, dans la rue, dans le voisinage sont prisonniers d'une sorte de programmation inconsciente qui tend à les vider de leur substance, de leur consistance essentielle. »

Jeanne Guesné : « Se reculer de soi, prendre du champ pour voir, c'est déjà gravir la première marche qui conduit à une autre dimension. »

Paul Guimard : « On ne prend pas un homme à une femme. Pour en disposer, il faut qu'il soit disponible. »

Jean Guitton : « Ce n'est pas, en amour, le commencement qui importe, mais la continuité, la permanence, le prolongement de l'étincelle primitive dans le feu continu et doux et parmi les centres inévitables. »

« On peut se demander, il est vrai, si l'amour ne conduit pas au narcissisme, si Adam aime vraiment Ève ou s'il admire seulement en elle sa propre image. »

« La sexualité ne va-t-elle pas redevenir davantage ce qu'elle devait être dans le principe : la collaboratrice de l'amour ? »

Goethe : « Qu'il est difficile pour l'homme de bien considérer ce qu'il doit sacrifier par rapport à ce qu'il a à y gagner. »

Nicolas Hartman : « Le regard amoureux ne se contente pas de contempler le réel mais aussi le possible. »

Shere Hite : « Ironiquement, alors que les hommes considèrent les femmes comme des " semeuses de discorde " parce qu'elles " se plaignent " et se montrent trop susceptibles, ce sont elles qui assurent la survie du couple grâce précisément à ce comportement : elles déclenchent les explications et se chargent du " ménage affectif " indispensable au maintien de relations vivantes. »

« Ces petits incidents minent les relations amoureuses, alimentent les rancœurs et finissent par réduire l'amour à une simple tolérance de l'autre. »

« Lorsqu'une femme a l'impression de ne pouvoir se faire entendre sur un problème important pour elle, elle n'éprouve souvent aucun désir de faire l'amour ensuite ; elle se sent ignorée en tant que personne. »

« La plupart d'entre les hommes voient dans les disputes un rapport de force ne devant surtout pas tourner à l'avantage de la femme, et non un conflit à surmonter avec elle pour parvenir à une meilleure compréhension réciproque. »

« Les hommes peuvent-ils se connaître eux-mêmes s'ils ne s'ouvrent à personne de leurs sentiments ? »

« Pour les hommes, ne pas exprimer leurs sentiments fait partie du code viril. On leur apprend à mépriser la sensiblerie et les propos de " bonnes femmes ". Un homme digne de ce nom ne peut être que rationnel, logique, scientifique et objectif. »

Karen Horney : « On peut décrire l'amour comme la capacité de donner spontanément de soi-même, soit aux autres, soit à une cause, soit à une idée — au lieu de tout retenir égocentriquement pour soi-même. »

« Elle avait facilement des rapports sexuels et parvenait à l'orgasme complet. Émotionnellement, cependant, elle restait distante à l'égard des hommes et leur parlait avec une sorte d'objectivité comme si elle parlait de voitures. »

« En fait, toutes les manifestations du besoin névrotique d'amour peuvent être trouvées dans ce que Freud a décrit comme étant le complexe d'Œdipe. »

« Lorsque l'esprit de compétition prévaut dans une société, il est appelé à altérer les relations entre les sexes... »

Karl Jaspers : « Dans ma situation, je porte la responsabilité de ce qui se produit du fait que je n'interviens pas ; si je peux faire quelque chose et si je ne le fais pas, je suis coupable des conséquences de mon abstention. »

James Joyce : « Ils ne s'entendent que sur un point, et encore, négatif : l'absence d'influence de la lumière à gaz ou électrique sur les arbres héliothropes. »

C.G. Jung : « Il fallut instiller le " poison " de la connaissance avec une extrême prudence et aux doses les plus minimes jusqu'à ce que le malade fut devenu peu à peu plus raisonnable. »

« Maintenant, ils se retournent, l'un vers l'autre et veulent se comprendre... et ils découvrent alors qu'ils ne se sont jamais compris, et que même chacun parle une langue différente de celle de l'autre. La confrontation tourne vite à la dispute ; la lutte est venimeuse, violente et pleine de dépréciations réciproques, alors qu'elle demeure parfois inapparente, menée très discrètement au plus profond de l'intimité. Car la valeur de l'un est la non-valeur de l'autre. »

« Un conflit insoluble signifie au moins d'abord, dans un premier temps, l'arrêt de la vie et la stagnation de son cours. »

« Les fibres du cœur retentissent comme la harpe éolienne, uniquement sous le léger souffle de l'humeur pleine de pressentiments qui n'étouffent rien mais qui est aux écoutes. »

Franz Kafka : « Avoir quelqu'un qui puisse me comprendre dans la totalité de mon être, une femme, par exemple, ce serait avoir pied de tous côtés. »

« Ajouter de l'isolement à de l'isolement n'a jamais créé une patrie, mais au contraire un bagne. »

Alphonse Karr : « Plus ça change et plus c'est la même chose. »

Karin Kiwus : « Nous nous sommes tant aimé que le gazon autour de nous s'enflammait, inconscients que nous étions. »

Heinrich von Kleist : « Évanouie ? Quelle farce éhontée. Elle avait, je le sais, tout simplement fermé les yeux. »

Henri Laborit : « Dans toutes les espèces animales et chez l'homme, la récompense ne s'obtient que par l'action. »

« Le bonheur ne vous tombe qu'exceptionnellement tout préparé dans les bras. Il faut aller à sa rencontre. »

Bronislaw Malinowski : « Si l'influence de la famille est encore énorme de nos jours, elle devait être infiniment plus grande au commencement de la culture, alors que la famille était encore la seule école de l'homme et que l'éducation qu'il y recevait, pour simple qu'elle était, n'en devait pas moins être dispensée d'une manière tranchée et impérative qui devient inutile à des niveaux de civilisation plus élevés. »

Herbert Marcuse : « C'est précisément au niveau de sa satisfaction et surtout de sa satisfaction sexuelle que l'homme devait être un être supérieur, commandé par des valeurs supérieures ; la sexualité devait être dignifiée par l'amour. »

Abraham Maslow : « Il faut, comme les enfants, “ vivre ” et non pas “ se préparer à vivre ”. »

« Une personne peut se persuader qu'un besoin de base n'existe pas. Elle se donne ainsi la possibilité de passer à un niveau supérieur de développement mais il s'agit d'une pseudo-croissance. »

Rollo May : « Au Moyen Age, on considérait l'amour sexuel et le désir exactement comme la mort, c'est-à-dire comme quelque chose allant de soi. »

« Je dois avouer que lorsque j'entends parler les gens d' “ orgasme apocalyptique ”, je me demande toujours : “ Mais pourquoi doivent-ils autant se dépenser ? Quel gouffre d'incertitude, quel vide intérieur cherchent-ils à compenser par un intérêt aussi vif pour des effets aussi grandioses ? " »

Molière : « C'est un parleur étrange, et qui trouve toujours
L'art de ne rien vous dire avec de grands discours. »

Nietzsche : « Il y a quatre voies mais c'est la cinquième qu'il faut suivre. »

« Nos défauts sont les yeux avec lesquels nous contemplons l'idéal. »

« Derrière nous, nous avons brisé le pont, mieux, nous avons derrière nous brisé la terre. »

Marcel Pagnol : « Dites, vous n'avez jamais trouvé un chien perdu ? Des fois, c'est un chien de luxe, qui sent le parfum, d'autres fois, c'est un chien de pauvre qui sent mauvais. Et pourtant, c'est le même chien, parce que c'est un chien perdu... Vous savez, les chiens perdus, on croit qu'ils sont perdus, mais ce n'est pas vrai. Ce sont des chiens qui cherchent leur vrai maître. Ce sont des chiens tout pleins d'amour et qui n'ont pas su le donner. »

Arno Plack : « Celui qui veut s'approprier l'autre comme s'il était une partie de lui-même ne pourra y parvenir qu'en le détruisant en tant que personne originale. »

« Il n'aperçoit plus l'autre, il ne le distingue plus dans son identité, il lui est trop proche. C'est pourquoi celui qui veut posséder l'autre se heurte aux limites d'une relation que lui seul saisit. »

Platon : « Ah ! ce Caliclès, il ne supporte pas qu'on lui rende service. »

Rabelais : « Si bien avaient vécu à Thélème en dévotion et amitié, encore mieux continuaient-ils en mariage, d'autant s'entr'aimaient-ils à la fin de leurs jours comme le premier de leurs noces. »

Racine *(Phèdre)* :
« Je le vis, je rougis, je pâlis à sa vue ;
Un trouble s'éleva dans mon âme éperdue ;
Mes yeux ne voyaient plus, je ne pouvais parler ;
Je sentis tout mon corps et transir et brûler... »

Josette Rousselet-Blanc : « Si " ça ne marche pas ", c'est qu'un rouage est cassé. Trouvons le dépanneur. »

« Un jour viendra où les hommes iront consulter leur andrologue comme les femmes leur gynécologue. »

Jean-Paul Sartre : « L'amour, c'est l'espace et le temps rendus sensibles au cœur. »

« Le mal, ça doit faire mal à tout le monde et d'abord à celui qui le fait. »

Saint-Exupéry : « On est responsable de ce qu'on apprivoise. »

« C'est le temps que tu as passé pour ta rose qui fait ta rose si importante. »

Shakespeare : « La jalousie, ce monstre né de lui-même et qui se nourrit de lui-même. »

George Steiner : « La montée des empathies se heurte parfois à la paresse et à la négligence. »

« Tout comme le refus de l'enfant autistique qui piétine le langage et le réduit à un pur charabia ou à un silence fou. Nous privons de leur humanité ceux à qui nous refusons la parole. »

« A scruter trop longtemps la hideur, on est curieusement attiré. Par une étrange aberration, l'horreur capte l'attention et donne à nos pauvres facultés une résonance artificielle. »

Tchekhov :

Natacha : « Bobick ? Comment elle s'appelle ta maman ? Mon chéri ! Mon chéri ! Et là, c'est qui ? C'est tante Olia. Dis à ta tante : bonjour Olia ! »

Macha : « Tu es devenu ennuyeux. Avant, tu philosophais au moins, mais maintenant, c'est toujours : l'enfant rentrons, l'enfant, rentrons. On ne peut rien te tirer de plus. »

Tousenbach : « Quand nous sommes seuls, tous les deux, il se montre très intelligent et affectueux, mais en public il est grossier et se conduit comme un bretteur. »

« J'ai une telle soif de vivre, de lutter, de travailler, et cette soif se confond dans mon cœur avec mon amour pour vous, Irina... »

Tolstoï : « Ce que je pense, c'est ceci : se marier pour avoir une vie plus gaie, c'est aller à l'échec. Faire de l'union avec la personne qu'on aime un but essentiel qui remplace tout le reste est une grave erreur. Évidente, si l'on y réfléchit. Bon, on se marie, et après ? Si, avant de se marier, on n'avait pas d'autre but dans l'existence, ensuite, à deux, il est terriblement difficile, presque impossible, d'en trouver un. Il est même certain que si l'on n'a pas de but en commun avant le mariage on ne s'entendra jamais, on est même sûr de ne pas s'accorder. Le mariage n'apporte le bonheur que lorsqu'on a le même but : on se rencontre en chemin et l'on se dit : “ Faisons route ensemble ”, “ Oui, je veux bien ”, et l'on se donne la main. Ce n'est pas le cas lorsque, attirés l'un vers l'autre, on quitte tous les deux la bonne route. »

« On prévoit tant d'événements heureux, mariage, naissance des enfants, qu'on a l'impression que ces événements constituent la vie elle-même, mais cela est une dangereuse illusion. »

« Si les parents vivent et ont des enfants sans avoir de but dans l'existence, ils ne feront que repousser le problème du sens de la vie et reculer la punition qu'encourent ceux qui vivent sans savoir pourquoi ; ils repousseront le problème, mais ils ne l'éviteront pas, parce qu'il faudra éduquer, guider les enfants, et qu'ils ne savent pas sur quoi les guider. »

« Les futurs époux, justement parce que leur vie semble bien remplie, doivent plus que jamais réfléchir et s'interroger sur leurs raisons de vivre. Pour trouver la réponse, il convient d'examiner et d'analyser ses conditions de vie, son passé, il faut essayer de voir ce qu'on juge important ou sans importance dans la vie, savoir à quoi l'on croit... »

Michel Tournier : « Il y avait en toi la condamnation de tout le bavardage de convention dont s'entourent les rapports humains. Bonjour, bonsoir, comment ça va, très bien et vous, quel temps de chien... Tu tuais tout ce verbiage d'un regard lourd. Ici tu es devenu taiseux. Il y a de la grogne dans tes silences, du grommellement dans tes apartés. »

« Pour te faire sortir du silence, je cherche la crise, l'explosion, la scène de ménage. Qu'est-ce qu'une scène de ménage ? C'est le triomphe de la femme. C'est lorsque la femme a enfin réussi à force de harcellements à arracher l'homme à son silence. Alors il crie, il tempête, il injurie, et la femme se laisse voluptueusement baigner par cette averse verbale. »

« Au restaurant, j'ai parfois tellement honte de notre mutisme que je remue les lèvres silencieusement pour faire croire aux autres clients que je parle. »

Elle : « Les couples meurent de n'avoir plus rien à se dire. Mes relations avec un homme sont terminées le soir où, le retrouvant après une journée passée ailleurs, je n'ai plus envie de lui raconter ce que j'ai fait, ni d'entendre de sa bouche comment de son côté il a occupé ces heures sans moi. »

« Si un homme change de femme, c'est afin de trouver chez la nouvelle une oreille vierge pour ses histoires. »

« Nous étions semblables à deux carpes enfouies dans la vase de notre vie quotidienne. Nous serons désormais comme deux truites frémissant flanc à flanc dans les eaux d'un torrent de montagne. »

Vytgotski : « Pour comprendre le discours de quelqu'un, il ne suffit pas de comprendre ses paroles, il faut comprendre ses pensées. Mais cela ne suffit pas encore, il faut aussi comprendre ses motivations. »

Voltaire : « Ayant soutenu une fois que tout allait à merveille, il le soutenait toujours et n'en croyait rien. »

Jurg Willi : « Le problème, c'est qu'un tel mariage (consistant) ignore ou refuse souvent la tendresse, car toute effusion sentimentale, toute caresse que l'on pourrait qualifier d'inutile, est considérée comme dangereuse. »

Stefan Zweig : « N'excitez pas par des discours cette bête antédiluvienne derrière les barreaux de fer de la morale... »

Et merci M. **Josef Rattner** :

« On peut parler de l'autonomie d'une personne lorsque celle-ci est en mesure de respecter les règles d'un discours rationnel et de communiquer sans trouble. »

« Une des différences entre l'homme et l'animal est que l'homme est " spirituel ", c'est-à-dire qu'il n'a pas seulement, comme l'animal, une conscience, mais aussi une conscience de soi. Nous avons donc en nous une capacité à sublimer notre énergie psychosexuelle en un état d'esprit : c'est ce que nous appelons amour. »

« Dans un couple, il faut pouvoir aussi s'éduquer réciproquement, ce qui implique qu'on soit " éducable ". Celui qui, dans l'enfance, était difficilement éducable le sera aussi dans sa relation amoureuse. Derrière la timidité peut se cacher une véritable " phobie " de l'éducation. »

« Celui qui stagne intérieurement et extérieurement vit de telles frustrations que sa capacité d'aimer en subit généralement les conséquences. La stagnation d'un partenaire ou des deux intéressés conduit presque inévitablement à des crises de couple, car l'homme a tendance à chercher une victime ou un coupable pour le piétinement dont sa vie est l'objet : le partenaire est un bon bouc émissaire auprès duquel on peut abréagir son malheur. »

Table des matières

Deuxième partie :

LE COUPLE TEL QU'IL S'AIME

Quatrième partie :

LE COUPLE TEL QU'IL S'AFFRONTE

Cinquième partie :

LE COUPLE RETROUVÉ

Dans la même collection :

Patrick ESTRADE (psychologue, psychothérapeute) :

BONJOUR L'AMBIANCE !...

Comment améliorer les relations humaines en milieu professionnel.

Format 15 x 21 ; 288 pages ; illustré.

Personne ne peut aujourd'hui prétendre s'être réalisé dans son métier s'il n'a pas intégré, dans sa démarche professionnelle, **sa relation à autrui.** Quand on ne comprend pas la personnalité des autres, on fait leur jeu (souvent au détriment du nôtre) ; le slogan devient alors : *« Communiquer ou subir ! »*. L'expression est belle et s'applique tout particulièrement au monde du travail. Notre épanouissement professionnel passe moins par notre compétence que par ce que l'auteur appelle notre « compétence de personnalité ». Mais encore faut-il avoir l'art et la manière de recevoir sans « encaisser », de donner sans « assommer ».

Nous nous plaignons volontiers de nos collègues, de notre patron qui ne nous comprend pas, de ce qu'il n'existe plus de vrais professionnels, des conditions de travail qui se sont dégradées... mais notre estomac se noue à l'idée qu'il nous faudrait **agir pour changer les choses.** Avons-nous réellement le choix ? *« Un problème est une situation que l'on résout à coup de décisions ! »*, mais encore faut-il disposer des outils adaptés, qui sont ici décrits.

Au-delà du recensement et de l'analyse des principales difficultés du milieu professionnel (difficulté de la demande, problèmes de rivalité, d'intégration, de sexisme...) ou relationnelles (personnalités hyperactive, perfectionniste, exubérante, dénigrante, autoritariste, de mauvaise foi, démunie, revendicative...) rencontrées dans le milieu du travail, c'est à une véritable **redéfinition de notre manière personnelle d'envisager notre relation à autrui** à laquelle nous conduit Patrick Estrade, psychologue rompu aux problèmes humains. Il nous dévoile ici nos paradoxes les plus inattendus et, surtout, **nous donne les moyens concrets du changement.**

EXTRAIT DE LA TABLE DES MATIÈRES :

Dans la même collection :

Patrick ESTRADE (psychologue, psychothérapeute) :

VIVRE SA VIE : comprendre, décider et agir.

Manuel pratique de psychologie au quotidien.

Format 15 x 21 ; 208 pages ; illustré.

«... J'ai voulu faire **simple, clair, compréhensible...** J'ai voulu écrire un livre pour tout le monde, laissant de côté les grandes théories, réécrire ou réinventer la psychologie avec des mots de tous les jours, mettre le doigt sur nos faiblesses quotidiennes et leur donner un sens, une explication... J'ai voulu faire un livre de **recettes toutes simples** afin que chacun découvre que ses faiblesses et ses problèmes ne sont ni définitifs, ni immuables » (Patrick Estrade).

L'existence est pleine de hauts et de bas. Parfois, sans aucune raison apparente, certains dégringolent subitement, allez savoir pourquoi. Et le contrecoup arrive : *« Ah, si j'avais su ! Mais pourquoi ne m'a-t-on pas prévenu ? », « Allô maman, bobo »*... Trop tard, maman n'est plus là ; fallait pas jouer avec le feu !
– Je ne recommencerai plus, c'est promis, juré !
– Trop tard, vous dis-je, fallait y penser avant.
– Mais alors, il y a des « trucs » que je ne savais pas ?
– Oui, parfaitement, il y a des « trucs » que vous ne saviez pas...
... des trucs que nous non plus ne savons pas. Et quand on ne sait pas, eh bien il faut apprendre. Alors, allons-y ! C'est l'objectif de ce livre.

Vivre, c'est résoudre des problèmes. Ce guide pratique – qui se lit comme un roman – vous prend par la main et vous apprend à résoudre les vôtres : comment **émerger** de vos difficultés, comment **comprendre** vos faiblesses et vos erreurs et enfin comment **agir** pour éviter de « replonger ». Un fidèle compagnon de route qui vous guidera au travers des embûches, vers une existence heureuse et épanouie.

EXTRAIT DE LA TABLE DES MATIÈRES :

❏ PREMIÈRE PARTIE : **ÉMERGER**
Comment, petit à petit, on en arrive à « se mélanger les pinceaux » – Soigner quoi, guérir quoi ? – Qu'est-ce que la névrose ? – Les parents – Avoir raison et avoir tort – Le chantage – Le terrorisme psychologique – Les ruptures – Le changement – Redonnons un sens au présent.

❏ DEUXIÈME PARTIE : **COMPRENDRE**
Vie en dents de scie : danger ! – Illusions et désillusions – Paradoxe et contradictions – Paradoxe et contradictions – Distance, proximité et juste milieu – Envie et non-envie – Attention prévenante ou attention intervenante – Cynisme, dérision et dérisoire – Se prendre au sérieux – Le jeu – Intention et décision – S'écouter pour décider – Trouvons notre vraie place – Apprendre à déranger les autres.

❏ TROISIÈME PARTIE : **AGIR**
Assumer nos problèmes non résolus – Sens de la vie et force de caractère – La sensibilité – La spontanéité – L'intelligence des choses – Trouver notre moi – Résoudre l'impossible – Oser.

Dans la même collection :

Patrick ESTRADE :

PARENTS/ENFANTS : pourquoi ça bloque ?

Format 15 x 21 ; 320 pages ; illustré.

« ... Ce qu'il me faudrait, ce serait un livre spécialement pensé pour les parents, un livre non pas pour mieux connaître mon enfant – ça, c'est mon affaire – mais un guide personnel qui nous prenne en main, nous les parents. L'idéal serait un livre écrit dans un langage clair, sans formules du style : "Il est interdit d'interdire" ni simplifications caricaturales, un livre avec des conseils pratiques qui puissent rendre notre vie quotidienne plus facile, qui nous rassure aussi, qui nous montre comment faire pour se rattraper lorsqu'on n'a pas fait ce qu'il fallait au moment où il le fallait... » Il n'en faudra pas plus pour que Patrick Estrade (psychologue et psychothérapeute) relève le défi que lui lance Christine, âgée de 29 ans, mariée et maman.
Avec ce nouvel ouvrage, l'auteur nous entraîne ici dans le sillage de notre relation à l'enfant... tendre, mais ô combien tumultueux périple s'il en est ! Après avoir esquissé – non sans humour – nos « galères » des premiers mois et la période critique de l'adolescence, il débusque les principales idées fausses qui étayent nos convictions éducatives les plus formelles et nous explique, en termes simples, comment naissent et s'instaurent incompréhensions, rapports de forces et dysharmonie entre l'homme, la femme et leur enfant.

Dans ces pages, vous retrouverez expliqués, commentés et éclairés tous les problèmes de conscience que vous vous posez vis-à-vis de votre enfant au fil du temps : comment mieux gérer les sempiternelles questions d'éducation, d'autorité, de discipline, comment éviter les affrontements violents qui, parfois, paraissent inévitables, comment parler, communiquer, « relationner » avec l'enfant, comment mieux l'aimer aussi, sans fausse pudeur ni hypocrisie... bref, comment **instaurer la relation sacrée entre vous et lui** afin de mieux vivre ensemble et, surtout, de **mieux l'armer pour la vie d'adulte qui l'attend.**

EXTRAIT DE LA TABLE DES MATIÈRES :

Dans la même collection :

Patrick ESTRADE :

L'AMOUR RETROUVÉ.
Itinéraires pour une nouvelle vie sentimentale.

Format 15 x 21 ; 240 pages ; illustré.

Beaucoup d'entre nous en sont (au moins) à leur deuxième histoire d'amour (rupture, divorce, deuil...), et pourtant, nombreux sont ceux qui ne parviennent pas à se remonter d'une séparation. En effet, lorsque l'orgueil a été bafoué, l'âme meurtrie, le cœur « laminé », combien d'incertitudes, de souffrances et d'appréhensions faudra-t-il surmonter avant de se resituer, de se restructurer, de se reconstruire ?

« Refaire sa vie » n'est pas une sinécure ! Tous ceux qui ont vécu la séparation le savent. Certains (rares) ont tôt fait de reprendre pied et de renouer une nouvelle vie sentimentale. Mais, il faut bien l'avouer, la plupart d'entre nous « cafouillent » souvent durant de longs mois – voire de longues années – avant de pouvoir retrouver leurs marques et partager à nouveau leurs sentiments. Toutefois, un tel « cafouillage » n'est pas un hasard, mais le résultat d'une méconnaissance plus ou moins consciente de certains facteurs clés contribuant à paralyser notre entourage et notre capacité d'action.

Comment analyser les différents aspects de la rupture ? Quelles remises en cause effectuer ? Comment éliminer les freins que nous instaurons (inconsciemment) à l'éventualité d'une nouvelle rencontre amoureuse ? Comment réagir, comment clairement resituer l'autre en soi-même ? Comment éviter les hésitations, les enlisements, les erreurs ? Comment réenvisager une nouvelle vie de partage et d'amour ?... Telles sont quelques-unes des questions, bien réelles, auxquelles l'auteur, spécialiste de la psychologie du couple, s'efforce de répondre concrètement dans ce guide pratique.

EXTRAIT DE LA TABLE DES MATIÈRES :

La prise de conscience – La normalité conjugale – Les cinq piliers du sadomasochisme – Une fatale complicité – Méchanceté et indifférence – Sentimentalité et intolérance...
Les freins à la rupture – L'influence de notre environnement affectif – L'influence des « idées reçues » – L'influence des enfants...
Les aspects de la rupture – Instruments de la rupture – Donner la leçon – Une détermination résolue – L'abandon – Rupture ne signifie pas séparation...
Les freins à une nouvelle rencontre amoureuse – L'orgueil blessé – La timidité – Manque de confiance en soi, de volonté – L'angoisse de l'avenir et la question de l'âge...
Le retour à soi-même – L'angoisse de se retrouver seul – L'insécurisation par l'autre – La traversée du désert – Le travail de deuil – Le sentiment d'existence par soi-même – Repenser notre solitude – Retour aux autres...
Perception subjective de nous-même et de l'autre – Face au vide conjugal – Dénigrement et abandon de soi – « Déconstruire » l'image de l'autre – Comment l'autre nous perçoit...
Renouer avec le même partenaire – De la séparation au retour – Le deuxième regard – Le règlement des contentieux – L'autre était parti...
Nouer avec un autre partenaire – Absence et pseudo-absence d'attirance – Difficultés d'ordre personnel – Qu'est-ce que je souhaite pour moi ? – Les approches erronées – Les fruits de la conjugalité – Les « acteurs » de la rencontre...
Le partenaire idéal – Les cinq préambules – Le temps de la cour – En matière amoureuse, rien n'est impossible.

Dans la même collection :

Gilbert GARIBAL :

ÉMOTIONS : MODE D'EMPLOI.
Amour, joie, peur, tristesse, colère...

Format 15 x 21 ; 200 pages.

L'homme est doué à la fois de sensibilité et de réactivité. Mais une idée reçue, encore très répandue, fait penser que les réactions émotionnelles doivent précisément être maîtrisées ! Combien d'enfants apprennent ainsi dès leur plus jeune âge à masquer leur ressenti, combien d'adultes « coincés » n'osent pas prendre la parole en public pour formuler un avis ou un désaccord ? Rires et larmes sont ainsi ravalés, compliments et reproches rentrés. Toutes ces émotions contrariées puis enfouies se transforment en toxines qui empoisonnent littéralement l'organisme. De la sorte, se « fabriquent » dans notre société si cruelle, les timides, les anxieux, les stressés, les aigris ou les hargneux ! L'émotion, qu'on la nomme peur, colère, tristesse, joie ou amour, avec ses corollaires sentimentaux, est en nous une source vive qui ne demande qu'à jaillir pour exprimer « ce que nous avons sur le cœur ». Il ne s'agit donc pas de l'étouffer, mais bien de la libérer à propos. L'exercice physique a le pouvoir d'ouvrir notre corps à la découverte et, par là même, notre esprit à la réflexion. Notre pensée s'éclaire et notre créativité s'éveille, nous permettant ainsi de séparer les bons des mauvais sentiments. Pour retrouver l'estime de soi et le dialogue, il est indispensable de prendre le recul nécessaire pour bien se connaître. Vous avez perdu le dialogue avec vos émotions ? Cet ouvrage, au travers d'un programme de bon sens qui s'étend au-delà du nécessaire exutoire, vous conduira vers l'exaltation. Dynamisé de multiples exemples vécus et de nombreux exercices pratiques, il vous propose une nouvelle vision du monde pour réenchanter votre quotidien. N'oublions jamais que l'émotion, c'est la vie.

EXTRAIT DE LA TABLE DES MATIÈRES :

Dans la même collection :

Mariann KJELLRUP :

VIVRE EN HARMONIE AVEC SON CORPS PAR L'EUTONIE.

Itinéraires pour une nouvelle vie sentimentale.

Traduit de l'allemand par Marie-Béatrice Jehl.
Format 15 x 21 ; 128 pages couleurs ; illustré.

Le terme eutonie, forgé en 1957 par Gerda Alexander pour les besoins de la méthode de développement psychophysique qu'elle venait de mettre au point, décrit l'état d'équilibre maximum qu'un être humain peut atteindre, et dans lequel il peut vivre dans son quotidien.
L'homme de culture occidentale s'est coupé de sa réalité physique ; il a trop tendance à se servir de son corps d'une façon mécanique. Cela crée des contractions musculaires et des blocages qui, avec les années, se manifestent par des troubles organiques et des attitudes psychiques indésirables, parce que l'esprit et le corps formant un tout, ils sont interdépendants.
Les exercices de régénération proposés par Mariann Kjellrup se fondent entièrement sur la méthode mise au point par Gerda Alexander. Les postures qu'elle présente permettent aux muscles et aux ligaments de retrouver leur longueur et leur élasticité naturelles – quel que soit l'âge du pratiquant – et aux articulations de remplir pleinement leur fonction.
L'eutonie est un principe de mouvements aux effets profonds. À l'aide d'exercices ciblés, vous pouvez démanteler les attitudes psychophysiques défectueuses, voire les empêcher de se mettre en place. C'est là un résultat dont peuvent témoigner jusqu'à des personnes handicapées ou ayant subi d'importants dommages physiques.

EXTRAIT DE LA TABLE DES MATIÈRES :

Dangles
ÉDITIONS

Cet ouvrage vous a séduit ?

Pour découvrir nos toutes dernières nouveautés,
et les nombreux ouvrages qui ont fait,
depuis 80 printemps, la réputation de notre maison,
connectez-vous sur :

www.editions-dangles.com

Écrivez-nous à :

Éditions Dangles

diffusées et distribuées par D.G. DIFFUSION

Z.I. de Bogues

31750 Escalquens

info@editions-dangles.com

Tél. : +33 (0)5 61 000 999 - Fax. : +33 (0)5 61 00 23 12

Achevé d'imprimer sur les presses de l'Imprimerie BARNÉOUD
B.P. 44 - 53960 BONCHAMP-LÈS-LAVAL
Dépôt légal : novembre 2007 - N° d'imprimeur : 711012
Imprimé en France